华梵杂学集

严耀中 著

图书在版编目(CIP)数据

华梵杂学集 / 严耀中著. —上海：上海古籍出版
社，2016.12
ISBN 978-7-5325-8289-1

Ⅰ.①华… Ⅱ.①严… Ⅲ.①中国历史—魏晋南北朝
时代—文集 Ⅳ.①K235.07-53

中国版本图书馆 CIP 数据核字(2016)第 258598 号

华梵杂学集

严耀中 著

上海世纪出版股份有限公司
上 海 古 籍 出 版 社 出版
(上海瑞金二路 272 号 邮政编码 200020)
(1)网址：www.guji.com.cn
(2)E-mail：guji1@guji.com.cn
(3)易文网网址：www.ewen.co
上海世纪出版股份有限公司发行中心发行经销
惠敦印务有限公司印刷

开本 890×1240 1/32 印张 10.125 插页 2 字数 253,000
2016 年 12 月第 1 版 2016 年 12 月第 1 次印刷
ISBN 978-7-5325-8289-1
K·2270 定价：48.00 元
如有质量问题,请与承印公司联系

目　录

1

试说公元 10 世纪时的印度"汉寺"

公元 10 世纪,在中印佛教交流史上出现了一些新的迹象,显示出中国佛教向印度的反馈已经达到了一定程度。一般的印度佛教史论著对 9 世纪以后的有关印度佛教发展情况叙说甚少,更无提及此中来自华土的消息及其在印度之背景和影响①,故以此文作为补白。

在北宋范成大《吴船录》②中有一些关于唐宋之间印度存在"汉寺"的记载,归纳起来有这么几条:一,摩羯提国汉寺,"寺多租入,八村隶焉,僧徒往来如归"。二,"新王舍城中有兰若,隶汉寺"。三,"伽湿弥罗汉寺,寺南距汉寺八里许,自汉寺东行十二里,至却提希山"。四,离阿

---

① 如 Hirakawa Akira:*A History of Indian Buddhism*(Delhi,1993);N. N. Bhattacharyya:*Buddhism in the History of Indian Ideas*(New Delhi,1993);Charles Eliot:*Hinduism and Buddhism——An Historical Sketch*(London,1954);与汉译的多罗那它《印度佛教史》(成都,1988),渥德尔《印度佛教史》(北京,1987),及印顺《印度佛教思想史》(北京,2010)等。季羡林先生以玄奘之例和中国佛教史籍上两条材料(二条史料详见后)作出过"佛教的倒流"一小段陈述,见其《中印文化交流简论》,载氏著《佛教与中印文化交流》,江西人民出版社 1990 年版,第 177、178 页。Tansen Sen 在其 *Buddhism,Diplomacy,and Trade - The Realignment of Sino-Indian Relations*,600 - 1400(p. 107)里,也说到了僧继业记录的三座汉寺(Chinese monasteries),认为是在那烂陀(Nālandā)及附近。对此梁启超也注意到了(《中国印度之交通》,载氏著《佛学研究十八篇》),但都没有就此进一步展开。

② 范成大《吴船录》卷上,载《全宋笔记》第五编,大象出版社 2012 年版。

1

育王故都百里,"有支那西寺,古汉寺也"。而且这里既有"支那西寺",也完全可能有"支那东寺"。故仅此所载,已可见当时存在于印度的汉寺为数不少,有的还位于传统的佛教圣地。

关于这些"汉寺"之记载,是由北宋乾德年间参与去西域取经的四川牛心寺住持僧继业所提供的。据范成大说:"业姓王氏,耀州人,隶东京天寿院。乾德二年,诏沙门三百人入天竺求舍利及贝多叶书。业预遣中,至开宝九年始归"。范氏认为僧继业所记,"世所罕见,录于此,以备国史之阙",即该僧"西域行程"中的见闻系史实。范成大"素有文名",曾"累迁著作佐郎"①,明代卢襄说他"事核词雅,实具史法"②,说明他于史学是内行的,其所清楚明白记下的这些史料是有价值的。

僧继业等出访天竺是有依据的。北宋初,官方与诸天竺有着较为频繁的宗教来往。如史载乾德四年"僧行勤等一百五十七人诣阙上言,愿至西域求佛书,许之"。上书被朝廷准许后,加入此行者可能会更多些,与乾德二年的那一次是否系前者记年有误③。又太平兴国七年"益州僧光远至自天竺",八年"僧法遇自天竺取经回"等。这些是西去取经的,来的也不少,"开宝后,天竺僧持梵夹来献者不绝",其中有施护等大译者④。这些至少说明当时宋朝和诸天竺之间的宗教交流不亚于唐代,彼此之间的了解不会有什么大的讹误,僧继业所云应该有很大的可信度。

---

① 《宋史》卷三八六《范成大传》。
② 卢襄《石湖纪行三录跋》,载《全宋笔记》第五编。
③ 季羡林先生认为是分二次,乾德二年和乾德四年各一次,见其《中印文化交流简论》(《佛教与中印文化交流》,第182页)。若是,加上零碎自去的,至少是五百人左右,可谓浩浩荡荡。
④ 均见《宋史》卷四九○《天竺传》。又《佛祖统纪》卷四五宋仁宗《天竺字源序》云自太祖朝至彼时,"五竺贡梵经僧自法军至法称八十人。此土取经僧得还者自辞瀚至栖秘百三十八人"。

2

从上述僧继业的行文中"支那西寺"对应"汉寺",作为该寺之具名,可见这些寺院被总称为汉寺的当与中国相关,或许这些寺内僧众多为汉人,或寺系汉僧所建或所主①。其中还有一大可能是,这类汉寺最初是作为西去取经之汉僧较为集中的落脚点②。对此,其他的史料也可佐证,如赞宁《大宋僧史略》卷上"此土僧游西域"条云彼地"至有汉寺,别居东南之僧"。西域之"东南"当以汉地为主,所谓"东南之僧"亦应多系汉僧,方名副其实。再如那蘭陀寺之"寺东三十里有汉寺,汉僧在此也"③。又如道宣《法苑珠林》卷三十八"敬塔篇"注引《西域志》云:"罽宾国广崇佛教,其都城内有寺名汉寺。昔日汉使向彼,因立浮图。以石构成,高百尺。道俗虔恭,异于殊常。寺中有佛顶骨,亦有佛发,色青螺文,以七宝装之,盛以金匣"。再如《通典》卷一九三"边防典"引杜环《经行记》"碎叶"条云:"天宝七年,北庭节度使王正见薄伐,城壁摧毁,邑里零落。昔交河公主所居之处,建大云寺犹存"。据张广达先生考证,上世纪五十年代在今吉尔吉斯斯坦阿克别希姆遗址出土的神庙之一,就是该大云寺④。这当然也是一座汉寺。还如于阗的护国寺,"从佛寺的

---

① 唐慧超《往五天竺国传》(张毅笺释本,中华书局 2000 年版)"于阗国"条云:"于阗有一汉寺,名龙兴寺,有一汉僧,名□□,是彼寺主"。又"疏勒亦有汉大云寺,有一汉僧住持"。可见在西域以汉僧住持之寺皆称为汉寺,虽然这些寺是在于阗、疏勒,但处在去天竺道上,情况略同,所以也可以作为参考。还有,可作为同理反证的是,在华依天竺制度所建之寺亦可称"天竺寺"。如《开元释教录》卷九"宝思惟"条,云其"后于龙门山请置一寺,依外国法式制造,呼为天竺。己及门人同居此寺"。

② 义净《大唐西域求法高僧传》云,起先在印度"诸方皆悉有寺,所以本国通流。神州独无一处,致令往还艰苦耳"(王邦维校注本,中华书局 1988 年版,第 103页),可见方便本国来印之僧众确为建寺动机之一。

③ 《西天路竟》(斯 383),载《英藏敦煌社会历史文献释录》第二卷,社会科学文献出版社 2003 年版,第 232,233 页。

④ 张广达《碎叶城今地考》,载《北京大学学报》1979 年第 5 期。

名称和寺僧的法名如虔英、宝明、法进、道超、惠达、惠云等等来看,这所寺院似乎也是汉僧为主的寺,其中的僧人大概是随着唐朝的势力来到这里的"①。荣新江先生进一步说:"随着唐朝势力的进入西域,在西域各地还建立了一些规模不大的汉寺",而此"似乎表明这些汉寺是属于一个系统,这个系统应当归属于一个唐朝的汉寺体系,与当地胡人的寺院系统有别"②。

如此可见所谓汉寺系在大西域的范围之内与中国相关的佛教寺院,"汉寺"是一个总名,当是归纳了这些寺院的共同特点,但它们可能各有具体所名。除前面所举"支那西寺"、"大云寺"、"护国寺"等外,还如龟兹的"金砂寺"或"金沙寺"。黄文弼先生认为此系汉人所建之寺③,实际上就是一座汉寺。其中有的还是当地规模不小的名寺,有的则是香火旺盛,经济条件很好。

唐末宋初,在印度出现了这么些"汉寺"④,当然首先是说明有着相当规模的中国佛教返传入了印度,因为既然寺内的僧众主要是汉

---

① 《于阗佛寺志》,载张广达、荣新江《于阗史丛考》,增订本,中国人民大学出版社 2008 年版,第 237 页。

② 荣新江《慧超所记唐代西域的汉化佛寺》,载《冉云华先生八秩华诞寿庆论文集》,法光出版社 2003 年版。

③ 黄文弼《塔里木盆地考古记》,科学出版社 1958 年版,第 17 页。在玄奘西去的路上,"有小孤城,三百余户,本中国人也"(《大唐西域记》卷一)。在如此汉人聚居的城镇,由汉人建汉寺,并香火不断,是很自然的事。唐设安西都护府后,会有不少汉人因各种原因去之,于是在西域道上出现更多的汉族居民点,也是完全可以设想的。

④ 个别的可能要出现早得多,如义净《大唐西域求法高僧传》云在离著名的那烂陀寺不远,"有一故寺,但有砖基,厥号支那寺。古老相传云是昔室利笈多大王为支那国僧所造"。至唐,汉僧又来,东印度王"为重兴此寺"(103 页)。王邦维先生认为该寺初建时"在三世纪末,其时中国正当西晋末"(106 页)。说明有汉僧是汉寺存在的一个重要条件。但该寺晋后荒废甚久,唐宋间方有较多汉寺并存之现象。

僧,僧人被佛教尊为"三宝"之一,是宗教传播的主要载体,故"殆可称为千余年前之中国留学生会馆"①。那么他们在前往天竺时,必定附带着中国佛教的大量讯息。如唐初道希法师是带着汉文经典去印度的,"所将唐国新旧经论四百余卷,并在那烂陀矣"。数十年后大乘灯禅师亦赴印,"过道希法师所住旧房",见"汉本尚存,梵夹犹列"。又如彼岸法师在印度卒后,"所将汉本《瑜伽》及余经论,咸在室利佛逝国矣"②。这甚至包括佛教艺术,如常任侠先生说其"以前赴阿旃陀研究时,向导者亦曾指出第一、二窟的壁画,有中国西部人的面相和来自中国的事物"③。再如唐代段成式亲自"见倭国僧金刚三昧,言尝至中天,寺中多画玄奘麻屩及匙筯,以彩云乘之,盖西域所无者。每至斋日,辄膜拜焉"④。还如在印度著名的"菩提伽耶寺里一座小沙石塔的地宫低处的厚石板上,竟然刻着汉字铭文"⑤。这应该也是西去取经的汉僧所为,这些中国因子被不断积淀并被保存着,就在印度留下了中国文化的永远印记。在唐宋之间,佛教的中国化早已完成,汉僧们身上有着佛教中国化的色彩是不可避免的,长年累月后中国色彩汇集在他们所居住修行的寺院,而"与当地胡人的寺院系统有别",就被称为汉寺。

又从支那西寺系"古汉寺"的情况看,这类寺院在印度的存在应当

---

① 梁启超《中国印度之交通》,载氏著《佛学研究十八篇》,辽宁教育出版社 1998 年版,第 114 页。

② 均见于义净《大唐西域求法高僧传》,第 36、88、96 页。

③ 常任侠《印度与东南亚美术发展史》第二章,安徽教育出版社 2006 年版,第 51 页。

④ 《酉阳杂俎》前集卷三"贝编",方南生点校本,中华书局 1981 年版,第 38 页。"中天",指中天竺。

⑤ Dipak. K. Barua: *Buddha Gaya Temple—Its History*, Buddha Gaya Temple Management Committee, 1981, p. 55.

已经有了很长的一段时间①。至少是隋唐以降,随着"探索域外的风气愈益煽扬"②,佛教中国化和汉僧西去取经的同时进行,显示中国佛教特色的讯息都会被这些取经的僧人带进了佛教发源地的印度。如《宋高僧传》卷二十七《唐京兆大兴善寺含光传》云:

> 时天台学湛然解了禅观,深得智者膏腴,尝与江淮僧四十余人入清凉境界。湛然与光相见,问西域传法之事。光云:有一国僧体解空宗,问及智者教法。梵僧云:"曾闻此教定邪正,晓偏圆,明止观,功推第一。"再三嘱光或因缘重至,为翻唐为梵附来,某愿受持。屡屡握手叮嘱。详其南印土多行龙树宗见,故有此愿流布也。

季羡林先生注意到了这条史料,还引证了出自《佛祖历代通载》卷十三的另一条史料:"(永嘉玄觉禅师)著《证道歌》一篇。梵僧传归天竺,彼皆钦仰,目为东土大乘经"。忽滑谷快天先生则引证《大慧普觉禅师普说》卷二的记载:"妙喜昔在京师,有密三藏者方中年……因他说《证道歌》,彼方译作梵语,分为三册",而云"传说《证道歌》输入印度而行于彼土"③。这至少说明当时印度佛教对形成于中国的佛教新思想是有需求的,可以作为汉寺以后在印度出现的背景之一。其实早在隋文帝时就有记载这样的事情发生,"有王舍城沙门,远来谒帝,事如后传,将

---

① 在中亚也有年代久远的汉寺。如关于罽宾国汉寺,孙修身先生"推测《西国志》的'汉使向彼建寺'名为'汉寺'一事,极有可能是北魏时期宋云和慧生舍资建的寺"。见氏著《王玄策事迹钩沉》,新疆人民出版社1998年版,第132页。

② 史念海《隋唐时期域外地理的探索及世界认识的再扩大》,载氏著《唐代历史地理研究》,中国社会科学出版社1998年版,第502页。

③ 忽滑谷快天《中国禅学思想史》第三编第五章,中译本,上海古籍出版社1994年版,第158、159页。不过因为传说版本差异颇大,所以作者也说"未知真否"?

还本国,请《舍利瑞图经》及《国家祥瑞录》。敕又令(彦)琮翻隋为梵,合成十卷,赐诸西域"①。其实所谓《舍利瑞图经》及《国家祥瑞录》可能是"中国货",因为"国家祥瑞"的概念不见于印度,而前者大约与隋文帝分赐舍利于各地建塔之事有关。按今天看来,这也可算作当时主动向外输出文化的一种形式。与此事相关还有一段奇闻,据说一位来自"中天竺摩揭提国"的沙门阇提斯那到长安后,奏报隋文帝说该国"忽然大地震裂,所开之处极深无底。于其岸侧,获一石碑,文云:'东方震旦,国名大隋,城名大兴,王名坚,意建立三宝,起舍利塔'。彼国君臣,欣感嘉瑞,相庆希有",时间正好在诸州建塔的开皇十四年②。该印度僧所云,显然是编出来诳隋帝的,但文帝闻知后宁信其有,亲自接见他,说明隋朝君臣确有将中土佛教事业反射到印度的心态。

除了中国佛教的一些思想观念随着汉僧们被带到了印度外,还有一点很值得注意的,就是《吴船录》中所提到的摩羯提国汉寺,"寺多租人,八村隶焉"。注意"租人"这个词,此当是僧继业看到该寺院从土地得利方式与华土情况相似而称的。寺院收地租,那不是在搞寺院经济吗?看来彼时印度寺院的经济形态也同样与作为中国寺院形态的重要特色之一的寺院经济相差无几③。宗教的繁荣是需要经济实力来支撑的,寺院有着自己能经营支配的固定财源,汉僧们又烂熟于此,恐怕也是汉寺在当地颇为兴旺的原因之一。

---

① 《续高僧传》卷二《隋东都上林院翻经馆沙门释彦琮传》。
② 《续高僧传》卷二八《隋中天竺沙门阇提斯那传》。
③ 一些学者也倾向于印度佛教同样有类似的寺院经济。如王邦维先生认为"当时那烂陀寺不仅对内的管理有一套相当完整的制度和程序,而且对外作为一个宗教单位,同时也是一个经济活动单位"。见其《义净与〈南海寄归内法传〉》第三章,载《南海寄归内法传》王邦维校注本,中华书局 1995 年版,第 132 页。但义净所见时已是盛唐,此时印度寺院这样的经济形态是如何形成的,有否受到外来因素之影响等等,还留有很多可探索的余地。

早在南北朝后期，"天竺沙门菩提留支"读了汉僧昙无最所撰《大乘义章》，不仅对其"礼之号为东土菩萨"，而且"翻为梵字，寄传大夏。彼方读者，皆东向礼之为圣人矣"①。又如《宋高僧传》文中云有印度僧愿将智者大师的著作译成梵文流传印度。不管此事成功与否，至少说明当时印度佛教界对中国佛学的发展有所了解。而中国佛教之精义有补于在印度的佛教，已为唐代佛教界的一种认识。早在唐初，玄奘大师能"在印度声畅五天"，且在诸外道云集的曲女城万人大会上"标举论宗，命众征核，竟十八日无敢问者"，而使"僧众大悦，曰：佛法重兴"②！一个中国僧人能以佛学之精在印度登峰造极，担负起重兴佛法之任，"也从一个侧面反映当时天竺已无高僧，重兴佛法之任竟落在一个外来僧人头上"③。因此后来代表中国佛教的汉寺在天竺之盛，就不是太意外了。

由此也可以说，至少是从唐代开始，在印度佛教继续影响着中国佛教的同时，中国佛教也对印度的佛教进行着一些反馈。这种反馈是多方面的，除寺院形态的变化外，既有若玄奘那样的高僧提高了佛教在印度的宗教地位，使之在与外道的斗争中取得一些胜利，也有对当时印度佛教思想和宗教形态的发展做出贡献。如义净在印度看到，印度僧侣袈裟的披法已与传入华土的方式有异，"良为绢滑堕肩，遂令正则讹替。后唐三藏来传搭肩法"④，但只有一部分被纠正了。即便如此，也证明了玄奘大师曾用华化了的戒律反过去规范印僧，虽然只起了部分作用，也够意味深长的了。

前面还说到，唐宋时中印之间有着相当频繁的宗教文化交流。其

① 《续高僧传》卷二四《东魏洛都融觉寺释昙无最传》。
② 《续高僧传》卷四《唐京师大慈恩寺释玄奘传》。
③ 严耀中《试说玄奘所见的婆罗门教》，载《华东师范大学学报》2011年第3期。
④ 《南海寄归内法传》，王邦维校注本，第98页。

8

中结果之一是大量密教经典被带到中国,并由法天、天灾息、施护等高僧翻译成汉文,收入《大藏经》。但那时密教在印度的繁荣,也有着从中国反馈过去的因素。如黄心川先生注意到"印度密教经典《度母秘义经》、《摩诃支那功修法》、《风神咒坦多罗》都说密教修行方法之一的'支那功'是向中国学习的"①。而"金刚顶法始备于唐土",以及金刚、胎藏两部密法的合流,亦由中国启其端②。从显宗的天台教法到密教的两部大法,从公元 7 世纪以后的印度佛教教义中都有着中国因子,从而和那些印度汉寺之存在互相呼应。

从前引"罽宾国广崇佛教,其都城内有寺名汉寺"的情况看,中印之间的丝绸之路沿途都有汉寺的存在。除了前文所引文献资料外,也被一些石窟与考古遗址所证明,如在龟兹的库木吐喇的石窟群中,第 76、77、78 号等洞窟的摩崖上有很多僧侣的汉文题名,是"大量来自中原的汉僧在这里修习禅定时所留下的遗迹"③。而该石窟之"汉地风格的洞窟建筑形制和壁画的题材内容、构图形式、人物造型、装饰纹样、绘画技法,都体现了鲜明的中原汉文化艺术特点"④。在与此相近森木塞姆石窟"的壁画中出现许多唐代中原汉风的成分"⑤,而"阿艾石窟的艺术风格与敦煌莫高窟的艺术风格惊人的相似"⑥,在该"石窟东面不远处,

---

① 黄心川《中国宗教与中国传统文化》,载《世界宗教研究》1992 年第 1 期。
② 参见大村西崖《密教发达志》卷三,日本国书刊行会昭和四十七年版,第 463、476 页。
③ 韩翔、朱英荣《龟兹石窟》第三篇第十一章,新疆大学出版社 1990 年版,第 383 页。
④ 李丽《库木吐喇石窟概论》,载新疆龟兹石窟研究所《库木吐喇石窟内容总录》,文物出版社 2008 年版,第 20 页。
⑤ 贾应逸《森木塞姆石窟概述》,载新疆龟兹石窟研究所《森木塞姆石窟内容总录》,文物出版社 2008 年版,第 24 页。
⑥ 霍旭初《敦煌佛教艺术的西传——从新发现的新疆阿艾石窟谈起》,载氏著《考证与辩析——西域佛教文化论稿》,新疆美术摄影出版社 2002 年版,第 63 页。

仍有唐代的屯田和耶鲁遗址，聚居着一批的汉族士卒，就是该窟的供养者"①等等。这些有着较为浓厚汉风石窟或建筑遗址当是该处汉寺的重要组成部分，它们若一串珍珠项链散布在丝绸之路沿途，对汉寺作为一种宗教文化形态继续向西延伸起着传送的作用。若也在北宋时来华的日僧成寻在五台山碰到天竺新来天竺僧数人，"皆知唐语"②。这些天竺僧懂的中国话，是在来华之前就会的，则应该与印度汉寺之出现有关。因此在印度的这些汉寺和丝绸之路上的各种汉寺一起，构成了中国佛教及所附带之文化西向传播的一个流动场景。如此现象在世界佛教传播史上，是不应该被忽视的。

当然汉寺在印度兴盛起来，除了中国僧侣们积极去印度取经，这在北宋初尤其受到统治者的大力推动外③，而"于阗使人还经常向宋王朝进献西域地图，通报沿途各部落方国的国情和互相关系"④，也为中印交流提供了更大的方便。其另一面，却是印度本土佛学的相对没落。到了唐宋之际，除了一些密教经典和佛教圣物外，印度佛教恐怕没有更多的东西能给中国了。2008 年 9 月，山东出土《兴隆塔地宫"安葬舍利"碑》一方，碑之铭文已由潭世宝先生作了考订和释录⑤。该碑铭叙说的是关于宋太祖开宝三年(970)有一位叫法藏的汉僧至"西天"取得"释迦形象、世尊金顶骨、真身舍利、菩提树叶"等物之事。值得注意的

---

① 贾应逸、祁小山《佛教东传中国》，上海古籍出版社 2006 年版，第 112 页。

② 成寻《参天台山五台山记》卷五，王丽萍点校本，上海古籍出版社 2009 年版，第 448 页。

③ 于此，郭朋先生在《宋元佛教》第一章第一节里列举很多(福建人民出版社 1981 年版，第 1—8 页)。

④ 任树民《北宋时期的于阗》，载《西域研究》1997 年第 1 期。

⑤ 此系暂定碑名。碑文照片、录文及潭世宝《兖州兴隆塔地宫宋嘉祐八年十月六日"安葬舍利"碑》，皆载兖州市宗教文化部门 2009 年 4 月编印的《山东省兖州市佛教历史文化研究参考资料》。

是法藏此去竟一字不提取经,而竟然连"菩提树叶"也作为跋涉万里的主要目标物之一①,和晋唐间专以取经为主的情况有了差别,或亦可反映彼时印度佛教在佛学上已无多少可取之处②,大乘佛教"只是寄生在密教下边"作为"附庸"③,从而使寻觅各种宗教法物上升为佛教自西向东的重要内容。另外,法藏还带回并"进奉本处白玉叁佰玖拾斤、细马叁匹",白玉良马是贵重之物,也是当时西域输入中土的重要货品,似乎与佛教本身无关,但这么重的白玉想必成了法藏返程行李中的大头。早在隋唐之间,诸天竺与中国之间,"印度使者向中土朝廷所贡奇珍异兽,使之具有一种名义,来同时展开商贸"④,并且往往有僧人参与往返。如唐代有"西域胡僧者,自西京造袈裟二十余驮,还大(天)竺国,其徒二十余人"⑤。那么法藏等僧人在印度的落脚点,就很可能是那些汉寺。《吴船录》文中说汉寺使"僧徒往来如归",恐怕能为法藏等之西行作一注解。如果这样,这些存在于印度和西域其他地方之汉寺在丝绸之路的商贸上,也起着某种支撑的作用。而且,为什么要从长安做好袈裟贩运到印度?是印度的佛教用品制造业不及华土,还是华土所做的袈裟更符合佛家律制?这些也都值得探究。但有一点可以肯定,就是

① 虽然唐太宗时中天竺摩伽陀王进贡的物品中也有菩提树,见《旧唐书》卷一九八《中天竺传》,但贡与取是两回事,何况当时中天竺的主要信仰是婆罗门教。另据《佛祖统纪》卷四四载,宋太宗咸平元年(998)正月,中天竺沙门你尾妮等入宋,"奉上佛舍利、梵经、菩提树叶、菩提子数珠"等,说明当时携菩提叶等来华,不是孤例。

② 可参见 Tansen Sen: *Buddhism, Diplomacy, and Trade - The Realignment of Sino-Indian Relations, 600 - 1400*, Honolulu, Univ. of Hawai'I Press, 2004, p. 104—106.

③ 吕徵《印度佛学源流略讲》"余论",上海人民出版社 2002 年版,第 299 页。

④ Tansen Sen: *Buddhism, Diplomacy, and Trade - The Realignment of Sino-Indian Relations, 600 - 1400*, p. 203.

⑤ 《太平广记》卷三二九"张守珪"条引《广异记》。

袈裟西行与当时存在于诸天竺的汉寺肯定相关,这些汉寺应该是袈裟的用户兼发散处,如果联系到玄奘曾在那里推行过"搭肩法"的话。

那些公元 10 世纪前后存在于印度的"汉寺",不仅仅是证明了中国佛教反馈于印度的史实,应该成为后期印度佛教史的一个方面。还显示了宗教传播史上的一条规律,就是任何宗教的传播都是一种相互影响,虽然在不同的时期各方所受会有着不同的程度。尤其是宗教在新的地域得到发展后,回流的影响就会更大些,10 世纪前后的印度佛教,恐怕就有这样的现象。

不过 10 世纪时的印度佛教正处于处境十分严峻的地步,中国佛教的这些因素之传入对印度佛教来说未必是一件好事。因为 10 世纪时的中国佛教在基本完成了中国化的同时,也越来越走向世俗化。从范成大《吴船录》中所见到的印度汉寺,寺院经济之发达,其实也是世俗化的一种表现。世俗化对宗教而言利有弊,从大处说,利在贴近社会和一般民众,弊在消退了宗教的神圣性。关键是,在印度早已有了比佛教更融于社会和一般民众的婆罗门教,因此汉寺所带来的中国佛教的世俗特性,可能对印度的佛教利少弊多,至多给那些汉寺本身呈现一时之繁荣。

从 10 世纪后的三百年间,佛教在印度步步走向没落,除了外因,也在于印度佛教的自身如何,因为"印度佛教的命运,必须由它自身内部的缺失来作出解释"①。那么 10 世纪左右出现在印度的那些汉寺又在从中起了些什么作用呢?薛克翘先生等指出,中国僧人赴印度的取经求法行动终止于北宋仁宗朝②,那么此后这些汉寺还会继续存在吗?

---

① G·T·加勒特主编《印度的遗产》第六章,中译本,上海人民出版社 2005 年版,第 204 页。
② 薛克翘《中国印度文化交流史》第五章,昆仑出版社 2008 年版,第 297、298 页。

其中还有多少中国的宗教文化因子如菩提伽耶寺里的汉文碑铭那样能被存留下来? 但不管情况究竟如何,以汉寺为代表的中国佛教于印度的存在,在后期印度佛教史里是应该被提上一笔的。

载《中华文史论丛》2014 年第 1 期,发表时用繁体字

《法显传》与《入唐求法巡礼行记》

中国佛教得自印度,但改变了不少;日本佛教得自中国,也同样改变了不少。两者究竟有了什么样的改变?为何有如此之改变?比较《法显传》①和《入唐求法巡礼行记》②,可以找出中、日两国佛教差异之历史背景。

《法显传》是东晋末法显为求法而游历诸天竺后之自记,《入唐求法巡礼行记》是唐代日僧圆仁的访华记录。之所以要把这两本书拿来对比,不仅因为它们性质类似,都是最早具有一定篇幅且较完整的在异邦之求法记录,还在于这两本书及其作者对各自国家的佛教发展有着重要影响。且因为这两本书及其作者都处于中国和日本佛教的早期,本国僧侣求法所得及见闻所云,无论在语言上还是观察角度上,都要比异邦之僧所附带来的更贴切更容易被接受。

一 法显与圆仁的不同身份

法显与圆仁虽然都是出国的求法僧人,但有两点不同。其一,法显去印度求法,完全出于个人意愿,没有半点官方关系。《法显传》在一开

---

① 章巽校注本,上海古籍出版社 1985 年版。

② 白化文、李鼎霞、许德楠校注本,花山文艺出版社 2007 年版。后文简称《行记》。

头就说得很明确:"法显昔在长安,慨律藏残缺,于是遂以弘始元年(399),岁在己亥,与慧景、道整、慧应、慧嵬等同契,至天竺寻求戒律。"①其实自汉代的朱士行起一直到唐代,绝大多数西去取经的中国僧侣都与法显一样,是怀着个人的宗教热忱出发的,包括唐代玄奘、义净那样的著名高僧,并非由朝廷所派遣。而圆仁的身份则是日本官方派遣的"留学僧",是日本遣唐使团里的一员。在隋、唐二朝,日本来华僧人的主体,就是那些随着使节一起来的"留学僧"。其二,自法显至玄奘、义净等,所有西去取经的僧侣都是虔诚而又纯正的佛教徒,但圆仁却不是。圆仁兼信神道教,《行记》多次记载他亲祭"大神"。如在登州附近"令卜部祈祷神等,火珠一个祭施于住吉大神,水晶念珠一串施于海龙王,剃刀一柄施于主舶之神,以祈平归本国"②。又如其座船在山东乳山海口遇疾风时,"于舶上祭天神地祇,亦官私绢、纐缬、镜等奉上于船上住吉大神"③。再如在赤山时,"祀祠船上霹雳神,又祭船上住吉大明神,又为本国八幡等大神及海龙王并登州诸山神岛神等各发誓愿"④。祭神后还再立誓愿:"到本国之日专建神祇(社),永宛祭祀。"⑤虽然这样做也是因为日本官方"每规定遣使之前,便奉币帛于神祇,命僧尼祈祷平安"⑥。但圆仁之祈祷大神,也没有丝毫的不情愿。一旦"舳头神殿盖葺之板为大风吹落,不见所在。人人战怕,不能自抑"⑦。这里的"人人",当然也包括圆仁,同样丝毫没有对佛力的信任,只有对

---

① 《法显传》,第 2 页。

② 《行记》,第 148 页。

③ 《行记》,第 155 页。

④ 《行记》,第 163 页。

⑤ 《行记》,第 160 页。

⑥ 关卫《西方美术东渐史》第七章,熊得山译本,上海书店出版社 2007 年版,第142 页。

⑦ 《行记》,第 158 页。

"大神"的畏惧,事实上是"把佛教的信仰投降到'神'的威力下去"①。待其回国入京后,更是忙着"便转经,为灶门大神转一千卷",次日"午前,为住吉大神转五百卷。午后,为香椎名神转五百卷",第三日"午前,为筑前名神转经五百卷,午后,为松浦少贰灵转五百卷"②等等,却没有想到回寺院礼拜一下佛或菩萨。这些表明在圆仁的内心中,能保佑他的是大神,而不是佛或菩萨,其所作为更像是一个穿着袈裟的神道教徒,甚至"可以说是以佛教为用,以神权为体的民族神权主义者"③。与此相对照的是,当法显在乘船回国途中也碰到"黑风暴雨"时,船上外道婆罗门也是"人人战怕,不能自抑",要抛弃法显来避祸。但法显镇定自若,"一心念观世音及汉地众僧"④,折服诸外道,表现出一个真正佛徒的理念和信力。

身份的不同导致他们求法的遭遇可谓有天壤之别。自法显至玄奘、义净等在取经途中吃尽了千辛万苦。如法显在去于阗途中,"路中无居民,沙行艰难,所经之苦,人理莫比"⑤。又如他度小雪山时,"雪山冬夏积雪。山北阴中遇寒风暴起,人皆噤战。慧景一人不堪复进,口出白沫,语法显云:'我亦不复活,便可时去,勿得俱死。'于是遂终。法显抚之悲号:'本图不果,命也奈何!'复自力前,得过岭"⑥。若慧景等因路途艰难而死于非命的取经华僧亡者甚众,至义净之时"致使去者数盈半百,留者仅有几人"⑦。在西去取经的众多中国僧人里,除玄奘等极

---

① 戴季陶《日本论》第四节,上海古籍出版社 2014 年版,第 22 页。
② 《行记》,第 517、518 页。
③ 戴季陶《日本论》第二十一节,第 90 页。
④ 《法显传》,第 171 页。
⑤ 《法显传》,第 12 页。
⑥ 《法显传》,第 51 页。
⑦ 《大唐西域求法高僧传》,王邦维校注本,中华书局 1988 年版,第 1 页。

少数僧侣因其本人的才智博学而在旅印过程中得到所在国一些地方统治者的资助外,其他人都没有从官方得到过什么帮助。圆仁等遣唐僧,自本土到大陆的路程并不长,所搭乘使团的船舶除航行时偶有风浪外别无艰险,也没有什么因路途困顿而夭折者。登陆中国后,因为有着官方身份,享受着种种外交便利,沿途还时时受到招待和馈赠,至少是衣食无忧。

二 《法显传》和《入唐求法巡礼行记》
之内容差异

《法显传》以途径诸国区分段落。除往返路途外,在四天竺和师子国,访问的共有二十多个国连带十几个城邑及一些佛迹遗址。法显每到一个地方,几乎全部注意力都放在有关佛教的见闻上,所以该书的另一个名称是《佛国记》,可谓名副其实。在这些记载里大致可分这么几类内容。其一是佛陀的本生故事和诸菩萨的神通事迹。其二,是佛教在当地的地位与形势,及作为背景的风土人情,包括大、小乘之间的势力大小以及佛教与外道之间关系消长。在诸天竺的逗留时段,法显很少提及他自己,偶尔说的也是他自己的修行,"法显住龙精舍夏坐",或是他取经的努力,如在巴连弗邑"法显住此三年,学梵书、梵语、写律",及在多摩梨帝国,"法显住此二年,写经及画像"①。此外就是极少的赶路记载,别无其他活动。还请注意书中用的是第三人称"法显",显示着其心去我执的僧人本色。在法显之后的其他华土僧人取经记录,包括篇幅甚大的玄奘《大唐西域记》,基本上遵循着法显的意愿和文风,反映

---

① 《法显传》,第 63、141、146 页。

中国西去取经僧人对佛教一以贯之的虔诚,由此也可以理解这些僧人何以能忍受路途上的千辛万苦,甚至九死一生,还无怨无悔而前赴后继。一般中国信众读《法显传》,至少会有二点收获。一是能大大扩充对印度佛教的全面了解,包含着佛陀的传教史和当时印度佛教的生存状况;二是会被法显的求法精神和坚定信仰所感动。后来玄奘的《大唐西域记》是与《法显传》一脉相承的,体现着中国求法僧侣传统坚定的宗教信念,因而在中国佛教里产生了更大的影响。

圆仁的《行记》犹如日记,按天记录,虽然其中有不少日期是空缺的,但也足以囊括其在华土求法的主要经历。圆仁所乘的船舶是在唐文宗开成三年(838)七月二日在扬州海陵县淮南镇登陆的,开始了他在中国的求法历程。在《行记》里,圆仁在华土登陆后至会昌七年(847)九月二日离开大陆为止,按天计算的记载共有 505 条之多①。可是在这约五百多条的记载里涉及佛教内容的,包括叙说中国佛教的教义教派,寺院僧人的情况,法事与修行,以及圆仁等日本僧人自己所做的礼忏、画像抄经,与中国僧人交往等活动,大约只有 213 条左右②。虽然以天计算"条"的文字有多寡的区分,但至少可以说明在那一天作者经历了些什么。还有,《行记》所载圆仁在华天数总共只有约一年半左右,而圆仁自出发至返回日本,时间上前后超过了九年半,仅仅住在长安就将近五年。然而,扣去路途往返的日子及所记,在圆仁在华时期有文字记载的还不到三分之一。那么在这些缺乏记载的日子里圆仁在干什么?根据各位注释者的介绍,《行记》的本子应该是基本完整的。圆仁在《行

---

① 其中会昌四年是按月作为一条的。另外,若日子是连着写的,如"(开成四年二月)十四、十五、十六日,此三个日是寒食日",三天算作一天。据白化文等的统计,"按日分则,共 595 则",见该书之注者"前言"。又:"会昌七年"是《行记》中的说法,其实应该是唐宣宗大中元年。
② 没有叙述过程,只是简单提及寺名或僧名者不包括在内。

记》里留下很多空白可能是有各种原因,我们无从知晓。不过这样子一来,表明圆仁在中国其间从事和佛教相关的活动是少之又少。作为一个僧人,与佛教有关的事就是天大的事,既然在行走的日子里,圆仁把所到之处招待的饭菜好坏都记得详详细细,那么所记佛事活动竟是如此之少,是颇使人觉得费解。当然我们也可以说《法显传》的篇幅也不很长,与他去印度往返的岁月相比也是少的。但法显的是按所到之"国"来记载的,他可没有漏掉什么地方没写!《法显传》的篇幅不大的原因可能有三个,一是法显的旅程之长要远远超过圆仁,且不说陆路的艰险和费时,就是法显从师子国回本土的海路路程也要远超过中日之间的往返海路。这也就是说虽然法显花在路上的时间要比圆仁长得多,真正在天竺"留学"的时间却相差无几。二是在写作条件方面,两者之间有着巨大的差别。法显去印度要比圆仁来华早四百多年,他所处于的时代是东晋末,纸张的应用才刚刚普及开来,法显不可能带着足够纸张笔墨上路的。到了圆仁时代,文房四宝已成普通之物,对圆仁这样官方遣唐僧来说,要用来做记录的纸笔可谓取之无虞。况且在法显的旅途中多是荒无人烟之地,写作条件之差也是圆仁所不能比拟的。再者,包括梵文在内的印度语言对法显来说是完全陌生的,以致法显被迫要"住此三年,学梵书、梵语,写律"①,花上很多工夫。而对圆仁而言,当时日本通用的是汉字,即使话语有异,也有好几个"译语"者处处陪同,不会对圆仁的见闻和记载造成什么语言障碍,他是用不着在此花费什么精力。三是主观意愿上,似乎圆仁一边把留学的内容专注于密教,尤其是仪轨和画像法,另一边又对中国的经济民生与政治事件,如"扬州节度使李德裕有敕令进京"及帝舅拜大将军之类②却颇在意。据

---

① 《法显传》,第141页。
② 《行记》,第343、362页。

说遣隋使团里的僧人僧旻"等人一回到国内,就根据他们在中国的见闻及经验,把有关大唐政治体制和学术等最新知识,介绍给中大兄皇子和中臣廉足等人",后者夺权后"坚定不移地进行大化革新,马上任命了僧旻和高向玄理为国博士,作为新政府的政治顾问"①。如果圆仁把僧旻等当作榜样,那么《行记》所记载圆仁的很多作为或不作为就很容易理解了。如此一来,《法显传》和《行记》之间虽然篇幅相差不多,但有关佛教总的记叙却要大大过于《行记》。

在《行记》的记载中,圆仁着墨最多的是有关唐武宗的灭法。这虽然是中国佛教史上的一件大事,但在性质上却是政治事件。应该说圆仁的观察力是非常敏锐的,记叙中把宦官权势的消长及其与皇权关系夹杂在灭法的过程中,使人对当时灭佛的背景有进一步的体会。不过这是用一种政治家的眼光来打量事件,除了寺院被毁、僧尼还俗、留学僧受限制等切身感受外,对于该事件会对佛教教义与教派演变起到什么影响,圆仁似乎并不在心探讨。与如此意向一致的,是圆仁在《行记》里登录了为数众多的与中国官府打交道的牒文,占了《行记》中的很大篇幅。他与中国官府或官员互动往来的记录也是相当多的,比如很留意扬州当地长官李德裕"讳四字:'府、吉、甫、云'四字也。翁讳'云',父讳'吉甫'",及登州刺史乌角"有三讳字:'明、绮、给'也。明日即道来日。青州节度使姓韦,时人唤韦尚书,无讳字也"②之类,很是仔细。与此对照,包括在二百多条与佛教相关的条文中与中国僧人交往的记载,多数极其简单,如开成三年九月"廿一日,塔寺老僧宿神玩和尚来相看慰问";开成四年正月"廿日,暮际,僧正来,相看慰情"之类③。把这些

① 砺波护《隋唐佛教文化》第一章,韩昇、刘建英译本,上海古籍出版社2004年版,第8页。
② 《行记》,第38、188、189页。
③ 分见《行记》,第47、102页。

记录对比起来看,和圆仁的身份相呼应,《行记》所载之他的兴趣和作为,与其说是一个纯为信念所驱,要在中国提高自己佛学水平,获知佛家精义的留学僧,还不如说其之作为表现犹如一个有着比丘身份的日本官方使者。事实上,即使是有关佛教,《行记》也多关注如何取得佛像、经本和学习仪轨之类,没有顾及自己在华期间对佛教教义有什么新的感悟和理解,从而进一步坚定对佛陀的崇拜与信仰。这也是圆仁和法显、玄奘等中国去印取经僧人的最大不同点。

《行记》里还有相当大的一部分是关于圆仁等在华的衣食住行记录。不过在这看似流水账的文字中,也透露出一些其兴趣所在的讯息来。如其在赴长安途中,非常注意住宿处主人的态度,如"主有道心,供菜饱足","主人贪,爱停客取宿钱"①之类,这样的记载几乎在《行记》中比比皆是,足显其"以世俗事务夹杂其间"②之本色。而这样的文字无论在《法显传》还是在《大唐西域记》里是根本见不到的。

此外,在《行记》里还有一个很值得注意的地方,就是圆仁对在华的新罗僧人乃至有关新罗的一切,似乎有着非常特殊的兴趣。据对《行记》的初步统计,凡提到"新罗"者,竟有 45 条之多,远多于对来自天竺、西域僧人或其他人众之关注。圆仁一行与之打交道的对象从新罗的王子、使者、在唐朝任职的官员,到译语、水手、普通居民都有,当然更多的是"新罗僧",可见圆仁是很在意和在华的各色新罗人交往,注意他们在唐朝的情况。这或许与新罗所在的地理位置有关,但也说明包括僧人在内的日本朝野对朝鲜半岛的国土民众在一千几百年前就很惦记了。

---

① 《行记》,第 234、235 页。
② 杨仁山《评小粟栖"阳驳阴资辩"》,载《二十世纪佛学经典文库·杨仁山卷》,武汉大学出版社 2008 年版,第 368 页。

三 比较及启示

假如再进一步探究的话，上述两本书和两位作者之间所存在的种种差异，实际上是与彼此求法之目的性所决定的。而从《法显传》和《入唐求法巡礼行记》的比较可以看出，这不仅是两位作者和与之相关的两本书之间差别的显示，也是中、日两国佛教此后不同走向之端倪。

中国的僧人们，从法显到玄奘、义净等，西去求法完全是出于宗教信仰，追求的是形而上的精神世界里的满足。他们之行往往也是为"冀得远诣西方，礼如来所行圣迹，以此胜福，回向愿生"[1]。而以圆仁为代表的日本遣唐留学僧，和整个的遣隋、遣唐使团一致，目的是为了学习中国的文化，佛教只是中国文化里的一部分，因此他们所注目的是宗教文化所表现出来的外在形态，当作一种能起指导性作用的思想工具而非真正的信仰，具有很强的功利性。

中国求法僧侣们之所以不怕千难万险，九死一生，事实上客死他乡者也十有七八，所谓"发趾则结旅成群，还至则顾影唯一"[2]。是因为他们之目的并不仅仅在于取得些经像回国，也是当作振兴佛法和选佛之路，是自我选择的"殉道"之业，"道乎不昧，德也宁湮；布慈光之赫赫，竟尘劫而新新"[3]，无怨无悔。

与这些取经僧人相互关联的是在这个时期中国佛教与政治关系。比法显稍稍早一些的是慧远和东晋当局之间关于"沙门不敬王者"的辩论，慧远声称沙门因"弘教通物，则功侔帝王，化兼治道，至于感俗悟时"

---

[1] 《大唐西域求法高僧传》卷上《并州常慜禅师及弟子》，第51页。
[2] 《高僧传》卷三下《译经论》。
[3] 《大唐西域求法高僧传》卷上《并州常慜禅师及弟子》，第52页。

而不在王权之下,是"方外之宾"而可以分庭抗礼①。此后随着皇权的逐步加强和灭佛限佛事件的不断发生,至唐玄宗开元十九年敕令颁布,"自今以后,僧尼除讲律之外,一切禁断。六时礼忏,须依律仪,午夜不行,宜守俗制"②,标志着在教权和皇权的斗争中,"王法的胜利而权且告终"③,而此时已在玄奘、义净之后。所以在中国僧人的西天取经记录里,见到的只是较为纯粹的佛教精神,没有什么官方色彩,一如《法显传》所展现。

日本佛教传入之初,"从钦明天皇十三年(552)到奈良朝终了,其间有二百三十余年。当时的佛教,从上面情况看来,按其性质完全可以说是现世佛教。作为现世佛教的结果,便是与政治混同,政教不分,当时的佛教可称之为政治佛教"④。但这种"政教不分"是体现在佛教充当政治的工具⑤,也是圆仁使唐及其《行记》写成的背景,和中国僧人们去印度求法及《法显传》、《大唐西域记》等书的写作背景完全不一样。杨曾文先生曾列举了日本佛教的五个特色:一、佛法护国的观念;二、神佛同体和一致论;三、鲜明的宗派意识;四、念佛和唱题的盛行;五、世俗化倾向⑥。在《行记》里,这五个特色都或多或少地有所表现。因此我们也完全可以说,日本佛教的这些特色,是以圆仁为代表的来中国的留学僧们所参与塑造的。

一如《法显传》揭示了当时中国佛教是何等迫切需要戒律的全面传

---

① 《弘明集》卷五《沙门不敬王者论》。
② 《唐大诏令集》卷一一三《诫励僧尼敕》。
③ 砺波护《隋唐佛教文化》第三章,第81页。
④ 村上专精《日本佛教史纲》总论,杨曾文译本,商务印书馆1981年版,第4、5页。
⑤ 这也包括在末木文美士先生所谓的"佛教作为一种方法"的范围内,见其《"批判佛教"的再考察》,载《修剪菩提树》,上海古籍出版社2004年版,第333页。
⑥ 参见杨曾文《日本佛教史》"序",浙江人民出版社1995年版,第3—5页。

入,《行记》也是显示了密教在日本佛教中的重要性。在整个遣隋、遣唐使团里的僧侣群体,包括圆仁,来到中国后,最感兴趣的是密教。其实中国的密教虽然在金刚智、善无畏、不空等所谓"开元三大士"活动期间有很大的发展,有较大的影响,但绝非是独占鳌头。其往上比声势与地位,胜不过智颉时代的天台、玄奘时代的唯识和法藏时代的华严。就是在开元及稍后时期,至多只能算与禅宗分庭抗礼而已,而净土的普及面之广,密宗也难与之相比。此种背景情况之下,密教却在日本来华僧团中一枝独秀,"日本的入唐者很少有不接受密教传授的,……此后日本的佛教,几乎全根据密教加以变革"①。最澄由于同时接受了天台宗的教义,比不得在空海在青龙寺学得的所谓"正纯"密教,回国后不得不请后者施以灌顶,以示屈从。圆仁虽为最澄的弟子,但来华后他没有去天台,却找个借口去了长安和五台山,后边那两个地方当时正是汉传密教的重镇。圆仁到长安后,曾"住青龙寺,入东塔院,委细访见诸曼荼罗",及"住大兴善寺,入灌顶道场随喜及登大圣文殊阁"等②,其心仪及追随空海之情是显然的。"在空海的一生中,空海与社会的关系主要依靠护国思想",也是他入唐和选择密教的动机所在。而所谓"护国"在日本"可以说是以天皇为主体的护国构想"③。圆仁在天台和密教的关联中完全倾向于后者,关键同样是把如此的"护国"放在第一位,密教仅是被主体之所用的宗教工具。

密教之所以得到日本佛教的青睐,成为首选,恐怕也是因为它系最不纯的佛教宗派。如"在秘密修持上,佛教密教和婆罗门教密教基本上

---

① 村上专精《日本佛教史纲》第二章,杨曾文译本,商务印书馆1981年版,第45、47页。

② 《行记》,第381页。

③ 静慈圆《日本密教与中国文化》第三章,刘建英、韩昇译本,文汇出版社2010年版,第192、194页。

没有差别"①。这种变化首先发生在印度南部,"大约在公元六世纪时,密教泛滥于印度教和佛教"②,当"佛教混合成密教时,它虽然存在,但已不是单纯的佛教了"③。这里所谓不单纯,就是掺入了婆罗门教的成分。故尔所谓佛教密教、耆那教密教、印度教密教等只是外表上的区分,就像穿在同一身体上的不同服装。就密教发展的主线而言,"密教以与印度教的融合为基调,其样态的展开多种多样"④。其中,"密教在其观念和所奉偶像上来自于印度宗教最古老的部分,其中许多出自于雅利安的《吠陀》和《奥义书》,并常用图像和拟人手法重新赋予视觉上的诠释"⑤。这里边密教从婆罗门教借鉴了关于"神"的定义,"默认婆罗门教的神祇和仪式"⑥,依此在佛教里创新出全能的本体神,并同时袭用了不少旧有的神祇。故尔"密教特色,在事多神"⑦,而且"自婆罗门教转来者颇多"⑧。此为密教"基于多神思想而产生的'供养'观,不是传统佛教的东西,乃是婆罗门教'祭祀万能'思想渗进佛教的一种表现,是'祭祀万能'的佛教化"⑨。还有正如王海涛先生所指出:"密教的温床是巫教,凡是密教盛行的地方必有巫教先盛行,凡是巫教盛行的地

① R. C. Majumdar: *The Struggle for Imperial*, Bharatiya Vidya Bhavan, Bombar, 1957, p. 407.

② William Montgomery McGovern: *An Introduction to Mahāyāna Buddhism*, Kegan Paul, London, 1922, p. 29.

③ Kanai Lal Hazra: *The Rise and Decline of Buddhism in India*, Munshiram Manoharlal Publishers Pvt Ltd., New Delhi, 1995, p. 358.

④ 山口益《般若思想史》第七章,肖平、杨金萍译本,贵州大学出版社 2013 年版,第 348 页。

⑤ Philip Rawson: *The Art of Tantra*, Thames and Huolson, London, 1973, p. 7.

⑥ 查尔斯·埃利奥特《印度教与佛教史纲》第一篇,中译本,商务印书馆 1982 年版,第 1 页。

⑦ 蒋维乔《密教史》,载《密宗教史》,台北大乘文化出版社 1979 年版,第 1 页。

⑧ 蒋维乔《中国佛教史》第十四章,上海古籍出版社 2004 年版,第 172 页。

⑨ 郭朋《隋唐佛教》,齐鲁书社 1980 年版,第 595 页。

方,则比较更容易传播密教"①。神道教本质上是一种巫教,因此密教十分适合佛教与日本神道教的结合,且能使圆仁等在敬礼佛祖的同时祭祀各色大神而心安理得。此外,密教是佛教里最具实践性和功利性的宗派,很合适所谓"护国"之要求,所以圆仁在华行程之改变,是与遣唐使团的意愿是吻合的。

中国民间谚语:"三岁看八十"。这虽然是一种对人性格预测的判语,其实对一种意识形态来说亦是如此,纵使是后来会有种种演变,但初始的东西总会留下久远的印记。这里把《法显传》和《入唐求法巡礼行记》及其作者进行一番比较,再联系后来中日两国佛教之发展,也能明白这样的道理。

载《欧亚学刊》第 13 辑(新三辑,2015),发表时用繁体字

---

① 王海涛《云南佛教史》第五章,云南美术出版社 2001 年版,第 516、517 页。

综说佛教前期对婆罗门教优势之因素[*]

这里所说的"佛教前期",指的是公元一世纪之前的佛教,或者说是大乘佛教出现之前的佛教①。这个时期的佛教,尤其在佛陀涅槃前后的时代,作为一个新兴的宗教,使传统主宰着印度社会精神世界的婆罗门教黯然失色。然佛教究竟当时在那些方面占着优势及其原因,虽有关印度佛教史的论著多有叙说,但似乎都或有缺失。本文就诸家之言试作一综说,并加上自己的一些看法,以供进一步讨论。

宗教的创立需要多种条件,在社会已经存在着影响强大宗教的情况下,一个新的宗教之崛起,往往是三个方面的合成,即旧宗教的腐败与新宗教包含了适应新形势的内容,当然还有社会形势发展所构成的客观环境。佛教兴起时的情况也是如此,佛陀碰到了一个好时机,"公元前六世纪时,种种新观念带头冒出,新的哲学原理和宗教教派随势涌出,印度出现了前所未有的革命征象"②。佛陀的所说所为及佛教在稍

---

* 本文系 2014 年 5 月 25—26 日在海法大学举办的"The 12th Biennial Conference of Asian Studies in Israel"会上的发言稿。

① 虽有些学者认为公元前二世纪左右已有大乘佛教的存在,但至多只是萌芽状态。大多数学者的意见是大乘佛教体系的形成是在公元一世纪。不过在阿育王之后,佛教的上升势头已基本结束,但对婆罗门教的一些优势还依惯性延续着。

② R. C. Majumdar: *The Age of Imperial Unity*, Bharatiya Vidya Bhavan, Bombar, 1953, p. 360.

后的发展符合了这样的形势。

婆罗门教中的不足之处,尤其在早期,成了激发佛教兴起的时空机遇,即婆罗门教当时在宗教形态上的缺失和弊端成了佛教创新的方向,并构成了对前者的优势。佛教在创立之初在其自身方面对婆罗门教所占有的优势,即在内因上主要可分为四个方面。一个是教义上的,一个是宗教结构上的。二者相加后还衬托出了第三个佛教优势,那就是佛陀个人的影响作用。而对佛陀的崇拜,又形成了第四个优势,即图像崇拜所形成的宗教优势。

第一方面是表现在创立教义的理论体系上,可从二个层面讲。其一从教义结构的完整程度来看,鉴于婆罗门教为印度诸宗教元素的大集合,具有很大的包容性,其所尊奉的诸《吠陀》纷杂不文,虽有大致的框架,却不严密,此正如《一切经音义》所云,彼时"外道九十五种皆取恶道"。仅仅这"九十五种"的数目就足以使它们的教条杂乱无章,难成一体。结构严密的理论体系,一般都显现出思路的清晰,容易被人所理解和接受,且叙说较为全面。而佛陀的说法是在长期严密的思考后所体悟出来的,成体系而有条理,当然更能吸引人。

其二是佛教在理论上的创新,形成了符合社会需要的新思潮。自佛教从婆罗门教文化中脱颖而出后,释迦牟尼创立的佛教不乏新鲜,独树一帜。这是因为《吠陀》作为婆罗门教的思想源泉,虽饱含智慧,却由于是从不同时期不同地域汇集而成,未免形式散杂,甚至互有抵牾。而佛教的理论体系最初是由佛陀天才的长期构思,不仅"和婆罗门教一样充满着抽象的思维和哲学的反省"[1],而且观点独特,更具说服力。

佛教新思想中最重要的,是以因缘和合论为基础的理论体系。佛

---

[1] D. T. Suzuki：*Outlines of Mahayana Buddhism*，Schocken Books，New York，1963，p. 81.

教与婆罗门教在理义上最主要的差异,在于佛教从"三法印"和"四谛"①等概念出发,以因缘和合论来看待现象与本体,即"因为它们本性是空,事物才是因缘和合着的"②,进而认为事物的底蕴是空,并非真实,"不存在脱离主体的客体,所有客体都来自主体,而处于事物中的主体却是乌有"③。明白了这一点,就能脱离使人迷失受难的所谓苦海或火宅。此即是通过对现实的否定,来求得自身之解脱,故尔向现存之社会状态提出了挑战,因为只有在不合理的生存状况下,人才需要解脱。而当社会上不合理的情况严重暴露时,反对这种社会现象的学说便会风行一时,大受欢迎。更深的意义还在于佛陀强调自身努力的作用,指出了脱离苦海之路,使佛教成为一种"新的个人自救的宗教"④,而与依赖祭祀和教士的婆罗门教迥然有异。

"佛教最根本的特征就是无灵魂和无我,而此与其他所有的宗教截然有别。对于被绝大多数宗教所具有的灵质之假定也断然反对"⑤。因而与婆罗门教以"梵"为至高无上的观念相反,"佛教不承认有世界创造之神",因此"佛教是人类至上的宗教,他把'人'置于整个宇宙之上,把人自己视作救世主"⑥。如此为佛教反对种姓制度奠定了理论基础,"当然,这也可以作为佛教联合低级种姓的手段"⑦。佛陀理论的巧妙

① 三法印:诸行无常,诸法无我,涅槃寂静;四谛:苦谛、集谛、灭谛、道谛。
② D. T. Suzuki: *On Indian Mahayana Buddhism*, Harper & Row, London, 1968, p. 59.
③ S. Radhakrishnan: *The Philosophy of the Upanisads*, George Allen & Unwin Ltd, London, 1924, p. 30.
④ Charles Drekmeier: *Kingship and Community in Early India*, Stanford Univ. Press, Stanford, 1962, p. 62.
⑤ D. T. Suzuki: *Outlines of Mahayana Buddhism*, p. 32.
⑥ 中村元《比较思想论》第二章,中译本,浙江人民出版社1987年版,第30页。
⑦ 刘家和《公元前六至四世纪北印度社会性质和发展趋势蠡测》,载氏著《古代中国与世界——一个古史研究者的思考》,武汉出版社1995年版,第160页。

之处还在于把他的思想体系分成"真谛"和"俗谛"两个组成部分,犹如后世一些主义中的最高纲领和最低纲领。这也可以使佛教能适合着不同的社会需要:真谛使社会精英在精神上有安身立命之归宿,而俗谛通过佛陀给出的正道和戒律,或即"作为世俗佛教徒的眼前目标不是涅槃,而是通过功德(punya)的积累来追求人生的幸福和好的来世"①,成为推动社会道德的新价值观念。佛教还向统治者建议,声称如果"对他的人民在经济上给予援助,就可被认为是一个理想统治者的一种好政治"②。当然这种援助是可以通过施舍给佛教寺院的方式来实行。佛教的这些创新思想在当时产生巨大影响,证明了"占优势的观念和整个社会文化的象征影响着思想的形式和走向"③。

把这二个层面综合起来,又体现着形式和内容的统一,如此构成的佛教教义与当时的婆罗门教相比,无疑占了上风。佛陀之后的几次集结,在教义方面维持了基本统一,即使后来有所分歧,也主要是在戒律执行的细节方面。佛教理论的系统性始终是很强的。而这些与以人为本的思想和儒家很有合拍之处,这也是它,而不是婆罗门教被中国文化所接受的原因之一。

第二方面的佛教优势,是从作为宗教的组织程度来看。婆罗门教没有较为严密的宗教组织形态,婆罗门只是一个阶层,彼此之间除了种姓家族关系以外没有其他关系,而且这种种姓家族式的宗教结构在偌大的印度境内肯定分布不均匀,存在不少空白或势力薄弱的地

---

① Reginald A. Ray: *Buddhist Saints in India*, Oxford Univ. Press, Oxford, 1994, p. 16.

② O. H. De A. Wijesekera: *Buddhist and Vedic Studies*, Motilal Banarsidass, Delhi, 1994, p. 117.

③ Vishwanath Prasad Varma: *Early Buddhism and its Origins*, Munshiram Manoharlal, New Delhi, 1973, p. 7.

方,这就给佛教的脱颖而出提供了很好的条件。而"佛陀的伟大实际成就,就是建立了一个宗教团体。这个团体叫做僧团,一直存在到今日,其成员称为比丘。他的宗教之所以能够持久,主要是因为有这个组织",而"这个组织变成了世界上的伟大力量之一"①。佛陀一手组成的严守戒律的僧团反衬着婆罗门教士的散漫与腐败。佛陀从初转法轮,收受弟子开始,就组织了僧团,"使佛教成为有组织的宗教"②。"由于顾虑单个的生活和修行难以认识真理,所以在那个时代有了在导师指导下共同修行之举"③。由越来越多"出家人"所组成的僧团之所以能够建立,还可能在于社会物质生活的进一步丰富。这包括从公元前十世纪左右铁器开始应用,到了佛陀的时代,铁在社会生活中尤其在农业上的使用已经很广泛了。于此相呼应,水稻种植在印度平原上得到大面积推广,以及商品经济的发展。加之印度的气候条件本来就易于作物生长,食品和饲料较易获得。这些都有利于包括妇女在内的不少人能够脱离社会生产而专致于宗教修行和僧团的形成。尤其是佛陀决定接纳妇女加入僧团成为比丘尼。虽然比丘尼要受到更多的约束,但这已经成为印度宗教史上的一个里程碑。同时,"对于在家妇女,三藏经典表示了欣佩和尊敬"④,为此深受鼓舞而大量皈依佛教的妇女信众当然使婆罗门教相形见绌。因此"可以断定

---

① 查尔斯·埃利奥特《印度教与佛教史纲》第一卷,李荣熙译本,商务印书馆 1982 年版,第 342、344 页。

② Joanna Rogers Macy and Eleanor Zelliot: "Tradition and Innovation in Contemporary Indian Buddhism," *Studies in History of Buddhism*, B. R. Publishing Corporation, Delhi, 1980, p.143.

③ S. R. Goyal: *A History of Indian Buddhism*, Kusumanjali Prakashan, Jodhpur, 1994, p.65.

④ 查尔斯·埃利奥特《印度教与佛教史纲》第一卷,李荣熙译本,商务印书馆 1982 年版,第 356 页。

的是,历史上遍布印度、中亚的佛寺以及佛教造像,很多是出自女子的供养,女子的捐赠"①。

僧团之形成也表现在二个层面。第一是有了僧徒一起修行活动的场所,名之为僧舍,是僧团存在的物质条件,也成了早期寺院的雏形。这寺院生活虽然十分艰苦,但僧徒在僧舍里修行与生活,能够与世俗的名利场保持一定的距离,而且因此能克服许多困难。如"在雨季时,所有印度的苦修者团体都退却了,只有佛教徒们以严格的戒律和定居的方式坚持下来"②。这使寺院佛教有了发扬教义和发展宗教力量的牢固据点,"据说关系到使佛教成为一个世界性宗教的,正是它的寺院之扩展"③,而婆罗门教士的修行一般是以个体的形式,从而前者显示了僧团的优越性。佛教寺院作为教义的研究和学习的处所形成了传统,这同样也是使婆罗门教相形见绌的优势,可以说在印度佛教的整个存在期间都被保持着。

第二,为僧徒之间如何相处制定了戒律,戒律成了连接僧团最强有力的纽带,是当时婆罗门教所根本没有的。"在佛教所建立的一些法规远比婆罗门教严厉,不仅是反对祭仪之铺张,而且不能无检验地接受教义"④。戒律中对僧徒的很多生活细节也都作出了规定,也与此相关。

---

① 段晴《"造像功德经"所体现的佛教神话模式》,载《佛教神话研究》,中西书局 2013 年版,第 98 页。

② 参见 Gadjin Nagao:"The Architectural Tradition Buddhist Monasticism," *Studies in History of Buddhism*,B. R. Publishing Corporation,Delhi,1980,p. 190. 作者还说起先僧徒们"晚上就睡在树下或路边,以石头为枕",在雨季时才"选择一个合宜的处所,然后搭起一些在雨季时只能容一个僧人住的小棚"。这些棚舍以后发展成为寺院的附属建筑。

③ Nilakanta Sastri:*History of India*,S. Viswanathan,Madras,1953,p. 119.

④ Max Weber:*The Religion of India*,the Free Press,Glencoe,Illinois,1958,p. 118.

有学者说："早期佛教徒反叛印度教,就好像早期基督徒反叛犹太教一样,其部分宗旨就是要反对法律的过度神圣化和宗教的过度法律化"①。这是因为当时印度社会里世俗行为准则依据的是婆罗门教教义,法、教合一所形成的"法律",对整个印度社会都要起规范作用,但对婆罗门本身却规范不严,且不统一。而"佛陀强调过圣洁的生活"②,即通过戒律,"佛教则以道德来分庭抗礼",即"以此划出清楚的界限:一边是真正按照道德原则来规范行为;另一边则是依靠承袭信仰和在祭祀仪式中的神秘性和法术"③。新的道德模范当然更具影响力,"僧徒们纯正的行为,转而成为他们和世俗社会相联系的重要纽带"④。不仅如此,反对祭祀杀生和复杂繁琐的仪轨,大大降低了尊奉宗教信仰的成本,使佛教修行变得更为简易可行。

佛教另订戒律,但只是针对教团内部,其中很大一部分与印度世俗有异,反而具有适应其他社会文化之可能。而在上述二个情况影响下,佛教徒将奉教与教徒自身生活合二为一,脱离世俗的社会生活,其实是走出社会。这在中国称之为出家,却不得不与社会还保持着共同的行为准则之情况颇有差别。但不管怎样,因为有着戒律的特殊性,使佛教僧侣的作为也有鲜明的特性,成为沙门中非常令人瞩目的一类⑤。教徒们形成一个集体,就像很多纤维拧成一股绳,力量和影响当然会大许多。"佛教僧侣的集体生活在僧团内形成了天下一家的精神",因此"佛

---

① 伯尔曼《法律与宗教》,梁治平译本,商务印书馆 2012 年版,第 67 页。
② Vishwanath Prasad Varma: *Early Buddhism and its Origins*, Munshiram Manoharlal, New Delhi, 1973, p.98.
③ Edward J. Thomas: *The History of Buddhist Thought*, Kegan Paul, London, 1933, p.12.
④ Reginald A. Ray: *Buddhist Saints in India*, Oxford Univ. Press, Oxford, 1994, p.16.
⑤ 沙门在印度系有别于婆罗门的修士之通称,在中国则成了佛僧之专称。

教通过信仰和追随者的集结派生出非常大的力量"①。僧徒们的集体修行会带来很多好处,首先对教义的共同学习探讨,不仅有利于大面积地提高彼此的水平,而且容易在较大范围内取得观点上的一致。佛陀涅槃后虽然随着时间的推移,渐渐分成了若干部派,但这些部派规模都很大。这和婆罗门教内家族式的传授,犹如大学校和私塾之比。其次僧团的集体生活培养了生活的协调和组织能力,便于其中佼佼者到新的地域组织新的僧团,这对佛教走向世界是很重要的预习和锻炼。这也是婆罗门教所不能比拟的。再次,在集体中更容易彼此激发宗教热情,包括传教的激情,这对佛教走出印度同样很重要。

　　如后起的佛教为什么比婆罗门教先有大型的宗教建筑?人多力量大,僧团所具有的合力恐怕也是原因之一。重要的是修行与生活合一的教团集体,会使教徒产生一种归属感,"皈依"这样的词恐怕在当时婆罗门教内是很陌生的。不过印度"公元七世纪之后,佛教再也没能维持一个组织体制,而是散成家族式的教派社团"②。原来对婆罗门教的这方面优势也就消失了。

　　由于婆罗门教中担任神职的婆罗门的身份是来自出身的种姓,他们之间只有认同,没有组织。而且"婆罗门教信仰中的那种火祭坛是很容易建立或拆除的,这就为信仰者个人来使用大开方便之门"③。如此则宗教组织或集体宗教活动反而难以开展。婆罗门教的宗教活动是在原有的社会结构里举行的,他们和信徒都没有脱离世俗生活,虽然其中一些婆罗门的苦修,也是被社会所认可的本来就有的一种方式。过着

---

① K. V. Soundara Rajan: *Glimpses of Indian Culture—Architecture*, *Art and Religion*, Sundeep Prakashan, Delhi, 1981, p. 21.

② S. R. Goyal: *A History of Indian Buddhism*, p. 388.

③ K. V. Soundara Rajan: *Glimpses of Indian Culture—Architecture*, *Art and Religion*, p. 22.

这种方式的婆罗门有时孤而不群,但没有被排除在社会之外。不过就相当大一部分婆罗门教士而言,主持祭祀是其主要的任务。他们由此所具有的职能"不仅能执行婆罗门教内的祭仪,而且往往作为一种附加,赴应大量的需招"①。毫无疑问,如此宗教形态不单单妨害僧团之形成,也易使宗教腐败。教士参与如此的需招,若丧葬之类,是会有报酬的,这种有报酬之执仪有损于婆罗门教士的形象②。

婆罗门阶层中除了那些苦行静修者外,一般都是以家族为主并为本地宗教服务的,呈现较强的地区性。而佛教的僧团一方面有固定的僧舍为据点,另一方面在三个月的雨季之外则到处云游化缘。这不仅大大地增加了僧侣的社会接触面,扩大了佛教的影响,还便于利用时机在新的地方建立新的僧团。

鉴于以寺院为本的僧团优势,"由佛教促成的寺院制度之发展不久普及到了所有的宗教教派"③,这也包括婆罗门教与耆那教。当然由此也使婆罗门教在这个方面落后于佛教一步。

从第三个方面讲,婆罗门教当时没有佛陀这样的宗教领袖。由于婆罗门教把诸《吠陀》视为天启,它们本身又是通过一个时间过程汇集而成,因此在体系上并不完整和严格,婆罗门教士们做的最多是诠释工

---

① B. G. Gokhale:"Early Buddhism and the Brahmanas," *Studies in History of Buddhism*, B. R. Publishing Corporation, Delhi, 1980, p. 71.

② 中国佛教在宋以后这方面的趋势也十分明显,成了佛教世俗化的重要特征,以致越来越多的中国僧人"念着他们自己也不懂其意义的咒语(dhârani),乐此不疲地参与葬仪做法事",见 G. Willoughby-Meade:*Chinese Ghouls and Goblins*, Constable Co. Ltd., London, 1928, p. 76。日本佛教也有类似情况。都和他们婆罗门教的前辈有相似的地方。由此也造成东亚佛教的腐败与衰落,当然这是后话。

③ A. B. Keith:*The Religion and Philosophy of the Veda and Upanishads*, Harvard Univ. Press, Cambridge, Massachusetts, 1925, p. 589.

作,没有人敢于对此进行改编整理,于是在婆罗门教的前期在教义上难以推陈出新,也出不了重要的思想家。而佛陀是佛教理论的奠基者,他所达到的思想高峰,在当时是无与伦比的。不仅如此,"佛陀还有进行宣传的巨大宗教热情"①,如"佛陀宣传人人可以奉佛,并且如前所述,宣扬人们在佛教组织之内可以一切平等。这就特别容易博得人们的信从"②,使他的思想通过其本人的努力在社会上宣传震撼人心的精神力量。佛陀的说教还有一个独特的优点,那就是"包含在巴利文经典里所有佛陀说过的话,都能被分别采用,减去或发展一些抽象的思想观念,以适合不同的场合和目的"③。这就为他身后佛教理论的发展,留下了巨大的空间。

又从僧团的建立可晓知佛陀非凡的组织才能,可以说"宗教的组织化完全出于佛陀的天赋"④。佛陀以身作则在僧团内所执行的戒律,使得佛陀和整个佛教在当时成为道德的典范。在这个过程中,佛陀显示了他本人作为一个不断引导走向积极人生之楷模。这样一来,佛陀集思想、道德、组织权威于一身,在当时具有巨大的人格魅力,赢得各阶层的尊重和爱戴,"甚至在一开始,出身于一些最古老家族的婆罗门也加入了僧团,稍后一些有钱的商人,以及国王和王子们竞相向僧团献上最丰厚的供奉"⑤。当时婆罗门教虽有一大批属于各个家族的教士,却一

---

① Vishwanath Prasad Varma: *Early Buddhism and its Origins*, Munshiram Manoharlal, New Delhi, 1973, p. 21.

② 刘家和《印度早期佛教的种姓制度观》,载氏著《古代中国与世界——一个古史研究者的思考》,第 28 页。

③ Sarvepalli Radhakrishnan: *The Cultural Heritage of India*, Ramakrishna Misson, Calcutta, 1958, p. 477.

④ Sarvepalli Radhakrishnan: *The Cultural Heritage of India*, p. 13.

⑤ Heinrich Zimmer: *Philosophies of India*, Pentheon Books, New York, 1951, p. 489.

直没有公认的宗教领袖,佛教在开张之初便有了伟大的领袖和导师,当然使佛教在一开始便先声夺人。

而且由于佛陀的榜样作用,佛教中不断涌现出具有献身精神的奉教者,后来菩萨与菩萨精神在佛教里的养成,杰出的佛徒往往成为"肉身菩萨"而受到崇拜,与此不无关系。其实,有那么多的佛教僧侣不怕艰险早早地来华传教,也是以这种精神为动力的。相比之下,婆罗门教士之来华者寥寥,也原因可寻了。

同时,虽然"巴利文的佛教典籍中没有提到任何超神,但所有被提及的神祇都服从于佛陀",甚至"如梵天这样的大神也来到世间拜服于佛陀,并执行他的命令"①。这样,通过婆罗门教神祇在佛教经籍中的新形象,佛陀作为被崇拜对象从人格层面上升到神格的层面。于是,盛行利用图像的崇拜使佛教获得第四方面的优势。由于"在《吠陀》时代明显地没有任何神庙和公共宗教场所,亦无群众性的崇拜和信仰"②。而且"印度教诸神有着更深一步的特征,即它们被崇拜时可以偶像的形式,也可以以非偶像的形式"③。佛教方面则由对佛陀身前的敬仰在其涅槃后扩展到了对与其相关的纪念物的崇拜。如对其舍利、脚印等的崇拜。这种对以图像为佛陀代表的崇拜,不仅是使崇拜有了感情的联系对象,而且能突破时空的限制,保证了崇拜运动的扩大和连续性。而当时的"吠陀崇拜还没有寺庙,是依靠着仪式,由教士和世俗信徒以口宣和身体力行来执行和感受宗教的力量"④。当时婆罗门教的信仰方式是分散的家庭方式实行的,"在吠陀及其后

① J. R. Haldar: *Early Buddhist Mythology*, Manohar, New Delhi, 1977, p. 70.

② Sarvepalli Radhakrishnan: *The Cultural Heritage of India*, Ramakrishna Misson, Calcutta, 1958, p. 245.

③ T. Richard Blurton, *Hindu Art*, The British Museum Press, 1992, p. 33、35.

④ T. S. Maxwell: *The Gods of Asia*, Oxford Univ. Press, Delhi, 1997, p. 4.

续的时代里,明显地没有供养神的庙,甚至最简单类型的屋子都没有"①。而佛教的僧舍里供养着纪念佛陀的崇拜物就已经开始具备了寺院的全部基本功能。因此"大约在公元前一世纪已经有了最早的石窟寺",而且"寺庙首先带有供奉崇拜对象的神坛雏形"②,使它比婆罗门教更早地利用偶像崇拜来增进宗教感染力。佛教在这方面领先了婆罗门教一步③,虽然后者也照此模仿,但佛教已着了先手,现在遗存的佛像在造像年代上也早于婆罗门教的神祇,从而构成了第四方面的优势,即通过图像来增强宗教信仰的感染力。与此相关是佛教得到了一些地理位置上的优势,佛教最初的传播范围包括了深受希腊文化艺术影响的犍陀罗地区,就是利用希腊艺术在当地的影响,尤其佛教徒很快借鉴来塑造佛像,顺利地发展出造像艺术,开创了崇拜的新阶段。高超而寓意深刻的造像效果当然要比一般的偶像崇拜好得多。

　　早期佛教在上述四个方面与婆罗门教在当时的缺失,有着鲜明的对比。婆罗门教松散而有广泛的社会基础,佛教紧密而有很强的凝聚

---

① A. B. Keith: *The Religion and Philosophy of the Veda and Upanishads*, p. 258.

② Gadjin Nagao: "The Architectural Tradition Buddhist Monasticism," *Studies in History of Buddhism*, B. R. Publishing Corporation, Delhi, 1980, p. 194、195. 最近据 2013 年的 *Antiquity* 杂志 12 月一期的报道,英国的一支考古队在佛陀出生地蓝毗尼(Lumbini)摩耶夫人庙的地下发掘中发现有约公元前六世纪的砖木寺庙结构。这说明在佛教建立之初便有了寺庙。

③ 虽然有些学者认为对佛像崇拜的形成与大乘佛教自公元前三至二世纪就开始发展的一些理论有关。但也有些学者与此意见相左。如 A. K. Narain 在其 "First Images of the Buddha and Bodhisattvas: Ideology and Chronology"(载 *Studies in Buddhist Art of South Asia*, Kanak Publication, new Delhi, 1985, p. 6)一文中认为是"塞种人和一切有部的联手的时候导致佛像的出现。从西北和马土腊的碑铭中,塞种庇护一切有部是很清楚的"。

力。二相比较,佛教当然要比婆罗门教更具有宗教活力。

除了从佛教方面来讲所具备的对当时婆罗门教的自身优势外,在客观形势上亦处于一个比较有利的宗教环境,也包含着几个方面。第一,有学者指出在佛陀的时代由于社会生产的发展,"在恒河盆地的绝大部分地区,野心勃勃的国王们已经消除了早些时候盛行的部落制度,商人和手工业者的群体获得了财富与影响。他们已非吠陀教士和贵族所认可的身价,毫无疑问他们要求宗教领域里的改革"①,于是"早期佛教获得了广大商人阶级的支持"②。这种形势当然会给主张平等的佛教带来更多的支持。面对这种形势,佛陀一方面提倡众生平等,另一方面"并不在意对当时的社会政治问题进行改革,只是在他的多次教导中搭起了一个社会政治经济的构架"③,也就是提供了一个理想的社会目标。"佛陀所强调的最重要是让社会合作团结,使被分割或分裂的人众和解"④。这种温和的态度当然获得了多方的好感。所以与此同时,"城市的贵族阶层,包括一批刹帝利,甚至是婆罗门,都成了早期佛教的信徒"⑤。因为城市社会在当时也是新兴的,其中"中产阶级和下层中产阶级(middle classes and the lower middle classes)"由于多种原因放弃了"老的社会生活和宗教方式"而皈依佛教⑥,从此城市佛教成了佛

① A. L. Basham: "The Background to the Rise of Buddhism," *Studies in History of Buddhism*, B. R. Publishing Corporation, Delhi, 1980, p. 16.

② R. Thapar: *Aśoka and the Decline of the Mauryas*, Oxford Univ. Press, Oxford, 1961, p. 141.

③ Vishwanath Prasad Varma: *Early Buddhism and its Origins*, Munshiram Manoharlal, New Delhi, 1973, p. 15.

④ Vishwanath Prasad Varma: *Early Buddhism and its Origins*, p. 353.

⑤ Charles Drekmeier: *Kingship and Community in Early India*, Stanford Univ. Press, Stanford, 1962, p. 96.

⑥ Vishwanath Prasad Varma: *Early Buddhism and its Origins*, Munshiram Manoharlal, New Delhi, 1973, p. 135.

教不可或缺的部分。

第二,"历史的证据表明,在大乘佛教的形成时期(300B. C.—100A. D.),佛教与几股外来居民有了接触。犍陀罗在纪元前530年至330年曾是波斯的一个省,此后的几个世纪里又是印度的西北疆域,那里成为众多的外来部族的进入和居住地,若来自亚历山大远征后的一些希腊化王国帕提亚、贵霜,及塞种等。对这些进入印度的外来者,佛教比印度教易于接受,因为前者作为当地的主要宗教正在生气勃勃地进行传教,又没有种姓歧视,所以立刻吸引住了那些原无固定信仰的半开化部族。佛教不仅在他们进入印度途中迎接他们,向他们送去传教士,而且在一定程度上使他们成为佛教的传播者"①。这个所谓大乘形成期,其实仍在以小乘为主的佛教前期。

第三,是耆那教的影响。耆那教比佛教兴起早一些,都是婆罗门教败坏形势下的产物,也都成了婆罗门教的对立面。"与佛教一样,耆那教明确地作为当时的婆罗门教及其学说和礼仪的反叛者,同时反对婆罗门的支配地位"②。因此耆那教和佛教在教义上有相似的地方,如提倡平等,反对杀生等等,这些和婆罗门教都是针锋相对的。但该教有一些独特的教义,如不在有屋顶的地方过夜,主张裸体等,故在中国被称为"裸形外道"。但这种教义的实施只能在印度东南气候较热的地方,西北高原严寒地区是难以通行的,而属于那类地区的"克什米尔、阿富汗斯坦、旁遮普成了那个时代佛教首要的根据地"③。还有"耆那教规

---

① K. N. Upadhyaza: "The Impact of Bhakti Movement on the Development of Mahayana Buddhism," *Studies in History of Buddhism*, B. R. Publishing Corporation, Delhi, 1980, p. 353.

② William Loftus Hare: *Religion of the Empire*, Duckworth, London, 1925, p. 203、204.

③ Nilakanta Sastri: *History of India*, S. Viswanathan, Madras, 1953, p. 162.

定它的僧人不能云游境外"①。如此耆那教不仅成了佛教反对宗教现状的同盟军,而且与佛教在发展的重点地区错开,并局限于印度境内,减少了彼此间的矛盾。所以对佛教来说耆那教成为其发展的助力的因素大于作为竞争力的因素。

第四,佛教的新思想是对婆罗门教观念扬弃的结果。无论是哪个方面,针对性内容本身就包含了婆罗门教的因子,因为这种对立是在既有宗教的框架下进行的,故云:"佛教由《韦陀》之教反激而成者也"②,"韦陀"一译"吠陀",其教即婆罗门教。婆罗门教内的种种宗教元素,又给了佛教在完成其作为一个宗教的过程中不少素材。当时的婆罗门教及其依附的婆罗门文化不仅作为佛教合适的反对目标,而且它本身的一些内容,从观念到神祇,又被佛教加以吸收和改造,成为佛教利用的一种资源。"佛教是《奥义书》思想的自然发展"③。又若佛教"认同和继承了一些印度教文献,轮回的信仰,业因和宇宙的理论"④。又若"早期的佛教经文认为宇宙是由客观法则所支配的,这一观念根植于早期吠陀rta(宇宙秩序)概念"⑤。这也是因为佛教对婆罗门教了解得太清楚了,"佛陀曾经是一个伟大的《吠陀》学者"⑥。所以如何对婆罗门思想及文化进行扬弃取舍,推陈出新,可谓知己知彼。如"早期佛教用《奥义书》里绝对的平和与快乐的体验来证实涅

---

① P. N. Chopre:*Religions and Communities of India*,Humanities Press,Atlantic Highlands,1982,p. 159.

② 《五十奥义书》,徐梵澄译本"序",中国社会科学出版社 1995 年版,第 5 页。

③ Nilakanta Sastri:*History of India*,p. 30.

④ Edward J. Thomas:*The History of Buddhist Thought*,Kegan Paul,London,1933,p. 13.

⑤ 罗伯特·沙夫《走进中国佛教:"宝藏论"解读》第二章,中译本,上海古籍出版社2009 年版,第 99 页。

⑥ Sarvepalli Radhakrishnan:*The Cultural Heritage of India*,p. 579.

槃之境界"①。还如"在早期的佛教中,诸神体现出相当的权威,尤其是梵天作为最有权力的保护神,在早期佛经所载的对话里扮演着重要的角色"②。不仅如此,《吠陀》和《奥义书》还为佛教经典在诸如体裁、文法、音韵等构成经文的各个方面都树立了模仿的榜样。也就是说,当时的婆罗门教处于演变之半途的宗教形态,给了佛教很好的机会。在世界宗教史上,这样的机遇并不太多,似乎成了相反相成的一种特殊模式。

历史事件的生灭盛衰都是各种因素交错的结果,佛教在当时竟在其本身的里里外外汇集着天时、地利、人和,当然占一时之优。这使得"佛教虽然在印度的任何时候都成不了独立的国教,然在其早期却是反对婆罗门教控制宗教和社会生活的强大运动"③。

应该说明的是,虽然上述这些因素加强了佛教的传播势头,但当时佛教的优势还是主要决定于前面所说的关于佛教自身的几个方面,否则不能解释为什么有很多高级婆罗门加入了僧团,并成为其中的骨干。

不过佛教所具有的上述优势是动态的,各项的具体情况都在变化之中。如佛陀的涅槃,使佛教丧失了在教义上和组织上的最高权威,此后不久佛教便分裂成各个部派就是明证。而对婆罗门教而言,由于其早已根植于印度的社会文化之中,虽一时处于不利状态,但在图像崇拜,教义创新等方面学彼之长,逐渐跟上,到公元四世纪法显访印,所见

---

① S. G. Deodikar: *Upanisads and Early Buddhism*, Eastern Book Linkers, Delhi, 1992, p. 86.

② Jungnok Park: *How Buddhism Acquired a Soul on the Way to China*, Equinox, Sheffield, 2012, p. 86.

③ R. Thapar: *Aśoka and the Decline of the Mauryas*, Oxford Univ. Press, Oxford, 1961, p. 140.

形势已经逆转①。当然这是后话了。

载《复旦学报》2016 年第 1 期

---

① 参见严耀中《关于〈法显传〉中的婆罗门教》,载《佛学研究》第 18 期(2009)。

早期佛教与婆罗门教的差异
和融合及相关影响

　　一个新的宗教兴起,即是对同一个文化领域里的旧有信仰之标新立异,这当然也是对旧有信仰体系的重大挑战,两者之间产生重大矛盾和激烈的冲突是应有之义。二千五百多年之前佛教在印度诞生时,它与原来的婆罗门信仰之间爆发的就是这样的冲突。正如麦克斯·缪勒所说:"实际上,佛教只有作为婆罗门教的发展和反作用才是可以理解的"①。由于篇幅的关系,本文主要谈及的是那些与后来佛教传入中国相关的部分。

　　佛教与婆罗门教的差异,可分为二个层面。一个是在教义的理论层面。另一层面便是宗教在实践中所形成的形态,主要指其组织形式和修行方式,当然这二个层面是交错的。本文就这两方面的主要差别略言之。

一

　　佛教与婆罗门教在理义上最主要的差异,在于佛教通过因缘和合

---

① 麦克斯·缪勒《宗教的起源与发展》第三章,中译本,上海人民出版社 1989 年版,第 94 页。

观念的推导,归结出"三法印"和"四谛"等概念①,进而建立色即如空,空即如色的性空论。空即是色,便有万象;色即是空,万象之"有"则系假,假有是不应该被执著的。而婆罗门教以梵为本体滋生万物,则梵为非空。梵既非空,无现象则无本体,是故现象界亦非空系有。因此人的存在,各色人的存在都系梵有之派生而具有合理性。人作为存在之一,只有向最高和最根本的存在梵回归,才能得到永恒。

佛教和婆罗门教之间在理念上的一些分歧,都是从这个基点上展开的。

首先,对婆罗门教而言,神圣的梵既然是所有万物之本源,一切都可以在梵的层面上统一起来。由于源于梵的包罗万象,变化无穷,因而梵之底下是"一种不断变化的生活的统一","印度教几乎把形形色色的信仰和教义都纳入了它的体系之中,并且把它们当作是精神努力的真实表现,不管它们看起来是怎样的对立"②。由此就使种姓制度具有合理性,若云梵天"从自己的口、臂、腿、足,创造了婆罗门、刹帝利、吠舍和首陀罗",而"婆罗门因为从最高贵的肢体所生,因为首先被产生,因为掌握经典,理应为一切创造物的主人"③。而婆罗门教之得名,与其信奉"婆罗门至上"的观念相关。

由于"婆罗门至上"是指出身于婆罗门种姓的人最高贵,被置于社会的顶层,但这种地位是属于精神的、宗教的,而非世俗经济的④。这

---

① 三法印:诸行无常,诸法无我,涅槃寂静;四谛:苦谛、集谛、灭谛、道谛。
② A·L·巴沙姆《印度文化史》第七章,中译本,商务印书馆1999年版,第91、89、102页。该章为S·拉达克里希南所撰。
③ 《摩奴法典》第一卷,中译本,商务印书馆1982年版,第12、21页。
④ 婆罗门可以从事高低不同的各种职业,可以贫但不可以贱。如此使婆罗门种姓成员并不构成马克思所谓的"阶级",与其他种姓之间的差别也不属于"阶级矛盾"。这反而有助于种姓制度之维持和婆罗门教在印度社会中的纽带作用。

是由于能阅读《吠陀书》和掌握这些知识的人就是婆罗门,如"只有婆罗门才有权利诵习圣典《吠陀》"①。婆罗门不仅由此掌管祭祀诸神,这在古代是极其重要的,他们也就掌握着表示神意的话语,而且被人们视为博学的智者,这也是与宗教和哲学互相结合的形态相适应。所以婆罗门教认为"婆罗门、刹帝利、吠舍和首陀罗的行动,按照他们各自本性产生的性质加以区分"②,绝对不能混淆。从后来佛教在中国被迫接受君权至上的情况看,婆罗门教的这个原则在中土是绝不会被容忍的。

而佛教则是一个由佛陀阐发的理念发展起来的宗教,超越阶层和习俗。佛家从认识"性空"的基础上,推演出平等的观念,以无争求解脱成为一种修行,讲究和平也成了佛教一大特色。"种族平等的沙门文化,必然地成为反婆罗门教的"③。于是佛教反对婆罗门至上,一大主要点是关于有否超越的平等性。因为在佛教看来,婆罗门纵使出身高贵,其存在也不过是一种假有,从性空的角度看,其与首陀罗等低种姓,本质上也无二无别。"佛陀的主要目的是要用纯道德标准来代替世袭特权,确认在自然律面前一切众生平等,确认他们在他所发现的宇宙缘起条件范围之内具有享受他们自己命运的平等自由权利",进而"一切人生而平等,与众神与上帝自己也是平等的。他们变成什么样子依赖于他们自己的行为。婆罗门关于人类的不同种族和种姓即阶级的来源的神话都是无意义的胡说八道"④。而佛教"不重视种姓差别这件事本身就是对婆罗门的反抗"⑤。这样,教义的分歧与社会的现实利益上的

———————

① 《婆罗门》,载《泰戈尔诗选》,中译本,人民文学出版社 1994 年版,第 210 页。
② 《摩诃婆罗多——毗湿摩篇》,黄宝生译本,译林出版社 1999 年版,第 191 页。
③ 印顺《佛教之兴起与东方印度》,载《印度佛教论集》,中华书局 2010 年版,第 250 页。
④ 渥德尔《印度佛教史》第六章,中译本,商务印书馆 2000 年版,第 150、151 页。
⑤ 季羡林《原始佛教的历史起源问题》,载《佛教与中印文化交流》,江西人民出版社 1990 年版,第 10 页。

冲突结合了起来,成为二教之间最根本的矛盾。但由"性空"而导致平等的观念却容易使佛教和其他的宗教或文化相结合。

其次,就婆罗门教而言,"'欲'是一种冲动,是创造性的,以大梵天(更早是'生主')为象征。印度宗教哲学从来就肯定'欲'的存在,无论讲出世或入世都一样"①。而佛教认为"一切皆苦"的源头就在于"欲",无明的冲动就来自欲,故要"务苦脊其身,自身、口、意,莫不有禁"②。"性空"说是对"欲"之合理性,来一下釜底抽薪。

说到无明,姚卫群先生认为在"无明"的问题上,婆罗门教与佛教主要有二点差别。其一是对什么是无明的理解上。在佛教看来,"所谓无明主要是不明了佛教的缘起思想,不理解事物的无自性或性空观念",而婆罗门教认为,"所谓无明主要是不能理解事物在本质上就是最高实体(如梵),不知道没有真正独立于最高实体的东西"。其二是关于如何消除的智慧。佛教的"基本倾向或主流思想都与缘起理论有关,都否定有根本的真正唯一实在的实体"。而婆罗门教"都承认有实在的根本实体",在此前提下才会有各种除去无明的智慧③。其实这二者的根本区别在于现象的本体是实有还是假有。

从姚氏的观点延伸,对"无明"的不同理解其实包含着更深的观念分歧。佛家学说中的无明,是类似于亚里士多德所讲存有论中的"动力因(efficient cause)"。不管佛教在讲那一种缘起,诸法之生成过程(becoming process)中,都是因无明而缘起。无明是将色界"从其潜能的状态变为一个现实状态"④。所以佛家的"无明"概念是属于本体论

---

① 金克木《略论印度美学思想》,载《梵佛探》,河北教育出版社 1996 年版,第 144 页。
② 《苏东坡全集》卷三一《中和胜相院记》,中国书店 1986 年印本,第 379 页。
③ 参见姚卫群《佛教与婆罗门教的"无明"观念比较》,载《西南民族大学学报》2010年第 4 期。
④ 牟宗三《四因说演讲录》,上海古籍出版社 1998 年版,第 3 页。

的范畴。与此对照,婆罗门教里的"无明"则属于认识论的范畴。因此消解无明的智慧也就不在一个层面上了。在认识论层面上的各种智慧,知识和理性等等,都是可陈述或阐述的。而本体论层面上的智慧却难以言说,佛家称之为般若智。按牟宗三先生的说法,般若智"不能用wisdom 去了解,它跟西方哲学'纯粹理智的直觉'(intellectual intuition)相等"①。其智慧的表现在于"必须从主体方面,通过存在的实感而被呈现或被展示,这是不能用语言或概念加以分析的"②。这种思维的方式和中国人喜欢以直观来推断的习惯很相似。

和婆罗门教种姓观念与佛家平等观的矛盾相关的是"论回"说。虽然以婆罗门教、佛教和耆那教为代表的印度宗教,都信奉着有同有异的轮回说,"轮回是奥义书以降印度底共通信仰,把解决这个问题,看做所有的宗教哲学底最终目的"③。不过佛教与婆罗门教在关于轮回的解说上是不同的。

在现实社会里由于婆罗门身份之认定在于种姓,即在于血缘关系,并因此确立其社会地位,形成人与人之间天生的不平等关系。"婆罗门教有一个关于生死相续之基本的哲学概念",即"一个人的家庭、父母、种姓等,都是根据其前世业因预定的","一个人今世之所为决定了他下世投生在那个种姓"。如"一个生在首陀罗家庭的人在现世做好人,在来世就会收到回报,生在一个高等种姓的家里"④。在佛教早期的轮回观里,以因缘和合角度视之,处于轮回中的诸有情,是不存在主体的,犹如泥人被解体后,粉碎之泥粒散归大块,当大块里再缘起一个有情时,

---

① 牟宗三《四因说演讲录》,第195页。
② 牟宗三《中国哲学十九讲》之十六,上海古籍出版社1997年版,第336页。
③ 黄忏华《印度哲学史纲》第一篇第二章,商务印书馆1935年版,第29页。
④ S. K. Kulkarni:*Hinduism-Triumphs and Tribulations*, Indus Source Books, Mumbai, 2008, p. 113、114.

其和先前之有情并无主体承袭的关系。故而"佛教的理论是人要凭德行定高低"①，和婆罗门教观念有着一条明确的分界线。但应该注意的是，佛教传入中国后，在华夏传统祖先崇拜英灵长存观念影响下，接受的是源于婆罗门教的有主体轮回说。

婆罗门掌握着印度社会的主流话语权，所以早期佛教与婆罗门教的教义分歧还表现在话语上。"对婆罗门教来说，梵语是神圣的语言。在最初，宗教、哲学、文学、艺术，甚至医学、天文学等方面的书籍都是用梵语来写的"，而"佛教和耆那教一兴起，为了对抗婆罗门教，争取群众，立刻就否定梵语的神圣地位，而采用俗语作为经堂语言。佛教和耆那教的经典都是用俗语写成的，同婆罗门教使用梵语形成了鲜明的对照"②。季羡林先生还认为，因此佛陀不用梵语而"用摩揭陀语说法，是意中事"③。从更具体的层面说，"以文体论，释氏之所谓'经'，多讲论述之文，与婆罗门修多罗之为短句奥义，文体迥异"，而"释氏书原多不称经，佛徒汉译，附以'经'名者不一而足，乃借汉名以尊重其书。婆罗门之经(《修多罗》)，大都为极简质之语句，非有注疏，义不能明，故经与疏往往合刊。又其注疏之体裁，每因对话方式，假为一问一答，究元决疑，覃极阃奥，亦与汉土经疏不尽相同"④。两种文体比较起来，还是佛教的更接近汉语些。

---

① 金克木《梵语文学史》第二编第五章，江西教育出版社1999年版，第179页。这里的"德行"与"高低"，当就现世而论。

② 季羡林《"沙恭达罗"译本新序》，载《中印文化关系史论文集》，三联书店1982年版。

③ 《三论原始佛教的语言问题》，载《季羡林论佛教》，华艺出版社2006年版，第125—126页。

④ 饶宗颐《华梵经疏体例同异析疑》，载《梵学集》，上海古籍出版社1993年版，第269、261、262页。

二

与教义上的异见相联系,佛教在其诞生之初,在宗教形态上和婆罗门教也迥然有别。而且主要是针对所谓婆罗门教的三大特点。在"所谓婆罗门教确立时代,即婆罗门当时三大纲领:吠陀天启主义、祭式万能主义、婆罗门至上主义作为教义的树立"①。三者互相交叉,所以佛教要在同一文化地域内后来居上,必须要在这三方面与婆罗门教针锋相对。

婆罗门教的思想依据来自《吠陀书》。该书是公元前二千年活动在印度西北部的雅利安(Aryan)人的语言所成的文献,《梨俱吠陀》、《莎摩吠陀》、《阿闼婆吠陀》、《夜柔吠陀》等合成最古的吠陀本集。这些吠陀书以及阐释它们的《奥义书》、《梵书》、《森林书》②等统称为吠陀文献。由于这些吠陀书凝聚古代雅利安人的知识和智慧的精华,"吠陀"(Veda)的本义就有智识之意,积淀着当时雅利安人最先进也是最实用的各种知识,所以便被他们视为神圣的天书。于是最早的婆罗门教也被称为吠陀教。而"佛教由《吠陀》之教反激而成者",若"以《吠陀》教为正,则原始佛教为反,合乎大乘。以大乘为正,则密乘为反,而合乎印度教诸宗"③。前文所说的佛教与婆罗门教在教义上的对立,实际上也是与诸吠陀书文献中思想观念的分歧。

---

① 高楠顺次郎、木村泰贤《印度哲学宗教史》第二篇第一章,明治书院昭和廿三年版,第222页。
② 黄忏华先生认为:"净行书、森林书、奥义书三种有时相混,而自有别存底形式"。见氏著《印度哲学史纲》第一篇第三章,第31页。
③ 徐梵澄《五十奥义书》"译者序",载《五十奥义书》,中国社会科学出版社1995年版,第5、6页。

　　另一个与教义相关的突出分歧点是关于祭祀。在婆罗门教里,祭祀是所有精神力量的来源。"印度教从根本上来说,只是在人的世界与超越的世界之间建立起联系的一系列技术"①。还因为婆罗门的地位显然与祭祀活动有关,"唯是婆罗门,《黎俱》之祭司"②。任何民族的早期信仰中都很重视祭祀,但雅利安人对祭祀之目的性似乎特别明确。因为"在民族宗教的时代,祭祀体系在社会生活中具有中心意义,有关社会生活的规定也被包含在祭祀体系当中。在古代印度,有关社会秩序(梵 dharma,规范)的学问就被包含在祭祀学问(Kalpa)当中"③。在婆罗门教看来,"众生的躯体靠五谷滋养,五谷靠雨水生长。雨水因祭祀的举行而降,祭祀则来自规定职责"。反之,"谁在人生中不遵从韦达经规定的祭祀循环,谁的生活无疑会充满罪恶"④。

　　不过"婆罗门教那么重视的宗教祭祀和献礼方面,我们将会看到佛陀完全无条件的反对,视为社会的祸害"⑤。金克木先生指出其中的一个重要原因,"'婆罗门'重祭祀,就是要屠宰牲畜",若据"婆罗门法,天祀中应杀生啖肉"⑥。而"'沙门'(佛教与耆那教)重戒杀,反对祭祀,就是反对屠宰牲畜"⑦。因为"婆罗门法,天祀中应杀生啖肉",理由是"此生在天祀中死故,得生天上"⑧。即祭祀予死亡以神圣的意义,诸被杀

①　沙尔玛《印度教》,张志强译本,上海古籍出版社 2008 年版,第 41 页。
②　《唱赞奥义书》,载《五十奥义书》,徐梵澄译本,第 169 页。
③　中村元《比较思想论》第四章,中译本,浙江人民出版社 1987 年版,第 211 页。
④　《博伽梵歌》第三章,嘉娜娃译本,陕西师范大学出版社 2007 年版,第 74、76 页。韦达,吠陀之另一译名。
⑤　渥德尔《印度佛教史》第五章,第 141 页。
⑥　鸠摩罗什译《大智度论》卷三《释初品中住王舍城》,(台北)佛陀教育基金会 2000 年印本,第 89 页。
⑦　金克木《古代印度唯物主义哲学管窥——兼论"婆罗门"、"沙门"及世俗文化》,载《梵佛探》,第 302 页。
⑧　鸠摩罗什译《大智度论》卷三"释初品中住王舍城",第 90 页。

之有情由此虽死犹生,且能生于天上,故在祭祀中杀生当然就不是一件罪过,"若祠祀者,咒羊杀之,羊必升天"。但佛教驳斥执祭的婆罗门道:"汝今何故不自咒身杀以祠祀求升天耶? 何故不咒父母知识妻子眷属而尽屠害,使之升天? 不灭己身,但杀羊者,当知皆是诸婆罗门欲食肉故,妄为是说"①。对于儒家思想已占统治地位的中国来说,佛教的主张更可取些,因为这符合农耕经济豢养牲口成本高的因素,后来梁武帝进一步用官府之力令僧侣素食,可反证佛教更符合中国国情。

与重视祭祀相关的是看重符咒,所以也成了两者的分界线。在婆罗门教神话里,"婆罗门的咒语具有无比的威力,可以改变一个人的命运,甚至连天神也常常是他们诅咒的受害者"②。而佛陀是反对咒符之类的。如《十诵律》卷九云:"又比丘往语婆罗门子,比丘言:汝婆罗门种,用出家受戒为。汝应学《围吠经》,教他学;自作天祠,亦教他作。学饮食咒、蛇咒、疾行咒、劬罗咒、犍陀罗咒,如是种种婆罗门技术,汝应学。轻毁心故,一一语突吉罗"。

祭祀的对象是神祇。婆罗门教所崇拜的,是从各地方神祇里上升为三大主神的湿婆、毗湿奴和梵天,它们一开始便具备完全的神格,更不用说作为最高存在的梵了。而佛教徒一开始所崇拜的对象是佛陀,是一位有着巨大人格魅力的导师和精神领袖,一个从凡人依自力而升华的伟大觉者。且二者对比,《吠陀》神话中的人神相杂,是由神而人格化,佛教则是由人而努力成为觉者而呈现神通。这是两者非常重要的一个分歧点,因为后者更接近于中国的人神关系。中国由于祖先崇拜,而认同于有德有功者升华为神③。

---

① 竺律炎、支谦共译《摩登伽经》卷上"明往缘品第二",载《大正新修大藏经》第21册。

② 薛克翘《中印文学比较研究》第四篇,昆仑出版社 2003 年版,第 210 页。

③ 严耀中《中国宗教与生存哲学》第三、四章,学林出版社 1991 年版。

　　也由于教义上的差异,使得信徒在社会各阶层中的分布有着不同的比例。尤其是因为低种姓者,甚至是一些低于婆罗门种姓的统治者也难以认同婆罗门至上的观念。于是在很多情况下形成"在王室宫廷和城市中占支配地位大佛教与仍由各地的众多婆罗门家庭为代表的正统婆罗门教之间的竞争"①。这导致了两者在宗教形态上的一大区别。婆罗门教的宗教骨干是出自同一种姓的成员,他们虽然受到了很好的宗教和文化教育,但是彼此之间的联系仅仅是在种姓上的认同。婆罗门则以获得梵的更多联系和能量为目的之一,所以"婆罗门大都是分散在社会上活动的,只有师徒传授和同种姓的关系。有的在森林中建立一种类似村社的生活基地的,称为仙人,也没有组织"②。

　　而属于称之为沙门的佛教徒一起修行是为了更好地抑制欲望冲动而追求解脱,所形成僧团能够有助于更好地理解教义和获得更多的制约,实行八正道,所以修行的过程主要是在社会的场景里进行的。参加佛教僧团的信徒出自不同的种姓和地域,为了将他们聚集在一起,也为了捍卫自己一些独特的理念,于是佛陀为本教教徒设立了戒律。可以说,佛教最初的那些戒律,在很大程度上是针对着体现婆罗门教观念的生活方式。然而正是印度佛教的这些清规戒律"将僧俗行事,加以清楚的区分",于是佛教"在一般印度人民的日常生活,没有扮演过什么必要而重要的角色,其后信徒的减少,正好说明了这种事实"③。因为佛教在成立之初,如何与婆罗门教划清界限是确立一个新的宗教的首要任务。由于婆罗门教在印度作为一种社会性的宗教,渗透在绝大多数印

---

① 赫尔曼·库尔克·迪特玛尔·罗特蒙特《印度史》第二章,中译本,中国青年出版社 2008 年版,第 100 页。

② 金克木《梵语文学史》第二编第一章,第 74 页。

③ 冉云华《从印度佛教到中国佛教》,载《震山韩基斗博士华甲纪念论文集》,圆光大学出版社 1993 年版,第 837 页。

度人的生活方式中。"印度哲学底一般的特质,是拿思想和生活一致做理想"①。由此却给佛教带来了优势,即若埃利奥特所云:"佛陀的伟大实际成就,就是建立了一个宗教团体","他的宗教之所以能够持久,主要是因为有这个组织"②。

有组织,就有推动外出传教的集体力量,而超脱某一特定文化习俗的戒律,更容易和其他文化结合。这二者加起来,恐怕是佛教,而不是婆罗门教,能走出印度成为世界性宗教的一个重要原因。

三

作为同一个文化地域产生的佛教和婆罗门教,当然会有很多共通的东西,如佛陀创建佛教之初,就在俗谛的层面上,"乔达摩和他的追随者接受了当时流行的印度宇宙观,它包含了由无数天神和恶魔主宰的天堂、地狱的庞大的等级制度。这种信念反映在多处巴利文经典中"③。又据《佛本行经》,佛陀为太子时,阅遍六十四种书,其中包括"梵天所说之书"④,其他的大多数也是来自婆罗门教的文化。本文拘于篇幅,主要从上述的两教差异的地方,说及后来如何得到相当程度的融合。由于本文主要依据汉译佛教文献来讨论,所以比较着眼于佛教对婆罗门教内容的吸收。但不管是谁吸收了谁的东西,两者的共同点因此而增加,如果说中国佛教因此而显得丰满,那么在印度则是为佛教

① 黄忏华《印度哲学史纲》"绪论",第 2 页。
② 查尔斯·埃利奥特《印度教与佛教史纲》第三篇第十一章,中译本,商务印书馆 1982 年版,第 342 页。
③ 约翰·希克《宗教之解释——人类对超越者的回应》第十五章,中译本,四川人民出版社 1998 年版,第 298 页。
④ 《法苑珠林》卷九引,周叔迦、苏晋仁校注本,中华书局 2003 年版,第 332 页。

最后被婆罗门教所同化创造了条件。

向对立面转化是矛盾斗争的一种重要形式,其结果往往是我中有你,你中有我。佛教从小乘到大乘,再到密教,既是佛教不断发展的过程,在整个印度社会文化的背景中,又未免不断地被婆罗门教因子所渗透。与大乘佛教的发展几乎同步的是佛教经典的梵语化,如龙树的著作全都是梵语所写成。"佛典的梵语化,不仅使佛教对婆罗门教的影响增大了,而且反过来使婆罗门教对佛教的影响也增大了"①。所以当汉译佛典越来越多地采用梵语本为底本时,就亦可能更多地接受婆罗门教的因子,从词语到观念。以至汤用彤先生认为"达摩'四行'非大小乘各种禅观之说,语气似婆罗门外道,又似《奥义书》中所说"②。

后来大乘佛教也是如此,以致"昔者于阗诸部谓《道行经》为婆罗门书,乌荼小乘谤大乘学作空花外道"③。这些小乘僧众可能言过其实,但大乘经典中也应该有一些早期佛教中所未有而与婆罗门教相近或相同的东西,如"随着印度婆罗门教'七世父母(七代的父母)'的思想混入佛教,一部分佛经中也开始论述'七世父母'的救济。西晋和东晋初期翻译的佛典之中,例如译者不明的《佛说报恩奉盆经》和《般泥洹后灌腊经》,都是论述救济'七世父母'的经典"④。尤其是一阐提皆有佛性说的出现,理论上可证魔界即是佛界,因"如来秘藏其味亦尔,为诸烦恼丛林所覆,无明众生不能得见,一味者喻如佛性,以烦恼故生种种味,所谓地狱、畜牲、饿鬼、天人、男女、非男非女、刹利、婆罗门、毗舍、首陀,佛性

---

① 佐佐木教悟等著《印度佛教史概说》第十一章,中译本,复旦大学出版社1989年版,第70页。

② 见《汤用彤致胡适书》,载《胡适学术文集·中国佛学史》,中华书局1997年版,第35页。

③ 《宋高僧传》卷十三《习禅篇论》,范祥雍点校本,中华书局1987年版,第319页。

④ 小林正美《中国的道教》第二章,王皓月译本,齐鲁书社2010年版,第132页。

雄猛难可沮坏,是故无有能杀害者。若有杀者,则断佛性。如是佛性,终不可断。性若可断,无有是处。如我性者,则是如来秘密之藏。如是秘藏,一切无能沮坏烧灭"①。

又如佛经中所谓三十二相是表现佛陀伟力的标志,"三藏经典中一再提到关于这些标志的知识是婆罗门教养的一部分"②。而"佛教的大乘思潮受到了奥义书的影响"③。佛教中"所谓生死、轮回、菩提、涅槃皆外道固有之说,佛特别出新义,至于言及世间,则尤漫从其俗而已"④,所以佛教与婆罗门教之间的斗争与融合,更是有形而频繁。以佛家角度说,吸收对方的东西为我所用,是相合的最主要方面。可以说这个过程贯穿于整个印度佛教,而新婆罗门教从旧婆罗门教中脱颖而出时,对佛教理论的吸收也是很关键的。"大乘佛教对印度教发展的影响是重要的"⑤。另一方面是相斥带来的互相促进,大约到了公元四世纪前后,"佛教徒纷纷摒弃俗语,采用印度贵族语言梵语"⑥,如《妙法莲华经》"原是口语,后来佛教徒为了跟婆罗门教相争,要提高自己地位,于是把口语改成梵文"⑦。

从过程而言,两者的融合有着一个很长的历程,但其中有二个比较重要的节点。之一是大乘有宗的出现,之二是密教的形成。因为前者

---

① 昙无谶译《大般涅槃经》卷七《如来性品第四之四》,载《大正新修大藏经》第12册。
② 查尔斯·埃利奥特《印度教与佛教史纲》第三篇第十五章,第448页。
③ 舍尔巴茨基《大乘佛学》第十八章,中译本,中国社会科学出版社1994年版,第133页。
④ 梁漱溟《印度哲学概论》第一篇,上海人民出版社2005年版,第10页。
⑤ T. Richard Blurton, *Hindu Art*, The British Museum Press, London, 1992, p. 30.
⑥ 林梅村《寻找楼兰王国》第二十三章,北京大学出版社2009年版,第174页。
⑦ 《中国的梵文研究》,载《周一良学术论著自选集》,首都师范大学出版社1995年版,第436页。

关于佛性的学说接近了梵我一致。大乘有宗的所谓"真常净心,易与婆罗门之梵我相杂,而其时又适为婆罗门教复兴,梵我论大成于世,佛陀渐与梵天同化矣"①。"梵我不二说,在奥义书底初期,已经是定说"②。《薄伽梵歌》也说:"不可毁灭的超然生物称为梵,其永恒的本质称为自我"③。大乘佛教则宣称"一切众生皆有佛性",并由此衍变出来的"阿赖耶识"概念。由于作为种子的受染阿赖耶识近似一般所指认的灵魂,故其与净态之阿赖耶识关系十分接近婆罗门教中"灵魂和梵同为一体"之说。查尔斯·埃利奥特指出:"旧派佛教曾经严厉批判和否认过这一学说,但是这个学说在后期佛教中再度出现,说明它支配了印度人的气质。在后期佛教中,佛陀以惊人的变化,被认为和宇宙精神同为一体"④。中国佛教的唯识宗被认为最具印度色彩,或许与此有关。在佛国和净土思想方面,"叙及天国之乐,《梨俱吠陀》以刻画物质方面,《阿闼婆吠陀》更为全面,说天国有父母妻子团聚的天伦之乐,有着音乐唱歌和池中自然涌出之饮食百味,还有能满足人之随意产生的一切欲望的如意牛(Kāmadughā)"等等,"佛教有关极乐世界(Sukhāvati)之思想,当是受到它的影响"⑤。而佛教与婆罗门教在"法"这个"术语的内涵有许多互通的地方"⑥。

至于大乘佛教发展到密教,其教义里则混杂有更多的婆罗门教因子,此已为学界所共识。密教更多的是从宗教的形态上吸收婆罗门教

---

① 印顺《印度佛教流变概观》,载《佛教史地考论》,中华书局 2011 年版,第 66、67 页。
② 黄忏华《印度哲学史纲》第一篇第三章,第 33 页。
③ 《薄伽梵歌》第八章第三节,嘉娜娃译本,第 157 页。
④ 《印度教与佛教史纲》第二篇第五章,第 182、183 页。
⑤ 高楠顺次郎、木村泰贤《印度哲学宗教史》第一篇第三章,第 160 页。
⑥ 舍尔巴茨基《小乘佛教》第一章,中译本,中国社会科学出版社 1994 年版,第 1 页。

的成分，并围绕着祭祀为中心，即：1. 作为祭祀对象的神祇；2. 祭祀的仪轨；3. 对陀罗尼等功能的重视。

如"在榜葛剌（Bengal，今孟加拉）引人注目地发展起来的早期佛法传统——在很大程序上脱离了中部恒河地区强化的'重新印度教化'而凭借佛法传统，这种'纳忒瑜伽'（Nāth-yoga）也有'沙依瓦教法'的成员，因为九大'纳忒'是以湿婆为首，而最初的大能手们是从湿婆那里获得其教义的"①。甚至佛陀也被印度教徒视为毗湿奴的第九个化身。

教义的融合导致图像上产生不少共同的特征。如宫治昭指出在源自犍陀罗的佛教和婆罗门教的图像中，"水瓶是梵天、婆罗门行者、弥勒菩萨共同的持物。它不仅是苦行僧的实用物品，还寓意水瓶是万物之源，蕴藏在水中的潜在力量象征着智慧，手持水瓶才能获得智者的资格。梵天是宇宙本质梵的体现，弥勒孕育菩提种子，水瓶象征的是梵的智慧、菩提的智慧"②。还如马图拉博物馆中的一座公元2—3世纪的弥勒菩萨像，"这尊雕像基本上仍是一个夜叉，但附加了许多特定细节让他扮演了菩萨的角色"。这些细节包括"右手举起作祝福的无畏势，左手提着一个标志着未来佛的水瓶"③。在佛教典籍里也同样有形象上的混合，如云世尊在成佛前"或复现于帝释之形相，或时有现梵王形相"④。

由于婆罗门教在印度可以说是一种全民性的宗教，或者说社会上

① C·沙克勒《印度教社会中的非伊斯兰神秘主义运动》，载《中亚文明史》第四卷下，中译本，中国对外翻译出版公司2002年版，第54页。这里"纳忒"即梵文nāthe，意为"主人"。
② 宫治昭《涅槃和弥勒的图像学》第二部第三章，中译本，文物出版社2009年版，第254页。
③ 罗伊·C·克雷文《印度艺术简史》第六章，中译本，中国人民大学出版社2004年版，第88、89页。
④ 《法苑珠林》卷一一，中华书局2003年版，第392页。

下基本上都信奉着婆罗门教诸神,因此佛陀宣扬佛教,其对象当然主要是那些有着原先信仰的民众。而这种争取从制高点着手,就是使那些被崇拜的诸神皈依佛教,这从佛经中也可充分反映出来,即一般佛经所描述的佛陀说法之听众里包括着各式各样印度民众所崇拜的神祇。一般佛经在开首"如是我闻"之后都列有如此的听众,如《法华经》中具列"娑婆世界主、梵天王、尸弃大梵、光明大梵等",和八龙王及诸"天龙、夜叉、乾闼婆、阿修罗、迦楼罗、紧那罗、摩睺罗伽、人非人"等。又如《胜鬘经》里所列听众包括"他方国土及娑婆世界海神、江神、树神、山神、地神、川泽神、苗稼神、昼神、夜神、空神、天神、饮食神、草木神,如是等神,皆来集会。复有他方国土及娑婆世界诸大鬼王、所谓恶目鬼王、啖血鬼王、啖精鬼王、啖胎卵鬼王、行病鬼王、摄毒鬼王、慈心鬼王、福利鬼王、大受敬鬼王"等等,不一而足。假若这些芸芸鬼神都归顺佛教,那么婆罗门教内诸神为之一空,将不成其教了。这种情形,在中国的各种佛教图像里是表现得非常明显的。是故婆罗门教内一切神魔皆可为佛教所容,甚至是为佛教所用。虽然以后婆罗门教亦可藉此来消化佛教。但这个过程在印度是婆罗门教化,在中国则是佛教化。

总之,生于同一文化地域的两个宗教,在长期共存的过程中互相吸收靠拢也许是难以避免的。不过后来导致它们不同的发展趋向,还由此影响到中国的宗教史,却是值得做些探讨的。

载《宗教学研究》2013 年第 2 期

古代中国医药及养生术里的
婆罗门教影响

　　印度与中国之间的文化交流是多途径的，这包括医药卫生方面。在印度社会里讲究生生之道的婆罗门教，有着比佛教更为丰富的医药知识。当中土开始接纳以佛教为主的印度文化时，那些属于婆罗门教文化系统的医药养生之术是否也随之而来呢？

一

　　人员和文献是文化交流的二大载体，属于婆罗门教的医药养生典籍之传入中国是有明确记载的。在《隋书·经籍志》的"医方"类书名中，有一些较为特殊的医家典籍，如《婆罗门诸仙药方》二十卷，《婆罗门药方》五卷，《西域诸仙所说药方》二十三卷，《西域波罗仙人方》三卷，《耆婆所述仙人命论方》二卷，《乾陀利治鬼方》十卷，《新录乾陀利治鬼方》四卷等等。仅从这些书名看，就可确定二点：其一，这些医书都来自包括天竺在内的西域，有的注明是属于"婆罗门"的，而所谓"仙人是婆罗门种姓的修道人的尊称"[①]；其二，这些书和《隋书·经籍志》内同一类里的诸如《释僧匡针灸经》一卷；《释道洪方》一卷；《龙树菩萨药方》四

---

① 　金克木《"摩诃婆罗多插话选"序》，载《南亚研究》1984 年第 4 期。

卷等属佛教的或佛僧所撰的等佛家医书有着明显的区别。出身婆罗门种姓的佛教僧侣所撰之书一般没有必要强调自己婆罗门身份，因为在佛教中"婆罗门自命世袭神圣受到嘲笑而不予考虑"①，且"佛教否认婆罗门的权威，这是最重要的事"②，所以这些书的撰书者系信仰婆罗门教的可能性很大。

但治病的医药之术无论对印度还是中国的民众都有吸引力，所以婆罗门教的这些医书流入中土。在佛教早期，佛陀曾明确反对外道"行遮道法，邪命自活：为人咒病，或诵恶术，或为善咒，或为医方、针灸、药石，疗治众病。入我法者，无如是事"③。这也说明当时婆罗门教是非常善于用医药等手段来吸引信众，和佛陀以法智度人救世迥然不同。完全是有可能的事，于是也就有了上述《隋书·经籍志》所列的种种有关婆罗门医药之书。这也可以说是中国古代史料中所保存的婆罗门教医药养生之术曾在东土流传过的证据之一。因为凡在正史《志》上能被登录，说明它已在社会上有了相当的流传和影响④。

至于和古代印度相接的中国边远地区，婆罗门教医药典籍会更多些，虽然它们不一定会被中土的正史所记载。如据陈明先生考证，在新疆各地出土的《鲍威尔写本》、《医理精华》、《耆婆书》、《杂病医疗百方》等用梵文、于阗文、龟兹文、回鹘文、粟特文所书写的医药书都来自于或受影响于婆罗门教所崇奉的"生命吠陀（Āyurveda）"，而"正是

---

① 僧伽罗克悉多比丘《佛教》，载 A·L·巴沙姆主编《印度文化史》，闵光沛等译本，商务印书馆 1999 年版，第 143 页。

② 查尔斯·埃利奥特《印度教与佛教史纲》，李荣熙译本，商务印书馆 1982 年版，第 133、141 页。

③ 佛陀耶舍译《长阿含经》卷一三《阿摩昼经第一》。

④ 参见严耀中《"隋书·经籍志"中婆罗门典籍与隋以前中国的婆罗门教》，载《世界宗教研究》2009 年第 4 期。

印度婆罗门教及其某些派别的哲学理论,才造就了生命吠陀的发展"①。在"《鲍威尔写本》的第一部分有较长的篇幅论及大蒜",它"列举了大蒜的八个主要药方","大蒜所能治疗的病症在二十种以上"。在《医理精华》里"指出了大蒜的味、性质、功效及服用的禁忌,它所能治的病症在十种以上"②。鉴于佛家将大蒜列入"五辛(五荤)"之一,《梵网经》云:"若佛子,不得食五辛"。华土还专门翻译了《制断食蒜等五辛记》③,即使是为了治病,也一定要在"余药所不治,唯须服蒜"④的情况下,而《鲍威尔写本》和《医理精华》里所开的众多药方显然不是如此。又"《医理精华》第三章列举了米酒、沙糖酒、蔗糖酒、蜜酒、酸果子酒等五种酒"⑤,而佛家以不饮酒为五戒之一,"比丘饮酒者波逸提"。这酒中就包括米酒、甘蔗酒、果子酒和一切甜味酒。如用于医,也只能在"余药治不差"的情况下"以酒涂疮,一切无犯"⑥。因此这些新疆出土的印度医书之传播者和受用者应该都不是佛教徒,而是婆罗门教徒或一般民众。

二

属于婆罗门教的养生术在中国的影响甚至比医药方面更大。着眼追求健身长生之目的虽然与医疗疾病无直接关系,但其追求之过程则必须讲究医药和养生之道。作为以追求涅槃为归宿的佛教之对照,婆

---

① 陈明《生命吠陀:西域出土胡语医学文献的知识来源》,载《欧亚学刊》第4辑。
② 陈明《印度梵文医典"医理精华"研究》第一章,中华书局2002年版,第49—54页。
③ 见僧祐《法苑杂录原始集目录序》,载《出三藏记集》卷一二。
④ 《四分律藏》卷二五"食蒜戒",福建莆田广化寺2003年版,第310、311页。
⑤ 陈明《印度梵文医典"医理精华"研究》第一章,第91页。
⑥ 《四分律藏》卷一八"饮酒戒",第195、196页。

罗门教的医生和医术,都在"尽最大的努力,帮助'人'把这个自然的过程延长到可能最晚的限度。印度人称医学为'寿命吠陀',其意义就在于此"①。虽然"印度佛教末流,袭取婆罗门长生养性之术,托之龙树菩萨"②,但也由此佐证,凡从印度来的讲长生延寿之类医道药方的,不管是否打着佛家的旗号,都是直接或间接地来自以婆罗门教为主的外道。在婆罗门教的传说里,"湿婆因服毒才具有青颈,此毒正是在为产生长生不老药(甘露)而搅海时出现的"③。由于药方和合好的成药还不是一回事,因此到印度去求长命之药,或有自天竺之西来者在华土炫耀有所谓长生不死之药及合成之法的,都在史籍里屡有记载。如东吴时孙权"遣将军卫温、诸葛直将甲士万人浮海求夷州及亶州"④之主要目的,"是为了求不死药"⑤。还如"唐太宗和唐高宗都曾经邀请过著名的天竺医师(胡僧)为他们合制延年药"⑥。并且在唐高宗乾封元年(666),奉敕在宫内"合长年药,成"⑦。关于唐太宗的那一次,《酉阳杂俎》的记载是,"王玄策俘中天竺阿罗那顺以诣阙,兼得术士那罗迩婆,言寿二百岁。太宗奇之,馆于金飚门内,造延年药,令兵部尚书崔敦礼监主之"⑧。

---

① 巫白慧《印度哲学-吠陀经探义和奥义书解析》,东方出版社 2000 年版,第 110 页。文中所谓"自然的过程"即指人的生命过程。

② 陈寅恪《南岳大师立誓愿文跋》,载《金明馆丛稿二编》,上海古籍出版社 1980 年版,第 215 页。陈先生这里所说:"托之龙树菩萨",就是指《隋书·经籍志》里所列《龙树菩萨药方》等佛教名下之医书。

③ 石泰安《观音,从男神变女神一例》,载《法国汉学》第二辑,清华大学出版社 1997 年版,第 97 页。湿婆(Śiva)是婆罗门教三大主神之一。

④ 《三国志》卷四七《吴主孙权传》。

⑤ 参见严耀中《江南佛教史》第二章,上海人民出版社 2000 年版,第 27 页。

⑥ 谢弗《唐代的外来文明》,吴玉贵译本,中国社会科学出版社 1995 年版,第 397 页。

⑦ 《大唐故中散大夫行内常侍冯府君墓志铭并序》,载周绍良、赵超《唐代墓志汇编续集》,上海古籍出版社 2001 年版,第 271 页。

⑧ 段成式《酉阳杂俎》前集卷之七。

这里,一是该术士明显与佛教无关①;二是太宗对其如此重视,正是说明长命术和延年药,当时印度有而华土无。这些长生药又往往是通过海上丝绸之路去求得的,若开元四年有胡人向玄宗上言:"往师子国(锡兰)求灵药及善药之妪,置之宫掖"②。这和道教常用的"外丹黄白,常用由西域输入之药物"③的情况是相一致的。由此可以推论出自汉到隋唐有一个由海路向印度等地求长生药或合成医药方的传统,而且凡是与这类长生药相关的活动其实都有着婆罗门教之渊源。

佛经中有名为"耆域"的名医,耆域或作耆婆。《隋书·经籍志》所载《耆婆所述仙人命论方》一书,说明其医术药方已应用于中土。《翻译名义集》卷二云:"耆婆天,长水云:耆婆此云'命'。西国风俗,皆事长命天神。此说未知所出。准《法华》疏云:耆域,此翻故活,生忉利天。目连弟子病,乘通往问,值诸天出园游戏。耆域乘车不下,但合掌而已。目连驻之,域云:诸天受乐,忽遽不暇相看,尊者欲何所求。具说来意。答云:断食为要。目连放之,车乃得去。据此,耆婆天,即是医师耆域也。"耆域既为诸天之一,原系"长命天神",则本是婆罗门教中诸神无疑,其医术之奇亦为婆罗门教神话之一。且因为"昔晋武之世。有天竺耆域"④,作为神医来华。陈寅恪先生认为其来华之时要远早于此,后为华佗之原型,"斯盖直取外国神话之人物,不经比附事实或变易名字之程序,竟以为本国之历史人物"⑤。这里不管陈先生的解析是否正

---

① 《旧唐书》卷三《太宗本纪下》"贞观二十二年"条,称"使方士那罗迩娑婆于金飚门造延年之药"。既称"方士"当然不会是沙门。
② 《资治通鉴》卷二一一"唐玄宗开元四年五月"条。
③ 陈国符《道藏源流考》附录五,中华书局1963年版,第397页。
④ 《法苑珠林》卷三一,周叔迦·苏晋仁校注本,中华书局2003年版,第945页。
⑤ 陈寅恪《三国志曹冲华佗传与佛教故事》,载《寒柳堂集》,上海古籍出版社1980年版,第160页。

确,耆域作为一个出自婆罗门教神话中之神医,通过多种经文传入中国,后来竟也有名为耆域之天竺神医而来华治病救人,被载于史册,这至少能证明婆罗门教医药之术和中国医学之间有一线之牵。

英国梵学家布腊夫和中国学者林梅村等都认为,"中国在纪元前使用的草药麻黄就是古代印度苏摩酒祭的'苏摩'",而"印度古诗《吠陀》记录了许多用苏摩酒祭祀的颂歌"①。这些应用苏摩酒的祭祀仪式无疑是属于印度教的,"苏摩祭在《梨俱吠陀》时代就已经发展得很复杂",供物中的"苏摩酒为因陀罗、风神洼尤诸神及祖先所嗜好"②。"奉献苏摩的礼仪非常隆重,要供奉各种各样生活和从事职业所需之物品"③,其中"苏摩这样醉人的饮料是在复杂仪式的过程中最好的祭品"④,或其本身也被尊以为神。此酒所以有着这样高的地位,就是根据《梨俱吠陀》的说法,"苏摩能激发思想,恢复战士的勇气,增强性能力,治愈疾病"⑤。实际上苏摩是一种药酒,孙思邈《千金翼方》所载出自乌场国的"浸酒法",而佛教是不会去讲究酿酒的,则或许与苏摩酒等制造相关。陈明先生通过对流传在敦煌吐鲁番等地的一些眼药方考证后,认为"西域的胡语眼方的源头之一应该是印度生命吠陀","晋唐传世的中医典籍中,均有不少的'胡医'、'胡方'成分,其中吸收了以《天竺经眼论》为代表的印度眼科知识"⑥。任

---

① 林梅村《寻找楼兰王国》第十九章,北京大学出版社 2009 年版,第 136、137 页。
② 高楠顺次郎、木村泰贤《印度哲学宗教史》第一篇第三章,明治书院昭和廿三年版,第 141 页。
③ Sri C. G. Kashikar: "The Social Aspect of the Vedic Religion," *Indian Philosophy & Culture*, Vrindaban, July, 1960, p. 147,148.
④ Krishna Sivaraman: *Hindu Spirituality*, Crossroad, N. Y., 1989, p. 41.
⑤ 米尔恰·伊利亚德《宗教思想史》第八章,晏可佳等译,上海社会科学院出版社 2004 年版,第 181 页。
⑥ 陈明《隋唐五代时期西域外来的眼科知识及其应用》,载《敦煌吐鲁番研究》第八卷(2005 年)。

何来自婆罗门教的有效医术和药方,都会有利于人的健康长寿。

认识到滋补身体作为养生手段之一,于是发展出一系列药补和食补的概念。在《奥义书》中还进一步探讨了精神、躯体和食物之间的关系,"灵魂依靠聚焦在心中的血液滋养,所以(心)比其他身体部位更需要纯净(pravivikta)的食品"①。而"在所有的印度学说里,都明显地把心神和体质联系起来,食品不仅仅有着提升体质的效果,还包含对心神状态的滋养"②。在这个问题上至少在中国与印度之间有着异曲同工之妙,在中医药里不乏见到养身安神的滋补方子。

值得注意的是,在《宋史·艺文志》里,又出现《婆罗门僧服仙茅方》一卷。此书所谓"服仙茅方"中的主干药材仙茅,即是天竺传来的"婆罗门参"。这至少说明婆罗门教所讲究的养生之道,在中国久久地被人所推重。

三

对于维护健康长寿来说,养生侧重于身体未得毛病前的防,医药则主要在于既得病之后的治疗,医药针对病理,养生兼顾心理,所以两者必需相得,功效才会显著。在婆罗门文化中发展起来的瑜伽,于身心俱利,对中国也颇有影响。

"瑜伽,这里指的是由深入的冥想禅定而产生的神秘能力"③。瑜

---

① A. B. Keith: *The Religion and Philosophy of the Veda and Upanishads*, Harvard Univ. Press, Cambridge, Massachusetts, 1925, p. 566.

② Betty Heimann: Facets of Indian Thought, Schocken Books, N. Y., 1964, p. 44.

③ 舍尔巴茨基《大乘佛学》第二十章,立人译本,中国社会科学出版社 1994 年版,第 150 页。作者又说:"对神秘的瑜伽之力的依赖,是印度哲学所有派别的共同特点"(153 页)。而婆罗门教哲学则是其中的主流。

伽的特殊之处,是通过把调身、调息、调心三者,将身体锻炼与心性修养合一起来。"瑜伽的原则,是将我们人类生存的某种能力或一切能力,化为达到神圣'存在'的一种手段"①。具体地做,即是"瑜伽把个人的思维活动完全引向自身内部,用于控制意念和身体器官"②,是其一方面。另一方面则是通过对一些对身体姿态的严格规范来影响思维,即以为"正确的体姿不仅能有利于身体本身的协调,而且有助于神志的清新、思维的敏捷和观想的正确"③。由此"瑜伽是对感觉的坚决限制,当五种感官的功能让位于知识,当意念和思维被置于一边,就达到了它的最高阶段"④。其"目标是要摆脱现象生命的运动而进入一种绝对安静的状态","达到这种宁静的方法是深刻的冥想(yoga),这种瑜伽技巧是在非常早期的印度传统中发展起来的"⑤。即通过"这种取消了间接性的抽象凭藉的直接性里,内与外得到真实的同一"⑥。因此假如采用正确的锻炼瑜伽的方法,达到精神与肉体、人体与自然之"真实的同一",无疑能促进人的身心健康。如孙思邈《千金要方·养性》载:"天竺国按摩法,此是婆罗门法",按摩当然能使人身心俱爽。因此也可以把瑜伽视作发扬生命力的努力,其中也包括延长寿命的追求,如"雪山之中有一婆罗门,聪明多智,寿命半劫"⑦之类,故有的善瑜伽者有"长命婆罗门"⑧之称。和作为养生术的瑜伽一样,顾及身心两方面关系的还有印

---

① 室利·阿罗频多《瑜伽论》第一章,徐梵澄译本,商务印书馆1987年版,第1页。

② 尚会鹏《比较文化传统研究》第五章,北京大学出版社2004年版,第120页。

③ 严耀中《身与心的关系——中印文化对禅的不同理解》,载《觉群》2012年第3期。

④ A. B. Keith: *The Religion and Philosophy of the Veda and Upanishads*, Harvard Univ. Press, Cambridge, Massachusetts, 1925, p. 590.

⑤ 舍尔巴茨基《大乘佛学》第二章,第6页。

⑥ 黑格尔《小逻辑》第一部,贺麟译本,三联书店1954年版,第302页。

⑦ 《法苑珠林》卷八,中华书局2003年版,第279页。

⑧ 《大唐西域求法高僧传》卷上,王邦维校注本,中华书局1988年版,第10、11页。

度医学。"在印度的医药制度中,人类生存的美好合成于体质健康和精神幸福,有别于将精神和物质处于彼此对立的两端之一般认识"①。汉魏以降的有些医案开始考虑精神因素,应该有着传入的印度医方之影响。

如此好的养生之道,当然会传入中国。婆罗门教的瑜伽之传来途径,既有直接的,也有间接通过佛教的。黄心川先生指出,"南北朝时传入的《易筋经》,唐时传入的天竺按摩法和宋代传入的婆罗门引导法"等,都能和"印度保存的诃陀瑜伽术总汇的《诃陀瑜伽灯明》"联系起来。虽然后者出现得晚了一些,但其渊源甚早,为婆罗门教的梵我一致理论,"提供了一套更完备的实践的手段和方法"②。再如"瑜伽与佛教都是在修行的基础之上认识心的作用",从而"通过修行可以使散乱的心收摄回来,让心止息波动,进入三昧等等"③,如此作用不限于修行,亦是治疗精神病之良方。由此也可见中土流行的很多禅法不仅与瑜伽有共通之处,其实还有着婆罗门文化的渊源。

作为一种有益的养生方法,受瑜伽影响较大的是气功,于此已有很多专家讨论过,自不待言。在婆罗门教的观念中"气"也具有生命的特征,《奥义书》认为"灵魂带有呼吸或生命之气"④。所以"使用深呼吸和观想修持的办法",是"既可以在印度的瑜伽,也可以在汉人的道教中发现这种作用"⑤。如"在一些与中国长时间闭气平行的功法中,可以发

① Krishna Sivaraman: *Hindu Spirituality*, Crossroad, N. Y., 1989, p. 338.
② 黄心川《印度瑜伽与中国佛教、道教、民间气功等关系》,载《东方佛教论》,中国社会科学出版社 2002 年版,第 94、96 页。
③ 王慕林《印度瑜伽经与佛教》第三章,宗教文化出版社 2012 年版,第 117 页。
④ A. B. Keith: *The Religion and Philosophy of the Veda and Upanishads*, Harvard Univ. Press, Cambridge, Massachusetts, 1925, p. 564.
⑤ 石泰安《西藏的文明》第四章,耿升译本,中国藏学出版社 2012 年版,第 251 页。

生呼吸完全停止(viccheda)的现象,有意思的是公元 2 世纪的《瑜伽真性奥义书》(Yogatattva Upanishad)就已经提到了这些功法的一种计量单位——节拍(mātrā)"。而《湿婆本集》中叙说的"左脉(idā)和右脉(pingalā),明显地使人联想起中国奇经八脉的任脉和督脉"①。如果不是有过交流的话就无法解释它们之间的相似性,而瑜伽的形成要比道教气功的形成早得多。

还有一种借助密教传入的"无上瑜伽",在婆罗门教内也是属于瑜伽的范围。而在将房中术当作强身养生之道,是把婆罗门教与道教连结起来的纽带之一。如《奥义书》云:"人中此始为胎藏。为其精液者,是集自诸体之真元力。在其自身,彼固承载一自我矣。当其注之于女子也,则使之生出,是彼之第一生也"②。道教则认为"凡服药千种,三牲之养,而不知房中之术,亦无所益也",以致道教"房中之术,近有百余事焉","口诀亦有数千言耳"③。以上这些概念和实践,说明两家都对性和性交技术于生命活动之作用的重视。所以高罗佩认为婆罗门教的性瑜伽先后二次传入中国,第一次,"由印度密教的传教者于唐代到达中国时传入";第二次"在蒙古统治时期(1280—1367 年)"④。有证据表明这些无上瑜伽法在唐至元之间流行过。如宋代"徐之南山崇胜院,……熙宁中修殿大像腹中得画像,男女相向,衣冠皆唐人也"⑤。此"男女相向"之画当是男女双修的隐雅表述。此外,房中术在中国社

---

① 李约瑟《中国科学技术史》第五卷第五分册第三十三章,科学出版社、上海古籍出版社 2011 年版,第 238、239 页。
② 《平安祷诵》(Śāntikaro Mantra)第四章,载《五十奥义书》,徐梵澄译本,中国社会科学出版社 1995 年版,第 27 页。
③ 《抱朴子》卷六、八《微旨篇·释滞篇》,王明校释本,中华书局 1985 年版,第 129、149 页。
④ 高罗佩《中国古代房内考》"附录",中译本,上海人民出版社 1990 年版,第 479 页。
⑤ 陈师道《后山谈丛》卷六,载《全宋笔记》第二编第六册,大象出版社 2006 年版。

会里之实际上的广泛存在,还有一个重要藉口,即此术也有利于繁衍子嗣。这点上婆罗门教的原则和中国传统观念一致,如据"婆罗门法,不生男女,不得生天"①,为达到该目的而求索养气固精之术理所当然。由此和中国社会里多子多福,不孝有三无后为大等观念指导下而"必须努力生育后代,给本族增添更多的生命"②,有着共同之努力方向,也为婆罗门教的性术提供了在华土的用武之地。可见这些受到婆罗门教性理论影响的房中术,虽然被正统儒家指责为淫秽邪道,但其在社会中经久不息的流传本身说明,它不仅仅是能刺激男女床第之欢,还确实提供了必要的生殖卫生和性生理健康的知识。

四

宗教文化的传播途径有直接的也有间接的。由于佛教是在婆罗门教流行很久之后才作为前者的对立面创新出来,也由于佛教发展到密教阶段时和婆罗门教及其附带文化有着越来越多的融合,一些医药养生领域里的婆罗门教因子会在佛教的包装下带进中国,也会是可想而知的事,尤其自唐、五代之后,因为从此佛教的正统合法地位被牢牢地确立,成为庇护一切外来文化的一棵大树。尤其是药师信仰在中国发展起来后,"药王佛"成了印度医药与信仰结合的典型形象,也融合了所有来自婆罗门教的医术药方。如"中国佛教有它自己强大的身体操练传统是很自然的,因为它继承了许多印度瑜伽术的内容"③。不过在药师信仰的旗帜下仍有婆罗门文化痕迹可寻,如在敦煌莫高窟盛唐开凿

---

① 《莲华夫人缘》,载吉迦夜共昙曜译《杂宝藏经》卷一。
② 参见严耀中《中国宗教与生存哲学》第三章,学林出版社1991年版,第25页。
③ 李约瑟《中国科学技术史》第五卷第五分册第三十三章,第151页。

的第 31 窟窟顶东坡有一幅《如病得医》图,绘着一位婆罗门医生在给婴儿看病①。在佛教的故事画中医生的身份也给定为婆罗门,可见在印度东传的医药文化中,来自婆罗门教成分的重要性。

由于传入中国的印度医术混杂着婆罗门教和佛教的成分,也由于婆罗门种姓出身的佛教僧人和婆罗门教徒往往被混称为"婆罗门僧"、"梵僧"或"胡僧"②,史籍上一些身份或教义不清的事与人,其实多与婆罗门教相关,尤其是涉及医药、占卜、杂技之类的,因为这些皆本于婆罗门文化,即使一些西来佛僧在中国传道时使用之,也被视作一种方便,更不用说那些实际由来华婆罗门教徒之所为。如唐代刘禹锡曾作诗赠"师有金蓖术"的"眼医婆罗门僧"③,说明"金蓖术"是一种特殊的眼科医术,而专长于此之"眼医"也是来华婆罗门的一个很显著的身份。即使是那些自称为佛僧的修行士,即那些所谓"寄迹桑门,别有药术"④者。这个"寄"字大可玩味,表明说此话的"梵僧"很可能仅仅是顶了个"沙门"的名。

又如唐永贞年间有大富商王布之女"鼻两孔各垂息肉如皂荚子","其父破钱数百万治之,不瘥。忽一日,有梵僧乞食",声称该女之病可医,其父大喜,"即见其女,僧乃取药,色正白,吹其鼻中,少顷,摘去之。出少黄水,都无所苦。布赏之金百两"。但梵僧不受,仅要走了被割下的息肉。不一会,有骑白马之美少年来见商,问息肉已被梵僧拿走,叹

---

① 图见贺世哲《敦煌石窟全集·法华经画卷》,上海人民出版社 2000 年版,第 83 页。

② 关于在华婆罗门僧身份的辨析,参见严耀中《唐代的婆罗门僧和婆罗门教》,载《史林》2009 年第 3 期。

③ 《刘禹锡集》卷二九《赠眼医婆罗门僧》,上海人民出版社 1975 年版,第 273、274 页。

④ 《酉阳杂俎》前集卷五"怪术"。

息道："上帝失乐神二人，近知藏于君女鼻中。我天人也，奉帝命来取，不意此僧先取之，当获谴矣"，语毕不见踪影①。在这个故事里，第一，该梵僧宗教属性不明，但肯定是从印度来的；第二，少年自称"天人"，又奉上帝之命，又说梵僧行医目的也是为了取乐神。据僧祐《经呗导师集》列"帝释乐人般遮瑟歌呗第一"，帝释即天帝释（Sakradevendra），是吠陀书中提到的神祇之一，当是上述故事中的"天帝"，乐人即为乐神；第三，因此这是一个在华施用印度医药的故事，而与婆罗门教的神话有所渊源。

再如所谓"返魂香"或"却死香"，孙英刚先生认为它们既是"防治瘟疫的良方"，也是"招返亡魂的道具"，而且"实际上大概是出自西域"②。由于返魂香等多载于和佛教相关的典籍，因此也会带有婆罗门文化的因子。另外，由于印度的"最高种姓婆罗门"喜欢在"额头上抹檀香。印度食物更是以香为贵"③，因此不仅传来了黄姜（turmaric）、香菜（coriander）等有利于调胃和增进食欲的辅助食品和质汗（citragandha）等香药，还通过佛教在中国普及了烧香文化，至少在很多情况下能使环境气味清洁。

上述说明"唐朝人大量需要外来的药物，当然同时也需要有外来的药剂师。所以唐朝的贵族阶层，狂热地崇拜来自天竺的奇人异士，法术精深的瑜伽师以及善能密咒总持的僧人。这样一来，通过一种混合了许多宗教因素的，与时代风气臭味相投的，想入非非的炼丹术，那些携带仙丹妙药的佛教徒和湿婆教徒，就都被看成了与唐朝本土的炼丹术士、服食药饵者相类的外来的奇人异士"④。

---

① 故事见《酉阳杂俎》前集卷一。
② 孙英刚《幽明之间："见鬼人"与中古社会》，载《中华文史论丛》2012年第2期。
③ 谭中、耿引曾《印度与中国》第十一章，商务印书馆2006年版，第464、465页。
④ 谢弗《唐代的外来文明》，第395页。湿婆教即婆罗门教中的湿婆派。

不过在"混合了许多宗教因素的"来华印度医术药方中,佛教不是实质上的主体。正如马伯英先生所指出:"所谓佛教医学的主干是婆罗门式的,并以对症为主。公元5世纪后,印度教兴起,佛教在印度趋于衰落,印度本土的医学更非佛教医学可知。但是,印度医学文化是随佛教文化传入中国的,一般便认为印度传入中国的医学即佛教医学。其实印度医学最有光辉的时期是婆罗门教时期"①。鉴于《隋书·经籍志》所载诸佛教医书亦多是公元4至6世纪时汉译的,所以其中的医学理论和各种药方,最多也是对婆罗门教的医术药方"沿袭、补充而已,并注入佛教教义"②而已,更不用说那些标明"婆罗门"的医书了。

载《传统中国研究集刊》第十二、十三辑合刊,

上海社会科学出版社 2015 年版

---

① 马伯英《中国医学文化史》第九章,上海人民出版社 1994 年版,第 353 页。

② 《中国医学文化史》第九章,第 353 页。

印度宗教中声音的作用及在华土之影响

宗教的形成和传播离不开语言,包括文字和口语。而宗教的力量存在于把言辞变成实践的过程中,包括为由言说所勾描出来的前景所进行的努力。因此语言的特征也会影响到宗教的特征。以梵文为代表的印度文字和世界上大多数语言一样,是以表音字母为基础,如此也使婆罗门文化和密教在宗教形态的构成上,发挥了连接点的重要作用。而且因为这个特点与以形表义的汉字系统迥然有别,所以在中国产生了各种新的影响。

一　语言的宗教功能

语言是思想的载体,包括口语和文字①,当然也是信仰的载体。思想是通过语言表达出来的,而没有思维也就无所谓语言,因为符号的相互约定要通过脑子。因此信仰的表达与接受,语言也就成了必然的媒介。"最普通意识里的语词符号,不管是听闻的、视觉的、或其它形式,都可以用来表达一种观念",当语词形成系统后,"更能对意念进行推理表述,给意念的信号和超常的事物予以形象表达,并使之在人们意识里

---

① 其实所有人使用的符号系统,都可纳入广义的语言范围之内,如旗语、手语等等。由于题目所限,本文不多加讨论。

成为理所当然,引为一种需要和激发潜能"①。这就是语言发挥宗教作用的能力之所在。语言发展到一定程度就产生了文字,并且开始了口语与文字相互影响而演进之新阶段。由于视觉和听觉会给人带来不同的生理和心理的感受,不同条件下发展起来的语言也就有了差异颇大的功能特征。

语言既然能作为一切事物的表述基础,"六道殊胜,语言悉摄在中"②。意味着它既是好事物出现的基础,也是坏事物出现的基础,"所有的分歧在于语词表达的意义"③。那么语言本身也有了好坏之分,而信仰本身也是用来判别好坏一种尺度。佛家把"正语言"列为八正道之一,又把"不妄语"作为大戒之一,恐怕也是出于这种考虑。以这种逻辑来考虑,语言既然是成道的条件,其具有神性也是必然的了。

语言有了属性,就会有宗教功能,在宗教里口语和文字都有着各自的功能,也往往以两者结合的方式。不过文字虽出自语言,但其一旦成为视觉符号后,与口语在传播信息的途径上就有了重大的分工。因此当语言专指口语时,声音就是其必不可少的物理基础。因为先有口语后有文字,而口语是建筑在声音的基础上的,由声音组成系统的语言表达是象征着人被自身创造的一个重要方面。无论是何种文字,表音是其一大功能。反过来说,"因字有语,因语有名,因名有义"④。这样子字母就具有"印契乃兼标帜之意"⑤。因此,语言,及其作为基础的声音

---

① René Guénon: *Introduction to the Study of the Hindu Doctrine*, London, Luzac & co., 1945, p. 130.

② 《论鸠摩罗什法师通韵》(斯 1344 背),载《英藏敦煌社会历史文献释录》第五卷,社会科学文献出版社 2006 年版,第 385 页。

③ G. R. S. Mead: *Quests Old and New*, G. bell & Sons, Ltd., London, 1913, p. 62.

④ 大村西崖《密教发达志》卷一,日本国书刊行会昭和四十七年版,第 35 页。

⑤ 大村西崖《密教发达志》卷一,第 147 页。

由于给生命的质量带来之飞跃而被作为生命最高形式的人所珍视,完全是理所当然的。至少印度的婆罗门教是这样认为的:"语言决定一切事物,语言是它们的基础,它们都出自语言"①。

对宗教而言,语言的复杂却可使其萌生出很多的神秘性,因为一种语言里的明白句子,对不懂该语言的人们听来,犹如难以知晓的谜语,由此也可成为咒语的一个来源,成为宗教之工具。带着神秘性的咒语是一种特殊的语言,一种在特定信仰范围内为人神交流需要所约定的符号系统。于是作为印符之字母亦"成意密所观之境,口密所诵之咒"②。这样文字就使听觉的符号系统变成视觉的符号系统,使文字有了同样的陀罗尼效力。

二 印度宗教中的语言特征

首先,"梵音洋洋,周浃寰宇"③。在印度宗教里,语言的这种功能早就被充分地认识和重视,并且相互伴随着一起形成了自己的特点。"据传说,印度的原始文字,由梵王诵出,所以称为梵语"④。在印度"有着口语为主的长期传统,这是很明显的"⑤。它"从《往世书》时代起,经典的内容和神话就由口头来传递"⑥。这是由那些"教士家庭来保持《吠陀》及知识,且是以父子之间来口口相传的。这样虽经过千年的变

---

① 《摩奴法典》第四卷,中译本,商务印书馆1985年版,第113页。

② 大村西崖《密教发达志》卷一,第148页。

③ 宗晓《四明尊者教行录》附录二,王坚点校本,上海古籍出版社2010年版,第189页。

④ 印顺《文殊与普贤》,载《佛教史地考论》,中华书局2011年版,第157页。

⑤ Betty Heimenn: *Facets of Indian Thought*, Schocken Books, N. Y., 1964, p. 19.

⑥ Frits Staal: *Exploring Mysticism*, Univ. of California Press, Berkeley, 1975, p. 72.

迁,却还能保持文化的延续"①。还有一种专司其职的"宣说婆罗门(šabda-brahman)",他们在口头上"汇集一切圣颂、仪式、符录、咒语、祈祷文,以构成对《吠陀》启示的注疏与诠释"②。因此在婆罗门教中,"语言是婆罗门的武器,应该利用语言来消灭压迫自己的人"③。这种认识应该很早就有了,"在《梨俱吠陀》里就已经把语言神格化了,在《阿闼婆吠陀》和《夜柔吠陀》则更突出,不仅以语言(Vāc)自身为神,并将抽象的语言具体化为代表各个内容之神"④。也就是语言之"神性"系其最重要的特点。于是"语言的神秘属性成了古代印度的一个传统,从《吠陀》时代起语言渐变为智慧女神"⑤。

在语言种类繁多的印度,"古代印度人认为咒语有一种神秘的力量,在禅定的状态下念咒语就更有力量"。在婆罗门教神话里,"婆罗门的咒语具有无比的威力,可以改变一个人的命运,甚至连天神也常常是他们诅咒的受害者"⑥。因此对婆罗门教来说,"语言是婆罗门的武器,应该利用语言来消灭压迫自己的人"⑦。所以要"婆罗门极其专心致志念诵包括咒文和祭书的梨俱、耶柔、或娑摩吠陀本集及其奥妙的分支,

---

① T. S. Maxwell: *The Gods of Asia*, Oxford Univ. Press, Delhi, 1997, p.3.

② Heinrich Zimmer: *Philosophies of India*, Pentheon Books, New York, 1951, p.370. 而 Paul Deussen 则分称他们为"低级婆罗门"和"高级婆罗门","前者的任务在于礼拜,而后者重于知识",不过"前者能得到很多不同的报酬"。见其 *The System of the Vedanta* (The Open Court, Chicago, 1912), p.102. 这样子一来,前者当然人数会很多,而在礼拜中,教士的口头宣唱当然是重头戏。

③ 《摩奴法典》第十一卷,第364页。

④ 高楠顺次郎、木村泰贤《印度哲学宗教史》第一篇第二章,明治书院昭和廿三年版,第124页。

⑤ R. C. Majumdar: *The Age of Imperial Kanauj*, Bharatiya Vidya Bhavan, Bombar, 1955, p.323.

⑥ 薛克翘《中印文学比较研究》第四篇,昆仑出版社2003年版,第210页。

⑦ 《摩奴法典》第十一卷,第364页。

可解除其一切罪恶"①。这同样使咒语在佛教中渐渐流行开来,并日益成为它与婆罗门教之间的重要纽带。由此也可理解"又婆罗门教以声音为一种神灵而极重之。如声论派(婆罗门之一派)创声为常住不灭之说,可以为证",而"诵咒祈神降魔等,婆罗门教,用之颇古。祈祷所用之曼荼罗,多有灵验。由祈祷文一变而信其言句文句有大不可思议之力,渐成神秘,终成陀罗尼"②。佛教发展到后来,密教的真言宗所依循的也正是这样的路子。

其次,语言的工具作用不能忽视。与中国相比,在以梵文为主的印度语言,语音就在宗教传播时被格外受到重视,口语成了印度宗教里教义传播的第一载体。这也是因为在古代社会里,文字总是只能被少数人掌握,因此使用口语的传教面要远远大于依靠文字所进行的传教,因此就促进了表音符号的发达。同时,鉴于梵文是拼音文字,语音在意思表达上至少比汉语重要得多。据说"因陀罗是天帝释,异名帝释,自造声论,能于一言具含众义"③,并于此形成了理论系统。如加米尼(Jaimini)在其学说里强调祭祀中要有正确的发音和音调。婆罗门教的这个特点也被佛陀所指出,如说造"婆罗门法"的毗耶娑仙人"善知声论"④。所以在婆罗门教内,要"婆罗门极其专心致志念诵包括咒文和祭书的梨俱、耶柔、或娑摩吠陀本集及其奥妙的分支,可解除其一切罪恶"⑤。对于被视为天启的"《吠陀》"之声,不是凡夫所造用的语言,它能

① 《摩奴法典》第十一卷,第 289 页。
② 蒋维乔《中国佛教史》第十四章,上海古籍出版社 2004 年版,第 174 页。
③ 一行《大日经疏》卷七《入漫荼罗具缘品第二之余》。
④ 瞿昙般若译《毗耶娑问经》卷上。
⑤ 《摩奴法典》第十一卷,第 289 页。

显示唯一真实之义"①。这是由于"根据印度教的传说,这些经文是由梵天神口传给圣人的,并由婆罗门以口头的形式一代代传下来,一直延续到现在"②。《梨俱吠陀》"因为古代印度婆罗门祭司把它作为圣典,口传秘授,细心保存,一个音也不容改动"③。而且《吠陀》、《奥义书》等也都是语言体,由于它们早早地被奉为"圣书",且"在整个婆罗门教时代,《吠陀》的颂歌仅仅靠着口头的流传来保存"④。于是"《阿闼婆吠陀》里有着为数极多的歌曲和咒语顺应此需"。声音功能被重视结果导致印度"古代的声音科学在独创性和技巧方面达到了极高水平,而《莎摩吠陀》则为此树立了丰碑"⑤。当然有利就有弊,所以"写作从未能作为神圣传统和宗教改革的一部分"⑥,从而不能对其进行作为"文章"形式的改造,这对形成以语言传播为主的印度宗教走向影响很大。

再次,由于语言的神性和工具功能,语言也就有了宗教属性,尤其在宗教纷呈之早期。有一件并非是不重要的事,就是在佛陀时代,"巴利文就是佛所说的话"。佛陀有能说多种语言的能力,而且佛陀的"语言政策"是,"梵文绝对不允许用,但是方言俗语的利用是完全可以的"⑦。在这种方言俗语混杂的情况下,不可能对咒语重视起来,因为

---

① 土观·罗桑却季尼玛《土观宗派源流》第一章,刘立千译本,西藏人民出版社1984年版,第8页。
② N·A·贾伊拉兹波易《音乐》,载 A·L·巴沙姆《印度文化史》第十六章,中译本,商务印书馆1997年版,第312、313页。
③ 金克木《〈梨俱吠陀〉的祭祖诗和〈诗经〉的"雅"、"颂"》,载《北京大学学报》1982年第2期。
④ Sarvepalli Radhakrishnan: *The Cultural Heritage of India*, Ramakrishna Misson, Calcutta, 1958, p. 264.
⑤ R. C. Majumdar: *The Vedic Age*, George Allen & Unwin, London, 1957, p. 456.
⑥ Heinrich Zimmer: *Myths and Symbols in Indian Art and Civilization*, Bollingen Foundation Inc. N. Y., 1946, p. 34.
⑦ 季羡林《原始佛教的语言问题》,载《北京大学学报》1957年第1期。

后者对语音有着准确和统一标准的很高要求。大约到了公元四世纪前后,"佛教徒纷纷摒弃俗语,采用印度贵族语言梵语"①,于是和佛教中的密教化进程一致了起来。这不仅在语言上把佛教统一起来,也把佛教和婆罗门教因密教化而易于交流,为日趋统一拓宽了道路。这里,语言的分分合合,表示着宗教的分分合合。

三 佛教中语言功能的发展——以密教为代表

佛教兴起后,出自于对印度文化的承袭,语言也在信仰中占有重要的地位。几乎所有的佛经在描绘佛陀在说法时引起"是时天雨曼陀罗"和"普佛世界,六种震动"②。这种描绘至少说明了对佛陀的语言力量之极其推重。不仅是佛陀说法坚持用口语,而且在后来结集时对佛法的认定都是靠语言来完成的,"夫大圣一音,则贯三千而惣摄;或随机五道,乃彰七九而弘济"③,早期佛教僧侣学习"这些口口相传的经典是各个寺院最重要的传统"④。"声闻"也作为成道的重要一途。佛教思索的结果,是与婆罗门教同中有异,犹如一个根部上生出不同的枝干,即所谓"同迦陵之声,等神鸾之响"⑤。尤其是到了大乘佛教发展时期,语言及声音问题成了其与婆罗门教争论的一个要点。其要点在于语言的基础声音是常还是非常,进而是有还是空。因为"天竺颂法,如输卢迦(Šloka),怛利室都婆(Tristbubh),阿梨耶(āryā)等,最讲究长短声,因

---

① 林梅村《寻找楼兰王国》第二十三章,北京大学出版社 2009 年版,第 174 页。

② 例见鸠摩罗什译《妙法莲华经》卷一《序品一》。

③ 《南海寄归传内法传》卷四,王邦维校注本,中华书局 1995 年版,第 187 页。

④ Reginald A. Ray: *Buddhist Saints in India*, Oxford Univ. Press, Oxford, 1994, p.17.

⑤ 《法苑珠林》卷三六,周叔迦、苏晋仁校注本,中华书局 2003 年版,第 1166 页。

为声音一不对,连意义和格式都不对了"①。这在宗教仪轨上当然是绝对不允许的。

佛教,尤其是被称为真言乘的密教,也有着类似的功能,尤其是对语言的神性有着很大的发展。认为佛掌握着所有的语言功能,而这些被"密码化了的语言是有力的诠释工具"和"用来阐明一系列语言的确切意义与功用,而这些本来是难以知晓或疑问重重"②。故尔"一切众生随其色类,俱解佛言也。如天即谓佛同己天者,人即谓佛同以己人音,胡即言佛同己胡音,汉即言佛同己汉音,乃至一切畜生鬼神等,各各随其色类,皆言佛同其音而为说法,故皆得解悟也",这就是佛说法是能秘密的功能基础③。密宗"之所以名声卓著,首先是因为它强调一些有法力的梵文咒语,这些咒语被称为真言和陀罗尼"④。后者称之为"一切众生语言陀罗尼"⑤,而曼荼罗亦被视为有"神秘声音之能力"⑥。陀罗尼的咒语之所以有如此功用,是因为"咒是三世诸佛所说,若能至心受持,无不灵验",所以"夫神咒之为用也,拔蒙昧之信心,启正则之明慧,裂重空之巨障,灭积劫深痾"⑦。佛教在中国影

① 许地山《梵剧体例及其在汉剧上底点点滴滴》,载《中印文学关系源流》,湖南文艺出版社1987年版。
② Ronald M. Davidson: *Indian Esoteric Buddhism*, Colombia Univ. Press, New York, 2002, p.257.
③ 《修多罗法门卷第一》(斯1344背),载《英藏敦煌社会历史文献释录》第五卷,第389页。
④ 罗伯特·沙夫《走进中国佛教:"宝藏论"解读》"附录一",中译本,上海古籍出版社2009年版,第271页。
⑤ 鸠摩罗什译《妙法莲华经》卷六《药王菩萨本事品第二十三》。
⑥ 参见 S. R. Goyal: *A History of Indian Buddhism*, Kusumanjali Prakashan, Jodhpur, 1994, p.240—241.
⑦ 《法苑珠林》卷六〇,周叔迦、苏晋仁校注本,第1774、1773页。

响最大的观世音菩萨,系"承佛威神音响教化"①,于是"应声菩萨则观世音菩萨也"②,中国人最牢记的观音功能在于若"一心称名,观世音菩萨即时观其音声,皆得解脱"③。所谓的称名念佛也与此相关,鸠摩罗什在注释"观世音菩萨"含义时云:"世有危难称名自归,菩萨观其音声即得解脱也,亦名观世念亦名观自在也"④,并由此产生种种神通,"各以梵音声,阐扬微妙法"⑤。这是因为口语比较文字更具有独特性,也就是更具有秘密性,口口相传也就成了密教的主要传播方式。在唐代,"不论僧人还是俗人,念诵陀罗尼几乎成为一种时尚"⑥。

在宗教实践上,密咒在寺院内外都作为一种重要的修行方式,而密咒有着二个主要特点。其一,密咒的作用全在于声音之正确,文字所记录的也仅是其读音。其二,"须知密秘,语同意别"⑦。也就是视咒语中的声音(包括文字记录的读音)为独特的符号,与一般的语言意义相脱离。如此保持了它最大的神秘性,据说"一个人只要把注意力集中在他的语音上,就能逐渐超越愚昧无知和激情等品质,而处身在善良品质的高度上"⑧。这样,咒语在密教里就发挥着双重功能:自救与救人。前者指依此与大日如来沟通而成道,后者则用此以神通驱逐诸邪,安抚生灵。

---

① 竺佛念译《中阴经》卷下。
② 性我《孔雀经音义》下卷。
③ 鸠摩罗什译《妙法莲华经》卷七《妙音菩萨品第二十四》。
④ 僧肇《注维摩诘经》卷一。
⑤ 义净译《佛说弥勒下生成佛经》。
⑥ 吕建福《中国密教史》第四章,中国社会科学出版社1995年修订本,第487页。
⑦ 《佛祖统纪》卷三下,释道法校注本,上海古籍出版社2012年版,第97页。
⑧ 毛世昌、刘雪岚《辉煌灿烂的印度文化的主流——印度教》第十六章,中国社会科学出版社2011年版,第290页。

四　声音符号成了密教为代表的
佛教和婆罗门教的连接点

在印度的宗教文化中,对声音极为重视,甚至被提到本体的高度。玄奘所译胜论派的《胜宗十句论》云:"谓唯有声,是为空"。汤用彤先生就此解释道:"按此所谓空者,非同诸大(原子),乃遍满传声之本质也"①。然而本质是需要表现出来的,在这里,表现之相乃是声,故声是本质的,且由其"遍满"而为本体的。

具体地说,声音在宗教话语中的作用主要分二个方面,其一是在语言传播中的作用,作为人们的公共约定,其发声标准及形和义,皆为人所垄断;其二是它被宗教所赋予的神秘性,具有特殊约定的意义,也由此对声音之要求与及功能之阐释有着特别的规定。

语言的基础是声音,梵语结构中音的功能很重要,如"往往用一个鼻音把某些动词的现在时跟其它形式区分开"②,即音有主次之别,所谓"八音并行,君臣以相御"③。而声音的基点则是现代声学中的概念"元音"。如是,"所有印度哲学体系都曾对于声之本质、声之物理的或意义的方面有过深刻的思索"④。

话语中声音之发,是一个生理现象。掌握发声的正确与否,是对身体功能的一种把握,这在现代声学系里最基本也是最重要的专业训练,其实在婆罗门教和密教里早就在做了。因为咒语功能之发挥的一个重

① 汤用彤《汉文佛经中的印度哲学史料》,商务印书馆1964年版,第192页。
② 爱德华·萨丕尔《语言论》第四章,中译本,商务印书馆1985年版,第63页。
③ 《初学记》卷一六"琴"部引应劭言,中华书局1962年版,第387页。
④ 舍尔巴茨基《小乘佛学》第七章,中译本,中国社会科学出版社1994年版,第49页。

要前提就是要念诵得准确,不仅如此,真言力量的真正显现在于念诵者之身心合一。这种功夫的锻炼,由此分成二步,却都依仗于婆罗门教内的瑜伽,因为它被当作"一切活动的艺术"①。在瑜伽中,通过"由'体式'与'调气'的综合程序,我们的有体之生理力量是宁静化了,集中了,生命力量发为一旋律底运动,能够止息且集中为其上升作用之一高等权能"②。尤其当"心灵之愈擅有了其神圣或精神本体,则亦愈擅有其自性的运动之管制"③。这样子的权能或管制当然也会体现在发声上,反过来也一样,如"瑜伽行者通过念诵'唵'声来达到调息的目的"④。于此,婆罗门教和佛教中的密教在声音上又达到了某种一致。这种情况之出现在印度,原因之一是因为"印度古代很晚才有纸张,很晚才懂得印刷术。再加上自然条件等关系,写在树叶上的文字很难长久保存。因此主要靠口头传授文化知识"⑤。所以无论是婆罗门教,还是佛教,尤其后者发展到密教时,解经之音义时,先音后义,"得其音则义通,义通则理圆"⑥。如此当然和中国古代很不一样,即声音在宗教文化里的功能显得比中国重要得多。

在印度,元音是被视作圣音的。"在学习圣典开始和结束时,要念一个单音节圣言,凡阅读不以单圣言'唵'(aum)开始者会渐渐消失,不以它结束者会在脑海中不留痕迹"⑦。于是《"唵"声奥义书》(Maṇḍūkya Up.)

① 《博伽梵歌》第二章,嘉娜娃译本,陕西师范大学出版社 2007 年版,第 58 页。
② 室利·阿罗频多《瑜伽论》第一章,徐梵澄译本,商务印书馆 1987 年版,第 1 页。
③ 室利·阿罗频多《综合瑜伽》第十七章,徐梵澄译本,华东师范大学出版社 2005 年版,第 175 页。
④ 李建欣《印度古典瑜伽哲学思想研究》第一章,北京大学出版社 2000 年版,第 16 页。
⑤ 薛克翘《中印文学比较研究》第四篇,昆仑出版社 2003 年版,第 245、246 页。
⑥ 顾齐之《新收一切藏经音义序》,载《一切经音义》,上海古籍出版社 1986 年印本。
⑦ 《摩奴法典》第二卷,第 34 页。

谓:"唵！此声,此宇宙万有也",及"凡过去者,现在者,未来者,此一切皆唯是唵声"。《弥勒奥义书》(Maitrayan upanishad)颂道:"若和合气息,'唵'声,万形色,或此自与合,是谓瑜伽术"①。《薄伽梵歌》还声称人在瑜伽状态中后"念出神圣的音节(OM)——至高无上的字母组合,如果此时想着至尊人格首神离开自己的躯体,就必将到达灵性星球"②。所以"我们必须记住这个字就是梵的名称与符号"③。因此"那些知梵的人,总是要念诵'唵'"。④ 于是"在印度教的教义学习中,'唵'的音是 a、u、m(阿、污、么)三字组成,分别表示万物的发生、维持、终结,'唵'又被解释为世界的终结。后形成了各种神秘解释"⑤。这同样是因为"'唵'以表归仰之心也。后转为毗纽、湿缚、梵天三尊合一之标帜,古来外道明咒,起首皆用此语,佛教乃亦仿之"⑥。这里的"佛教"主要是指密教。

此外,在婆罗门教里,"'阿母'表湿婆神之声;'乌'字表毗修奴神等;文字声音,各有宗教意义;终成由'阿'字符音以及一切子音,皆有深远之意味;推而极之,万神皆有表其神之声音文字矣。佛教密宗诸佛菩萨,皆有种子;一切声音,元音子音,共有宗教的深义者,其端盖发于婆罗门教无疑⑦。这样子通过读诵就能起到"达其阿字之门,图其法身之体"⑧。

---

① 载《五十奥义书》,徐梵澄译本,中国社会科学出版社 1995 年版,第 731、462 页。
② 《博伽梵歌》第八章第十三节,嘉娜娃译本,陕西师范大学出版社 2007 年版,第 161 页。
③ Sarvepalli Radhakrishnan: *The Cultural Heritage of India*, Ramakrishna Misson, Calcutta, 1958, p. 383.
④ 《摩诃婆罗多——毗湿摩篇》,黄宝生译本,译林出版社 1999 年版,第 186 页。
⑤ 中村元《比较思想论》第三章,中译本,浙江人民出版社 1987 年版,第 137 页。
⑥ 大村西崖《密教发达志》卷一,第 50 页。
⑦ 蒋维乔《中国佛教史》第十四章,第 174、175 页。
⑧ 《宋高僧传》卷二五《读诵篇论》。

声音作为听觉符号来被人使用,时间上早于文字,范围上大于文字。文字只有人类使用,而一切生物都能发出声音,而且在相当多的场合下都起着传递讯息的符号作用。同时,无生命的物理作用所发出来的一些声音,对人类也能起到信息符号之作用,"山雨欲来风满楼",声声入耳的风声雨声也是告诉人们要应对的信息符号,甚至能激发人们"家事国事天下事事事关心"。据说利用现代技术,还"可以对发出声音的声源进行直观形象的图像化显示"①。其实在人的脑海中天生就有着非常完善和精致的音—视转换机制,现代机器只是走向仿生的一步。因此,知道声音,掌握声音,不仅能使人具有更大的能力,而且能使人与现象界,不管它是有生命的还是无生命的,融为一体,使曼荼罗具有真正形声上的一致。由此,既可以走向梵我一体,也可以接受大日如来的加持。所以失译《佛顶尊胜陀罗尼真言》云:"夫诵陀罗尼,务存梵音"。可以说,这是婆罗门教与密教在对声音认识上最重要的共同点。

声音之产生神秘,不仅是由于能传递信息而使人的关系扩大,而且声波会激起共鸣,无论是对人体还是对事物。因此元音和所有表达思想的语言之间关系所显示的结构,其实和坛城(Mandala)的结构是一致的,体现着一多相即的原则。其深层机能,系凡振动碰撞,都有可能会发声,声源不一,但频率则可一致,所以即使是钟声,若有机缘,亦具威力。据说在"祇洹别有论师院,有一铜钟,形如腰鼓。是干阗婆王之所造也。上有梵王、帝释、魔王、四王、八部男子等像。若有异学外道欲来击论,则使神通罗汉击之,声震三千。诸外道等将欲击扬,闻此钟声,诸

---

① 沈原、辛特、杨亦春《给声音照相——阵列噪声源精确分析定位系统》,载《兵工科技》2013年第14期。

根讷钝,无敢发言。若有好心请决疑者,闻此钟声,开发菩提,得不退转"①。佛教欲利用钟声与婆罗门外道斗争,正说明他们彼此之间对声音的功能有着共同的认识和重视。

婆罗门教和密教还有着共同的梵文基础。梵文字体虽然有着不同的变体,但在众多方言的影响下,其读音差异之多又远远超过了字母的变体。这样子一来,其读音就具有很大的特殊性,也就比文字更具有秘密性。这也是咒语被推重的一个客观原因。咒语是一个符号系统,一个特殊的符号系统。该系统在密教中之成立,只是在一些特殊对象的有限范围内所约定的,即所谓字曼陀罗。而在曼陀罗中,"三昧耶即象征,可以摄音乐所表之美;法即文字所轨持,可以笼诗歌、小说、戏曲"②。密教里称之为陀罗尼的咒语其实也是一种语言。如果说"所有思想道路都以某种非同寻常的方式贯通于语言中"③,那么咒语就是通过体验符号功能来发扬主观能动性。这正是密教与婆罗门教的一个十分重要的共通之处。

五 余论:西来语音功能在中国的影响

对于声音在人身上引起的心理和生理之反映,中国古代早就得到重视。六经中有《乐经》,正史中亦多有《乐志》,认识到"凡音者,生人心也。情动于中,故形于声,声成文谓之音。是故治世之音安以乐,其正和;乱世之音怨以怒,其正乖;亡国之音哀以思,其民困。声音之道,与

---

① 《法苑珠林》卷九九引《宣律师住持感应记》,周叔迦、苏晋仁校注本,第2855页。
② 大村西崖《密教发达志》卷五,第879页。
③ 海德格尔《技术的追问》,中译本,载《演讲与论文集》,三联书店2005年版,第3页。

正通矣"①。魏晋时的阮籍《乐论》也说:"故定天地八方之音,以迎阴阳八风之声,均黄钟中和之律,开群生万物之情气。故律吕协则阴阳和,音声适而万物类。男女不易其所,君臣不犯其位"②。这就还和民俗政情关联了起来,并由此体现天道之实施。但也由于赋予声音如此节制社会政治的功能,即使用于祭祖或祭神也强调其礼治作用,又加上多种因素使得在中国的宗教晚至两汉才成熟起来③,故而声音的宗教功能在印度宗教来华并产生影响后,方可被充分评述。

这种影响可分成二个方面,宗教和文化,后者指的是宗教以外的文化。

佛教传到中国后,为了解决"梵汉殊感,故西方先音形之"④,亦以声像作为传教手段,"见佛之仪,以歌叹为尊,经中偈颂,皆其式也"⑤。于是"或作吴地而唱经,复似婆罗门而诵咒"⑥。除了利用语言和图像作为一般传教手段外,也注意到了咒语的功能,尤其是密教。"在佛教典籍里,有时也把直言和陀罗尼合在一起使用,称'真言陀罗尼'"⑦。所以"自后汉佛法行于中国,又得西域胡书,能以十四字贯一切音,文省而义广,谓之婆罗门书"⑧。因此在中国,咒语很快从密宗弥漫到显教各宗,成为汉传密教在中土连续存在之重要象征。这首先是那种对语和音的重视与先秦哲学有共鸣之处。"音出于性,言出于音,名出于言,

---

① 《史记》卷二四《乐书》。

② 文载严可均校辑《全三国文》卷四六,上海古籍出版社 2009 年版。

③ 参见严耀中《中国宗教与生存哲学》第一、二、八章,学林出版社 1991 年版。

④ 《续高僧传》卷二五《唐终南山龙田寺释法琳传》。

⑤ 《出三藏记集》卷一四《鸠摩罗什传》。

⑥ 《论鸠摩罗什法师通韵》(斯 1344 背),载《英藏敦煌社会历史文献释录》第五卷,第 384 页。

⑦ 薛克翘《中印文学比较研究》第四篇,昆仑出版社 2003 年版,第 210 页。

⑧ 《隋书》卷三二《经籍志一》。

事出于名"①。由此而作为名正言顺的儒家名学之铺垫。"唐音梵音相杂时,舜弦和雅熏风吹"②,梵乐合入礼乐是对此最好的写照。如唐代一位妇女彭氏"悟真如理性,虔奉内教,晨朝清净,转读讽念诸经及真言,常满千百遍,如此为志,未尝暂舍一时之功也,且恭敬供养心又倍于是"③。还有一位卢氏女更是"尝以诸佛秘密式是总持诵千眼尊胜等咒,数逾巨亿,则声轮字合,如闻一音,而心闲口敏,更了多字"④。有的为了更好地诵念钻研密经,能"原始要终,钩深诣赜",就"构法宇于闺庭,缮秘言于贝叶"⑤。

为了保持咒语的宗教功能,所以汉译经文时尽可能地使用音译,由此还可以显示它的神秘性,但是外来的咒语如果要在中国原封不动地照搬使用,有着很多困难。首先因为在汉语与梵语等在结构上有很大的不一致,"语音当中没有像中国语这么富于两三拼的复原音的,也没有像中国语音节里的中心最大点这么游移不定的",这"就不难懂为什么在这富于声调的中国语里想找出二合三合元音的领音的那个成素出来,几乎是不可能的事情了"⑥。如此无疑对掌握突出元音作用的西来咒语之音调节律带来很多困难。也正因为如此,印度的音韵学就很早随宗教一起传入了中国,对汉语声韵起了很大的作用,不过此已非本文

---

① 楚简《恒先》,转引自李零《上博楚简"恒先"语译》,载《中华文史论丛》2006年第1辑。

② 齐己《赠念法华经僧》,载《全唐诗》第十二函,上海古籍出版社1986年版,第2079页。

③ 《唐故太中大夫行中书舍人裴公夫人彭氏墓志》,载周绍良主编《唐代墓志汇编》,上海古籍出版社1992年版,第2381页。

④ 杜昱《有唐薛氏故夫人实信优婆夷未曾有功德塔铭并序》,载《唐代墓志汇编》,第1479页。

⑤ 《大唐曹州离狐县盖赞君故妻孙夫人墓志之铭》,载《唐代墓志汇编》,第201页。

⑥ 高本汉《中国音韵学研究》第五章,中译本,商务印书馆1994年版,第162、163页。

所要讨论的了。

其次，无论语言发挥哪种功能，都是作为一种宗教实践，一种体现教义和信仰的行动。但由于"汉梵极殊，音韵不可互用"①，尤其是"梵音为语，单复无恒，或一字以摄众理，或数言而成一义"，"音义合符，不可偏失"②。这会使汉传密教中的咒语准确性受到质疑，音义不附，影响到密咒的功效。当丝绸之路畅通无阻时，还可以得到来自天竺高僧们的随时纠正。但十三世纪以后，这样的机会也难得了，这或许是密教在汉地衰落的原因之一。

再次，本来"'真言'，梵曰漫荼罗，即是真语、如语、不妄、不异之音"③。不过由于中国本土地域广大，各种方言杂陈，且来源众多。所以中国"在各时期中（甚而至于远古的时代）都有不同的方言存在"，故"常常有一个方言对于古某字有两种或几种读音"④，这就是方言与文字所体现出声随形，枝与干，末与本的关系。这对于外来的注音字也一样，一个佛经中的词以音译之，可能有很多不同的汉字组合，如夜叉又译成野叉、药叉、阅叉、夜乞叉等等。于是咒语的统一使用就显得特别难，更难使人信服其会有宗教上的法力。如此也可以解释在土生土长的中国道教里，以形为重的符箓之重要性要远远过于咒语。

最后，至于中土佛教受到"大音希声"、"声无哀乐"⑤等观念的影响，向无声为声的理论方向发展。以"此时无声胜有声"为上乘，认为

---

① 《法苑珠林》卷三六，周叔迦、苏晋仁校注本，第1171页。
② 《出三藏记集》卷一《胡汉译经文字音义同异记第四》。
③ 一行《大日经疏》卷一，《入真言门往心品第一》。
④ 高本汉《中国音韵学研究》，第237、540页。
⑤ 也有学者认为诵念梵呗之类的"佛教音乐是非哀非乐的妙音至乐"（周耘《曼妙和谐》第一章，宗教文化出版社2011年版，第42页）。此说至少是表示了显、密二教对声音功能认识上的一种差异。

"至理无言,玄致幽寂。幽寂故心行处断,无言故言语路绝。言语路绝,则有言伤其旨;心行处断,则作意失其真"①。所以对声音本身之讲究就不大注重了,虽然诵经念佛始终在佛教里有着非常重要的作用,但已不在义学的范围内,而且对于声音功能之要求也是次要的,心中默念也可以,而"人能语言自能窥"②则是无声的自省。中国佛教中的禅宗以拈花传法,更是以语言为累赘了。这或许也是密教在中土昙花一现的原因之一,但也不是本文讨论的范围里了。

此外,与印度宗教中将声音神通化的路子不同,儒家则是将声音附属于语言文字之涵义而使之道德化,成为净化心性之途径。唐宋之间道学(或理学)更强调这一点。若周敦颐说:"乐声淡则心平,乐辞善则歌者慕,故风移而俗易矣。妖辞艳声之化也亦然"③。依照神本还是人本的立场来理解声音的功能反映出印中之间文化传统的差异,处于话语支配地位的儒家当然对中国社会更有影响。

另一方面,从技能的角度看,与佛教一起进入中国的印度关于声音及其功能的认识与应用,对中国文化产生了很大的影响。如"中国当日转读佛经的三声,又出于印度古时《声明论》的三声。天竺围陀的《声明论》所说的声 Svara,与中国四声之声相类似,即指声的高低而言"④。对这种认识的深化,按照不少学者的意见,推动了中国诗词的格律化。

从文化方面说,声音在宗教中的作用还可以通过音乐来发挥,因为声音是构成语言和音乐的基础,两者都是一种经过约定的符号系统,用

① 《高僧传》卷八《义解传论》。
② 邵雍《伊川击壤集》卷一二《天意行》,中华书局 2013 年版,第 184 页。
③ 《周敦颐集》,岳麓书社 2002 年版,第 40 页。
④ 陈寅恪《魏晋南北朝史讲演录》第二十一篇,万绳楠整理本,贵州人民出版社 2007 年版,第 307 页。

以表达人的各种思想与情感。因此音乐也是一种语言。据说"对于佛教徒来说,宗教仪式音乐可以意味着'佛国'。在佛教著作中,凡是佛逗留的地方,特别是弥勒佛的兜率天,都充满着音乐声音。当人世间举行盛大宗教活动时,就可以听到这种声音"①。其实这种对乐声之重视,也是婆罗门教的观念,"在《莎摩吠陀》里,已经有了现代音乐的七个音节"②。还若"'兴'声为意;'导唱'为语言。'高唱'为目。'答唱'为耳。'结唱'为气息。——此为'伽耶特黎'三曼,交织于生命气息中者也"③。其间密教是一个重要的桥梁,它"利用音乐酝酿出一种独特的气氛,以便修行者心中能够产生理想佛国的印象。这主要是密教宗派的作法,最大规模的是《大日经》所说的灌顶会的情况。这是八世纪初期,由善无畏等僧人自印度传到中国的一种仪式,其具体的实施方法,在《大日经》译者一行所作的注释书中有详尽的叙述。根据此部注释书的记载,此一仪式是一种大型的音乐,其中有一百八十首真言(古代印度的歌),在跳印度舞蹈之中唱出,另外献花香等动作也有音乐伴奏,由此可知此种灌顶是非常音乐化的一种仪式"④。梵呗也成了印度宗教文化影响中国的内容之一,若曹植"删治《瑞应本起》,以为学者之宗。传声则三千有余,在契则四十有二"⑤。虽则对声音的认识由此更加深入,却仍以文字为声音之本。"'字'与'声'的关系,就是'真'与'美'的

① 克林凯特《丝绸古道上的文化》第七章,中译本,新疆美术摄影出版社 1994 年版,第 210 页。
② S. K. Kulkarni: *Hinduism-Triumphs and Tribulations*, Indus Source Books, Mumbai, 2008, p. 22.
③ 《唱赞奥义书》(Chāndoya Up.)第十一章,载《五十奥义书》,徐梵澄译本,中国社会科学出版社 1995 年版,第 107、108 页。
④ 高楠顺次郎《佛教艺术》,中译本,台北华宇出版社佛历 2532(1988)年版,第 12 页。
⑤ 《高僧传》卷一三《经师传论》。

关系。只谈'美',不谈'真',就是形式主义、唯美主义"①。中国古代所谓声音之真,其实是从声音反映着事物之规律的角度去理解,往往与"律"相连而讲究声律,所以与印度宗教的着眼点完全不一。

　　总结一下,印度的主流宗教认为声音具有神性,进而视为一种本体,不过声音虽然在婆罗门的宗教文化和密教里发挥着重大功能,并成为它们之间的连接点,但由于中国文化的根基在于非表音的汉字,重其形甚于重其音,更不用提《周易》卦爻之刻画符号系统所具有的深远影响,因此文字上由形释义成了华土的人本文化重要特征之一,与神本基础上的声音作用颇有差异,所以后者只能在宗教及文化里都只能起着相对有限的作用。如此也可视为婆罗门教难入华土和密教在华传播被局限的原因之一,尽管可能是很次要的原因。

载《中印关系研究的视野与前景》,
复旦大学出版社 2016 年版

---

① 宗白华《中国美学史中重要问题的初步探索》,载《文艺论丛》1979 年第 6 辑。

密教中的婆罗门教因子

——以仪轨与"神"为例

在中国，佛教是不是全等于印度文化？它是否包含着作为印度文化主流的婆罗门教因子？姚为群先生曾经揭示了一些汉译佛经中的婆罗门教内容①，本文认为在汉传密教里也有着这样的婆罗门教因子，例如其在密教的仪轨及与神的崇拜之中，非常广泛。本文仅是例举其中一些而试说之：

仪轨与偶像是宗教中最具有神秘性的部分，也是最能显示一个宗教特性的部分，正是通过仪轨与偶像，宗教之间的界限变得具体而清楚，由此也可说它们是宗教的符号。但是在佛教和婆罗门教（后来称之为印度教）之间显示宗教特性的部分，却存在着很多模糊与交叉的地方，彼此混杂，尤其在密教里。这样在无形之中，汉传密教也成了中国信众接触婆罗门教文化因子的一座桥梁。

一

佛教，尤其是它的密教，在祭祀仪轨和崇拜偶像上都受到婆罗门教（印度教）的很大影响。甚至"密乘可谓为《韦陀》教之别子"，若"密教咒

---

① 姚卫群《古代汉文佛典对婆罗门教思想的记述》，载《南亚研究》2005 年第 2 期。

术重声音之神秘能力,犹《黎俱》唱赞之遗风也。手印法术等,古祷祀之仪文也。于《唱赞》、《唵声》等《奥义书》,犹可窥其端"①。因为佛家密教是大乘佛教的延续,这是"在这种印度教的影响下,自七世纪中叶以来,大乘佛教急剧地密教化"②之结果。换言之,是印度教促成了佛教的这种演变。"后来密教中的仪轨,却是从原则到内容,都有明显的证据是来自诸《吠陀》的。这些带入佛教的仪轨和《吠陀》里的基本上没有什么两样,都是《吠陀》所早已提及过的"③。这也说明密教仪轨是佛教接受婆罗门教影响的一个主要部分。

佛教中仪轨的功能主要有二个,一是在宗教仪式中作为僧徒的行为规范,二是作为祭祀的必要程序并使祭祀更显得庄严神秘,因为仪式愈复杂,场面愈大,对人心灵的震撼力也就愈大。后者与婆罗门教大有关系,是在于祭祀万能正是婆罗门教的主要特征之一。

仪轨作为祭祀或修行中言行起居的一种约束,当然和日常生活密切相关。而印度人的社会生活又是与婆罗门教打成一片的,密教仪轨既然出自印度的文化环境,其中带着浓厚的婆罗门教因子当然不足为奇。如密教所谓结界,"其意主在咒场辟邪,盖亦由婆罗门教而来"④。陀罗尼或咒语,是密教仪轨中的一个主要部分。早期佛教是反对咒术的,认为"咒术者,或支节咒、刹利咒,或起尸鬼咒,或学知死相、知转禽兽轮卜、知众鸟音声"等等,都是"非威仪、非沙门法、非净

① 徐梵澄《五十奥义书》"译者序",中国社会科学出版社1995年版。《韦陀》,作者后来订正为《吠陀》。
② 佐佐木教悟等著《印度佛教史概说》第十三章,中译本,复旦大学出版社1989年版,第86页。
③ N. N. Bhattacharyya: *Buddhism in the History of Indian Ideas*, Ajay Kumar Jain Manohar Publishers & Distributors, 1993, p.63.
④ 大村西崖《密教发达志》卷一,国书刊行会昭和四十七年版,第62页。

行、非随顺行,所不应为"①。又告诸比丘:"女人及咒术,邪见不善行"②。因此咒术在佛教中应用的增加,尤其是在密教中,毫无疑问是由于接受婆罗门教影响的。婆罗门教的"咒法则以恶神、魔神、物精(Bhūti)为主要对象,利用之而求自己之幸福,或损害他人之手段",它"自吠陀时代已见盛行",当时"以《阿闼婆吠陀》为中心,而及于《夜柔吠陀》"③。从形式到实质,密教的咒法可谓与此如出一辙。这正如高罗佩所说:"大乘教(Mahāyānic doctrine)是以曼荼罗经咒(mantra)为中心,对印度教和佛教的东西兼收并蓄"④。这里所谓的"大乘教",指的就是密教。

汉传密宗与中国佛教其他诸宗相比,仪轨繁杂是其一大特色。汉传密教的信奉者,既要遵循一般的戒律,这里面也包含着一定的仪轨,更不要说奉行密教特殊的仪轨了。后者相当复杂,如集密教仪⑤轨之《苏悉地羯罗经》所载作灌顶曼荼罗法,此法除作种种布置外,还要以护摩法致意诸神,"其护摩处,曼荼罗南门东,作如护摩。法酥等诸物,以三事真言,各礼百遍"⑥。护摩系 Homa 之音译,意译为火祭,或俗称烧火法。此源于婆罗门教中以火祀天仪式,以火为天之口,将供奉之物放置火中,象征天食之,天会降福回报,息灾增益。密教仪轨中大量使用牛粪来涂地或壁,也是出于婆罗门教对牛尊崇的习俗。密教仪轨的另一大特点是与咒法相结合,密教之所以被称为真言乘,正与此相关。如上述密教护

---

① 《四分律藏》卷三〇,福建莆田广化寺印本 2003 年版,第 379 页。
② 罽宾三藏僧伽提婆译《增一阿含经》卷十二《三宝品第二十一》。
③ 高楠顺次郎、木村泰贤《印度哲学宗教史》第三章,中译本,商务印书馆 1935 年版,第 115 页。
④ 高罗佩《中国古代房内考》"附录",中译本,上海人民出版社 1990 年版,第 340 页。
⑤ 吴世昌《密宗塑像说略》,《史学集刊》第一期,1936 年。
⑥ 输迦波罗译《苏悉地羯罗经》(《苏悉地经》)卷三《灌顶坛品第三十一》。

摩法中的咒法之一,实来自于婆罗门教作灌顶护摩时对诸神"水,光,真元,甘露,大梵! 补! 颇婆! 婆涡! 南无诃"①的婆沙(vasat)呼,两者在观念上和形式上是一致的。所以吴世昌先生认为与仪轨相关的密教"经典多为符咒手印,迹近巫蛊,它本来是印度蒲罗门教巫蛊的余流"。②

更不用说从密教演变的趋向着眼,"密教终究是与印度教合流的"③。在此合流中,仪轨是一个主要部分,"'秘密大乘佛法'的流行,融摄了印度神教所有的宗教行仪"④。这正如巫白慧先生所指出,"佛教和婆罗门教,在神学和哲学上,尤其是在秘密宗教仪轨方面,相互影响,相互渗透,乃至合流,越来越朝着有利于婆罗门教方向发展"⑤。这种影响当然会带到中国来,"惟南北朝之际,佛道与外道相伴随,齐自印度传播于西域、南蛮,以流入东夏。其二者纷淆相成影响者,固所不免。而密教渐成于此间,其事相多与外道相类似者,盖亦非无所由也"⑥。其很重要的一个途径就是大量密教经典的汉译,它们成了一些婆罗门教仪轨内容的载体。如善无畏、一行共译《大日经》卷五《秘密曼陀罗品第十一》里的偈语:"商羯罗三戟,妃作钵胝印;月天迦罗奢,净白莲华敷,日天金刚轮,表以舆辂像"里,"商羯罗"、"月天"、"日天"等名词都和婆罗门教有关。

婆罗门教祭祀仪式与精神通过汉传密教扩散的形式有多种。唐宋以降佛教斋会在中土越来越普遍,据宋立道先生归纳,直至近代,寺院

---

① 《生气火祀奥义书》,载《五十奥义书》,中译本,中国社会科学出版社 1995 年版,第 793 页。

② 吴世昌《密宗塑像说略》,载《史学集刊》第一期(1936 年)。

③ 吕澂《印度佛学源流略讲》第六讲,上海人民出版社 2002 年版,第 258 页。

④ 印顺《契理契机之人间佛教》,载《华雨集》南普陀寺 2002 年印本,四册第 31 页。

⑤ 乔荼波陀《圣教论》中译本序,商务印书馆 1999 年版,第 15 页。

⑥ 大村西崖《密教发达志》卷一,第 155 页。

中通行的斋会名目有"水陆斋会"、"梁皇忏"、"瑜珈焰口"、"大悲忏法"、"慈悲三昧忏法"、"净土忏"、"药师忏"、"地藏忏"、"万佛忏"、"千佛忏"等十种之多①。这些斋会中的仪轨多来自于密教②,婆罗门教中的因子由此也就间接地在中国民间社会发生影响,虽然这种影响完全是在佛教的名义下进行的。

二

神作为信仰的符号,往往代表着宗教之要义。不过作为被崇拜、被祭祀的神之形成也有一个从概念到形象的过程,"从象征到图像,又从图像到象征,有形和无形的神的标志(符号)是和哲学思想中的宇宙及人的概念相呼应的"③。代表神的偶像使祭祀的对象具体显现,因此也是祭祀场合所必不可少,所以作宗教中偶像和仪轨是相配合的。

就印度而言,在诸《奥义书》中已十分明显,"'神(Īśvara)'的概念就成为印度宗教文化的一个重要因素",且"传统信念神是吠陀的作者"④。在印度宗教里,无论从功能还是从形态,婆罗门教的神都是先于佛教的神,所以佛教,特别是密教形象在创立和演变过程中往往以婆罗门教的为蓝本,是自然而然的。如"在孟加拉,大乘佛教演变为一种特殊的受母神崇拜影响的密宗。在那里,时母(Kali)母神依然具有支

---

① 宋立道《从忏悔观到忏悔仪再到经忏悔教》,载《觉群·学术论文集》(2005年),宗教文化出版社。
② 严耀中《汉传密教》第十一章,学林出版社1999年版,第161—165页。
③ 金克木《印度哲学思想史设想》,载《梵佛探》,河北教育出版社1996年版,第115页。
④ 李建欣《印度古典瑜伽哲学思想研究》第四章,北京大学出版社2000年版,第59、63页。

配性的影响"①。"时母"是一个婆罗门教神祇,作为湿婆化身系列之一,系"山之女神,因具有无时无刻之毁灭性而被称之为时母"②。又如密教中"忿怒月、可畏二金刚,元出于湿缚,火天眷属诸仙,亦出于外道。婆罗门法以事火为重,故以其诸仙属于火天耳"③。

如果把时间提得更早的话,"佛教从《吠陀》及其先前资料中吸取了一个复杂的神话系统。在这个神话体系中,早期的各种概念:宇宙,天堂和地狱,男神和女神,精灵和半神有情等等在佛教中都得到保留,并在其上置了一个无限而全能的法身佛"④。即密教以大日如来为法身,诸如佛、菩萨、明王、金刚等等都是其化身或报身,无疑这与婆罗门教将梵视作诸神之本源的观念相一致,当是在后者启迪下开展出来的说法。具体又如"文殊是舍利弗与梵天的合化,普贤是目犍连与帝释的合化,成为如来(新)的二大协侍。取象湿婆天(在色究竟天),有圆满的毗卢遮那佛。魔王,龙王,夜叉王,紧那罗王等低级天神,都以大菩萨的姿态,出现在大乘经中"⑤。印顺法师的这段话典型地揭露了佛教新偶像的创立之受到的婆罗门教影响。这是由于它们都是根植于同一文化底蕴,而且"印度教徒尽管有部派信条,却持有更广泛的观念,例如一切神祇都是一个本体的不同形式和暂时形态,一切神祇都有其适当位置"⑥。

① 赫尔曼·库尔克、迪特玛尔·罗特蒙特《印度史》第三章,中译本,中国青年出版社 2008 年版,第 141 页。
② Alain Daniélou: *The Myths and Gods of India*, Inner Traditions International, 1991, p. 263.
③ 大村西崖《密教发达志》卷二,第 320 页。
④ N. N. Bhattacharyya: *Buddhism in the History of Indian Ideas*, p. 95.
⑤ 印顺《契理契机之人间佛教》,载《华雨集》四册第 41 页。
⑥ 查尔斯·埃利奥特《印度教与佛教史纲》第一卷,中译本,商务印书馆 1982 年版,第 111 页。

尤可注意的是，"生殖器偶像是全印度崇拜的"①，它成了印度教的特征之一。受此影响，性力成了印度教和佛教在密教中的重合点。在密教"金刚乘中，把智慧比做女性，因为智慧具有静的特性；把方便比做男性，因方便有动的特性，进而把男女性交作为瑜伽表现。这不过是用佛教的智慧与方便的用语，来表现印度教《呾特罗经》中湿婆和性力(Ŝakti)的关系，从根本上来讲二者是没有区别的"②。这些形象在藏密中十分普遍，在汉传密教中也并非绝迹，有关无上瑜珈法的，可能也流行过。"金刚乘除在西藏、尼泊尔，中国和东南亚的部分地区仍然流行"③。如宋代"徐之南山崇胜院，……熙宁中修殿大像腹中得画像，男女相向，衣冠皆唐人也"④。此"男女相向"之画当是男女交合双修的隐雅表述。又如"元成宗建天宁、万寿寺，寺中塑秘密佛，形象丑怪，即所谓演撰秘密法也。传闻大内有一秘殿，内塑喜神，主上大婚，先期入参，虽沿旧俗，亦有深意，然不可闻于世也。演撰儿法，一名大欢喜秘密禅定，故曰喜神"⑤。这些来自于密教的构图，都有着婆罗门教文化的因子。

与此相关，密教比中国佛教其他诸宗有着更多的女性神祇。如"一切如来为利乐故，悉与建立金刚灌顶名字，其名曰乌摩天后，号忿怒金刚火；银色天后，号金刚金色天；沙瑟耻天后，号金刚童女天；梵天后，号金刚寂静；帝释天后，号金刚拳，如是等五，即金刚灌顶明妃。又复飞行

① 查尔斯·埃利奥特《印度教与佛教史纲》第一卷，第38页。
② 《印度佛教史概说》第十三章，中译本，第89页。
③ 高罗佩《中国古代房内考》"附录"，第464页。虽然高氏认为金刚乘曾受中国道教影响，但它"在印度发展出一种对至高女神的特殊崇拜，她被表现为可怕的蓝鬼或红鬼，在她丈夫湿婆的身体上跳舞，湿婆除竖立的阳物外只是一具苍白的尸体(Ŝava)"，见同书第479页。这也说明金刚乘与印度教的密不可分。
④ 陈师道《后山谈丛》卷六，载《全宋笔记》第二编第六册，大象出版社2006年版。
⑤ 于慎行《谷山笔麈》卷一七"释道"条，中华书局1984年版，第200页。

诸母天众,其名曰:甘露母天,号金刚甘露;噜呬尼母天,号金刚光;持杖母天,号金刚火杖;惹多诃哩尼母天,号金刚宝带,如是等四,即金刚灌顶忿怒母天"①等等。这当然是源自于婆罗门教,因为"印度一直保留着把女神作为最高存在之传统"②,于此密教与婆罗门教的偶像形态并无二致。这些形象在中国的藏区之外,也曾有相当的存在,如 20 世纪90 年代初在宁夏贺兰县宏佛塔内发现的文物中有一张佛画,"中间主尊部分绘喜金刚双身像,上部为六尊四臂金刚。"这画和一起发现的木雕女像一样,"具有浓郁的印度尼泊尔艺术风格"③。又如明代有一位西班牙人来华,见到"在福州的庙里有一百多个各种不同的偶像,有的偶像有六只、八只或更多的手臂,另一些有三个脑袋(他们说那是鬼王),再有的是黑色红色和白色,有男有女"④。这些女性神祇往往表现为所谓"忿怒相",从而和观音华化后所显露的清丽慈祥之女身像截然不同,至少反映出婆罗门教神像的间接影响。上述情况证明,仪轨和偶像正是汉传密教占用印度教的主要形式。

三

关于婆罗门教(印度教)与密教关系,如果仅就印度地域而言,的确如吕建福先生所已经总结过那样,已有很多论著"或者认为印度教的神

---

① 施护等译《佛说一切如来真实摄大乘现证三昧大教王经》卷十《降三世曼拏罗广大仪轨分第六之三》。虽然在汉传密教中此类造像比较少见,但在汉文大藏经里有着诸如此类的记载却不少,这也是一种存在。
② Klaus K. Klostermaier: *Hinduism-A Short Introduction*, Bell & Bain Ltd.,2000, p. 77.
③ 参见贺兰县文物局等《宁夏贺兰县宏佛塔清理简报》,载《文物》1991 年第 7 期。
④ 拉达《记大明的中国事情》,载 C. R. 博克舍《十六世纪中国南部行纪》,中译本,中华书局 1990 年版,第 218 页。

祗和性力崇拜组成密教的主要内容,如说密教中的金刚、明王、明妃都能在印度教中找到相应的形象。或者认为吠陀——婆罗门教为密教的主要来源"①等等。而其更深层的原因在于印度的观念认为"通过对自制的非常动作练习能够获得超自然的力量,并用非常规举止来证明存在的虚幻本质。这是一条危险和困难的路,但由此能终止业因的不断轮回,佛教称此为涅槃,印度教称为救度,并在短暂的一生中能够成就"②。问题是,当密教在传入华土或汉化后,其所含之婆罗门教因子会怎样呢?

密教与其中的婆罗门教因子,犹如金狮子之总相与别相,若把传入中土视为缘,必然会"共从一缘起是同相"③,即会共同进行汉化的过程。因此随着佛教的中国化,蕴藏其内的婆罗门教因子也在中国化的过程中,与其原型的形象差距愈来愈大。就汉传密教而言,"汉地密教的发展过程从而也是对印度密教内容扬弃的过程"④,这当然也包括对其中的婆罗门教因子。"如果佛教占用了印度教的形式,那么印度教则吸收了佛教的某些精神"⑤。这种融会的情况也带到了中国,包括汉传密教在内的中国佛教都有反映,如在敦煌、云冈、龙门、大足等等石窟中十分普遍的飞天造像,在印度时就已经有更多共性,在形式上"把佛教中的飞天放到印度教中,或者把印度教的飞天放在佛教中来看,并没有什么本质的区别"⑥。另外一种形式是将一些来自婆罗门教的神祗融

---

① 吕建福《中国密教史》第一章,中国社会科学出版社 1995 年版,第 22 页。
② T. Richard Blurton, *Hindu Art*, The British Museum Press, 1992, p. 30、31.
③ 法藏《华严金师子章》"括六相第八",方立天校释本,中华书局 1983 年版,第114 页。
④ 严耀中《汉传密教》第一章,第 9 页。
⑤ A·L·巴沙姆主编《印度文化史》第八章,中译本,商务印书馆 1999 年版,第144 页。
⑥ 赵声良《飞天艺术——从印度到中国》,江苏美术出版社 2008 年版,第 44 页。

入在密教的神祇群中，但这样一来，婆罗门教因子在中国佛教乃至汉传密教中的形象就更加隐晦了，不过从另外一方面说，它们也成了佛教携带婆罗门教因子的符号。因为如果说"中国人喜欢具象形态中的复杂多样性，连艺术想象也是具象性的"①，所以"中国人常常以自己独有的气质、信仰的需要和衣着注入到塑像和画像中去"②。这对佛像而言如此，对有关婆罗门教的造像更是如此。婆罗门诸神的形象通过佛教或混迹于佛教而得到显示的情况，可以说从南北朝一直延续到明清。如明代开封大相国寺"门下有瑰师画梵王帝释"尚存③。又如唐代画家范琼所画婆罗门教徒入地狱后被菩萨超度的形象《婆叟仙》，后人"评为神品"④。这些形象上符合中国人审美视觉的画像虽然其原型出自于婆罗门教，但此时不仅是由密教而佛教化了，而且也中国化了。这表明在宗教神像上，也体现了外象与内质的一致性。

其实佛教和婆罗门教都一样，皆有着吸收对方的各种内容为己所用之现象。所以中国人对佛教与婆罗门教在印度的状况往往混而言之，如《新唐书》卷二二一《西域天竺国传》云当地：

> 有文字，善步历，学《悉昙章》，妄曰梵天法。书贝多叶以记事。尚浮图法，不杀生饮酒，国中处处指曰佛故迹也。信盟誓，传禁咒，能致龙起云雨。

上述"梵天法"的特征，我们在汉传密教里可谓司空见惯。"对密宗

---

① 中村元《比较思想论》第三章，浙江人民出版社 1987 年版，第 169 页。
② 黄心川《印度、中国佛教造像艺术的发展过程及其特点》，载《东方佛教论》，中国社会科学出版社 2002 年版，第 115 页。
③ 李濂《汴京遗迹志》卷一〇"相国寺"条，中华书局 1999 年版，第 153 页。
④ 郭若虚《图画见闻志》卷二，邓白注释本，四川美术出版社 1986 年版，第 86 页。

仪轨的扬弃标志着现代中国宗教的开始"①,当它们被贴上了佛教的标签后,在中国就理所当然地被认为是佛教的一部分而全盘接受。

因此,如果现在能以一种新的视角来离析包括密教在内的中国佛教中婆罗门教因子。就会对印度文化和宗教有更全面的认识。这无疑对中国古代如何接受外来文化之机能也是会有好处的。

婆罗门教渗透入佛教的仪轨和偶像,其实是非常普遍,仅就在华佛教而言,就已经在相当程度上丰富了它的内涵,增加了它的宗教吸引力。不过这也有一个扬弃的过程,一些难以与中国文化相融合的东西渐渐在中国佛教中消失,这也是本文所要说明的。

载《密教的派别与图像》,中国社会科学出版社 2014 年版

---

① Charles D. Orzech: "Seeing Chen-Yen Buddhism Traditional Scholarship and The Vajrayana in China," *History of Religions*, Vol. 29, No. 2.

从法门寺地宫别解曼荼罗在中土的消失

　　密教自印度传入中土后发生了很大的变化,其中一些成分如大悲咒、十小咒等经咒,千手观音等偶像,以及一些仪轨法器等至今都在中国佛教里占着显眼的地位,然而另外一些成分如曼荼罗等却在南宋以后难觅踪影。是那些因素影响着密教对其自身的扬弃呢?

　　曼荼罗(mandala)是密教的一个核心概念,"曼荼罗以图示佛教之教理,其说明曼荼罗之处,即说明佛教教理之处"①。故其在中国佛教形态中的消衰,是关联到汉传密教,乃至整个中国佛教演变的一个要点。本文从图像的角度对此作一新的探讨。

　　曼荼罗亦音译为曼陀罗或满担罗等,意译为圆台、坛场、祭坛等。后来形成所谓"四曼",即一,表示宇宙全体形相的大曼陀罗;二,表示宇宙中特殊形相的三摩耶曼陀罗;三,表示语言等符号的法曼陀罗;四,表示宇宙运动"作业"的羯摩曼陀罗。这些都是密宗的重要内容,曼荼罗的图像总含着这些意义并成为其表达的主要方式,视觉感受是直观地传达这些意义的重要途径。

　　曼荼罗的概念与坛法很早就传入中土,《大宋僧史略》卷一"立坛得戒"条认为三国时昙柯迦罗"与昙帝於洛阳出僧祇戒心,立大僧羯磨法。东土立坛,此其始也"。这个坛即是曼荼罗。大村西崖认为:自

---

① 　蒋维乔《密教史》,载《密宗教史》,台北大乘文化出版社1979年版,第10页。

东晋始，密教"造坛、烧火、结印、画像诸事相渐备，而次第发达至于兹"。南北朝梁时译出的《牟黎曼陀罗咒经》对曼荼罗在中国的流行关系重要，"后世杂密诸法，两部大法等所作支分次序，盖皆沿袭之而有所变迁增备焉"①。金刚智、善无畏、不空等开元三大士入华之后，曼荼罗更成了密宗宗教形态中的一个主要标识。法门寺地宫中出土的曼荼罗清楚地说明"会昌灭佛"并没有使曼荼罗在密教，乃至汉传佛教中消失。那么为什么两宋以后曼荼罗又在中土佛教的现场中非常罕见了呢②？因此使其消失的主要原因应该在文化方面而不是在政治方面③。这里仅对其中之一的原因，从图像学角度作些解释。

无论从中土遗存的资料，还是从藏密、东密的传承中，我们都明白作为坛城的曼荼罗形象。我们也依此来论定法门寺地宫中的曼荼罗。据悉，法门寺"整个地宫在封闭时被布置为唐密曼荼罗，地宫总体为佛指舍利供养大曼荼罗，佛指舍利为三昧曼荼罗，供奉佛指舍利的诸种法器、供养器及供养法为法曼荼罗，如法供养为羯磨曼荼罗。六大瑜伽、四曼不离、三密相应成就了法门寺地宫唐密曼荼罗"④。地宫中供养佛指舍利的"八重宝盒，层层相套，其内刻有佛、菩萨、天王诸象，其本身就

---

① 分见大村西崖《密教发达志》卷二、卷一，国书刊行会昭和四十七年版，第184、145页。

② 这里主要指的是中原地区的王朝，一些周边王朝如西夏等继续有曼荼罗的存在，出土黑水城西夏佛教文献中就有十二世纪的《星宿曼荼罗》等。参见萨莫秀克《西夏王国的星宿崇拜》，载《敦煌研究》2004年第4期。

③ 关于会昌灭佛并不是造成所谓密宗消失的主要原因，请参见拙文《会昌灭佛后的湖州唐陀罗尼经幢——兼论武宗灭法对佛教的影响》，载《佛学研究》第9期（2000年）。

④ 吴立民、韩金科《法门寺地宫唐密文化述略》，载《法门寺唐文化国际学术讨论会论文集》，陕西人民出版社2000年版。

象征密宗里的曼荼罗坛"①。如此曼荼罗，其实不管是那一种，"其曼荼罗中心，皆大日如来"②，即是以一佛（大日如来）为中心的"一种佛神群居图"③，一个向四方四维依次铺开的佛世界图像。如法门寺"地宫一道五门，供养佛指舍利四枚，而一道四室通彻全坛，表示体现金刚和胎藏二界的大日如来中道一实。四室四舍利，则表示四方四佛，建立两部曼荼罗"④。而大日如来作为法身佛，作为现象界的本体，又体现着无限。简略地说，诸曼荼罗，不管其具体内容如何，都是呈以一个中心点全方位的向四面八方延伸的图像，显示宇宙间万物相互主伴圆具，融会无碍。而这个中心，即是以大日如来为代表的佛法象征，所谓"山河天眼里，世界法身中"⑤，因此曼荼罗也可以说是佛教世界的宇宙结构图。总之，曼荼罗图像除了它的宗教性外，在图像上是开放性的，是全方位的，是相互关联的，是无限延伸的，从法门寺地宫的图像而言，它还是立体性的⑥。

中土的曼荼罗建立，一直延续到北宋初。《佛祖统纪》卷四十四"宋太宗太平兴国七年六月"条云："（诏）光禄卿杨说、兵部员外郎张泊、润文殿直刘素监护天息灾述译经仪式。於东堂面西粉布圣坛（作坛以粉饰，事在藏经），开四门，各一梵僧主之，持秘密咒七日夜"。这段记载虽然比法门寺地宫的曼荼罗稍晚些，其布局则可与地宫的曼荼罗相印证。

---

① 石兴邦《陕西扶风法门寺真身宝塔地宫珍宝的发现及其价值》，载《亚洲文明》集刊第 2 集，安徽教育出版社 1992 年版，第 247 页。

② 蒋维乔《中国佛教史》第十四章，上海古籍出版社 2004 年版，第 184 页。

③ 郭朋《隋唐佛教》下篇第四章，齐鲁书社 1980 年版，第 588 页。

④ 韩金科《法门寺地宫唐密曼荼罗》，法门寺博物馆印行本第 4 页。

⑤ 《王维集》卷四《夏日过青龙寺谒操禅师》，陈铁民校注本，中华书局 1997 年版，第 362、363 页。

⑥ 郭相颖先生认为大足宝顶山造像群是一种曼荼罗，见其《再谈宝顶山摩崖造像是密宗道场及研究断想》，载《大足石刻研究文集（2）》，重庆出版社 1997 年版。此说如成立，那便是最大的立体曼荼罗了。

但就像地宫被封闭一样，此后的文献中就难以找到类似的记载了。

曼荼罗的这种图案配置对当时中国佛教徒们来说并不陌生，因为此前佛教已经带来了类似的景象。佛经中描绘的世界，本就是"以须弥山为中心，其他大地、山河、星球等等都围绕着它而排列。这种说法成为佛家后来的共同说法"①。佐藤智水通过对北魏造像碑的考察后说："浮图、塔、天宫、四面像：北朝后半朝，由于邑义等团体发愿，便大肆兴建起塔形和角柱大像。把各面分成几层，再分别雕刻上尊像，看不出究竟主要供奉的什么佛。更为确切地说，这是对佛教的理解更深刻、更多样化。如同'天宫'这一名称所表示的那样，把对诸佛安坐世界的憧憬具体化、形象化了"②。辽代的一些塔本身就具有曼荼罗的特征，如大宁故城的白塔底层所雕刻的金刚手、妙吉祥、虚空藏等八菩萨与《八大菩萨曼荼罗经》所载完全一致③。

与曼荼罗直接相关的是须弥山图像。这种图像，和佛教的宇宙观是一致的。佛教中，世界的中心是须弥山，上有三十三天，日月围绕于山腰。其外，南阎浮提、东毗提诃、西瞿陀尼、北拘罗州等四洲在山之四方，各在咸水海中。此外有七重山、七重海，层层围绕。曼荼罗的意象与此是一致的，不过后者的空间结构更加立体化。这说明曼荼罗及近似图像都带着较浓厚的天竺佛教色彩。所以有的学者认为"曼荼罗是须弥山顶的图解"④。南北朝隋唐时期此图像也流传到中国，现在敦煌

---

① 吕澂《印度佛学源流略讲》第四讲，上海人民出版社 2002 年版，第 164 页。

② 佐藤智水《北朝造像铭考》，载《日本中青年学者论中国史·六朝隋唐卷》，上海古籍出版社 1995 年版，第 74 页。

③ 参见神尾弐春《辽金塔の特征と其の曼荼罗の性格》，载《东方文化襟考》，第一书房昭和五十七年三月版，第 51 页。

④ Tianshu Zhu《须弥山在中国佛教艺术中的表现意义》，载《敦煌佛教艺术文化国际学术研讨会论文集》，兰州大学出版社 2002 年版。

壁画中多有保存,但"唐以后的大乘佛教文化里,须弥山的概念非常淡化"①,中原地区几乎看不到那种四方以四大部州围绕着以须弥山为中心的图像了,正好也和曼荼罗流行的情况同步。此外,"魏晋南北朝佛塔的基座,往往筑为须弥座形象"②。须弥座是须弥山形的一种象征,虽然唐宋以后以须弥座为基的佛塔还不断的有,但已大不如魏晋南北朝时那般的风光了。

要探索曼荼罗在中土的消失,我们还应该联系到另外一个图景,即寺院的建筑布局在唐宋前后有一个很大的改变。在唐宋之前,"佛寺布局有两种形式,一种以塔为中心,一种中心不建塔,形同宅院"③。前者"以塔为主,其后立大殿,置本尊像,供信徒参拜"④。后者的布置无定局,因为有很多寺院是由住宅改建而成的。如北魏末,"河阴之酷,朝士死者,其家多舍居宅,以施僧尼。京邑第舍,略为寺矣"⑤。但其主流形式,则是以塔为中心的布局。汉时"洛中构白马寺,盛饰佛图,画迹甚妙,为四方式。凡宫塔制度,犹依天竺旧状而重构之"⑥。而"三国至南北朝时代,楼塔为主体的佛寺涌现南北各地"⑦。如北魏著名的洛阳永宁寺塔,其遗址经考古证实此九层高塔基位于寺院的正中⑧。这种以

① Tianshu Zhu《须弥山在中国佛教艺术中的表现意义》。
② 王振复《中国建筑的文化历程》第四章,上海人民出版社 2000 年版,第 111 页。
③ 王伯敏主编《中国美术通史》第四编第一章,山东教育出版社 1987 年版,第二册第 12 页。此书中有关建筑部分都是由萧默先生撰写的。
④ 黄宝瑜《中国佛教建筑》,载《中国佛教史论集(三)》,台北中华文化出版事业委员会 1956 年版,第 886 页。
⑤《魏书》卷一一四《释老志》。
⑥《魏书》卷一一四《释老志》。
⑦ 张弓《汉唐佛寺文化史》上卷"寻兰篇",中国社会科学出版社 1997 年版,第 165 页。
⑧ 参见中国科学院考古研究所洛阳工作队《汉魏洛阳初步勘查》,载《考古》1973 年第 4 期。

塔为中心的佛教建筑构思也是和以须弥山为中心的佛教世界观念相联系的,"在犍陀罗,窣堵波一般都是佛教崇拜的中心"①。同样,在安西榆林窟之三十三窟的《佛教史迹》图中,"画以牛头角山、佛寺为中心,以佛教传说,感应故事,瑞像和圣迹组合成"②。图中我们可以看到象征牛头角山的是一七级浮屠。而牛头角山在古于阗国,古于阗以佛教治国,相传此山中"佛像时烛光明。昔如来曾至此处,为诸天、人略说法要,悬记此地当建国土,敬崇遗法,遵习大乘"③。鉴于"在于阗佛教徒心目中,牛头(角)山就是于阗的灵鹫山"④,故此实际上也是一幅以佛塔为中心的于阗版佛国图。因为塔的宗教意义是因"佛既谢世,香木焚尸。灵骨分碎,大小如粒,击之不坏,焚亦不燋,或有光明神验,胡言谓之'舍利'。弟子收奉,置之宝瓶,竭香花,致敬慕,建宫宇,谓为'塔'。塔亦胡言,犹宗庙也,故世称塔庙"⑤。这里一者说庙以塔为主,二者说塔象征着佛陀,故受信徒敬慕。从而这两者是有很大联系的。因而有的学者认为"作为佛教禅定中心的图像的曼荼罗是从窣堵波的雏形发展而来的"⑥。当然这里所谓禅定中心指的是早期的禅窟,并非后来禅宗的禅寺。因此这等"中心塔型佛寺布局来源于印度的佛教概念"⑦,且有着与曼荼罗一样的宗教意义和图像上的特征,彼此间都依存着一个共同的佛国世界意境。

---

① 穆罕默德·瓦利乌拉·汗《犍陀罗艺术》第二十章,中译本,商务印书馆1997年版,第191、193页。
② 参见张伯元《安西榆林窟》之图33及解说词。四川教育出版社1995年版。
③ 《大唐西域记》卷一二"瞿失旦那国"条。瞿失旦那国即于阗国。
④ 张广达,荣新江《于阗史丛考》,上海书店1993年版,第286页。
⑤ 《魏书》卷一一四《释老志》。
⑥ 赫尔穆特·吴黎熙《佛像解说》"本初佛及五如来",中译本,社会科学文献出版社2003年版,第58页。
⑦ 《中国美术通史》第四编第一章,第二册第12页。

　　几乎与曼荼罗图像流行的同时,即主要是在唐宋之间,还有一种佛教造型艺术的布局也开始流行。如"在龙门石窟唐代洞窟中,各像的位置有相对固定的规律。一般来说,以佛为中心,依次向左右两侧对称展开,由内向外为:弟子、菩萨、天王、力士"①。其与曼荼罗相异之处是在图景上更强调佛世界中的次序与等级,而且它是单面定向展开的。

　　以上这两种佛教造像配置的图案,在唐代的不同区域里同时流行。李凇先生对各地天王像比较后指出,龙门石窟的天王像"罕以四天王的行列同时出现,而是以窟(或龛)的仪卫行列(两位守护神)形式出现。在其他地区(如长安、莫高窟),佛塔的图像或实物常有四天王守卫(如莫高窟北周第428窟后壁壁画金刚宝座塔、陕西耀县隋代石舍利塔、长安香积寺唐代小砖塔等),而龙门石窟有数十座单独刻造的石塔(浮雕或立体实物),却难见到为之守卫的四天王"②。在陕西扶风法门寺地宫出土的唐代鎏金四天王顶银宝函的四面,各有一位天王像③,表明后一种布置与曼荼罗之间的关联。这两种图像配置的同时流行,正说明唐宋之间是一个过渡时期。

　　宗教图像配置的变化不仅仅是佛教自己的事。一方面,"宗教利用艺术让人们接受宗教神学观点,通过图像说明宗教的真理"④。尤其在密教中,"最初正等觉,敷置漫荼罗"⑤,认为一切有关图像均系六大法身之随缘应现,与佛之真身无二无别,视曼荼罗为一切法之真义。另一

---

① 李凇《论唐代龙门石窟净土堂的造像》,载《长安艺术与宗教文明》,中华书局2002年版,第270页。

② 见其《龙门石窟唐代天王造像考察》,载《长安艺术与宗教文明》,第329页。

③ 参见法门寺考古队《扶风法门寺塔唐代地宫发掘简报》,载《文物》1988年第10期。

④ 任继愈《天人之际》,上海文艺出版社1998年版,第141页。

⑤ 《大毗卢遮那成佛神变加持经》卷五《秘密漫荼罗品第十一》。

方面,鉴于社会的统治意识支配着人们的观念,这种观念也会渗透到宗教里面来,尤其是像中国这样由世俗政治在社会中占统治地位的国家,"图式传统的力量,人们对图式的习惯、理解与演变,更能对图像产生直接的影响"①,所以说宗教形式的变化应该与某种社会意识的演变有密切关系。图像配置的演变也是社会意识自然选择的一种长期结果,如果社会意识本身也在变化,那么这两种变化之间也会有所联系。

从社会政治的大背景来说,魏晋南北朝是佛教大量涌入中土的时期,而那时却又是儒家传统意识及皇权都受到强大冲击的时代,于是为佛教种种观念与意识的流行提供了千载难逢的机遇②,也为曼荼罗图像的传入扫清道路。而隋唐时期是中国最强盛的时代,也是一个相对开放的时代。"唐之德大矣!际天所覆,悉臣而属之,薄海内外,无不州县,遂尊天子曰'天可汗'。三王以来,未有以过之"③。因此隋唐人的观念一如三代,如隋唐时的都城建筑,长安城"宫城居北,本孔学南面而治及众星拱辰之思想,其余四纵列象四时,九坊象九逵(抑或取易卦阳九之义),十三坊象一年有闰,都无非东方式文化之表现"④。后来洛阳的宫城与皇城也是在全城的西北角,可见那确是一种观念的产物,虽然当时已经有了以中轴线对称布置建筑物的雏形。可见其主流意识还是来自于汉儒的天人合一观念,也和隋唐两朝"融合胡汉文武为一体"⑤的开放精神相关,"盖建筑活动与民族文化之动向实相牵连,互为因果者也"⑥。于是无论曼荼罗的图像还是寺院的布局都与此甚为合拍,都

---

① 《论唐代龙门石窟净土堂的造像》,载《长安艺术与宗教文明》,第271页。
② 参见拙著《中国宗教与生存哲学》第十二章,学林出版社1991年版。
③ 《新唐书》卷二一九《北狄传赞》。
④ 岑仲勉《隋唐史》上册第九节,中华书局1980年版,第30页。
⑤ 陈寅恪《唐代政治史述论稿》上篇,上海古籍出版社1982年版,第49页。
⑥ 梁思成《中国建筑史》第一章,百花文艺出版社1998年版,第11页。

能体现宗教的威严和一个开放的世俗权威的尊严之间的交织,曼荼罗的盛行自然有了充分的方便。然自唐中期之后①,"一个以广泛世俗地主阶级为基础的宝塔式的皇权政治结构,比前期封建制(有更多的外在经济、社会制约如门阀等级等),要求为整个社会和个体坚实树立起'三纲五常''明人伦之本'的统治秩序,也更为迫切和重要"②。对此进一步的阐释,那就是该秩序是阶梯性的,但又是皇权一竿子到底的,且造就更具内在封闭性的社会结构。而宋明清等朝的国势也更倾向于闭关禁海以自守自尊。这些观念反映到建筑布局上,这里主要说的是官方建筑的布局③,便是以一条中轴线将一个个四方院落串联起来。"若有增设偏院者,则偏院自有前后中轴线,在设计上完全独立,与其侧之正院鲜有图案关系者"④。作为最典型的例子,"明清北京城主要是改建宫城和皇城,突出宫城位置,把五府六部摆到宫城前面,修筑外城以后,中轴线从永定门经正阳门、故宫、景山到钟鼓楼,更加纵深,中轴线两侧大建筑物明显对称,全城拱卫宫城"⑤。紫禁城的这种规划与建筑布局,集中体现着"礼制的秩序与等级"⑥。

与此相呼应,随着佛教观念在两宋以后进一步向儒家靠拢⑦,佛教寺院的建筑风格布置也有所变化。不仅塔的形式变了,"八角形多层塔

---

① 这中间元代是一个例外,因为元代也是一个开放性的帝国。但正是在元代,曼荼罗的图像也曾一度在中土"中兴"。

② 李泽厚《中国古代思想史论》"宋明理学片论",人民出版社 1986 年版,第 231 页。

③ 由于商品经济的发达,唐宋以降的民居格局朝着另外的方向发展,这不在本文讨论的范围之内。但官方建筑反映着社会的统治意识,而宗教形态则最易受到统治意识的影响。

④ 梁思成《中国建筑史》第七章,第 339 页。

⑤ 徐苹芳《论历史文化名城北京的古代城市规划及其保护》,载《文物》2001 年第 1 期。

⑥ 楼庆西《中国古建筑二十讲》之三,三联书店 2001 年版,第 39 页。

⑦ 参见拙文《论"三教"到"三教合一"》,载《历史教学》2002 年第 11 期。

是唐末五代出现的新型塔"①,"到十世纪以后,八角形的佛塔成为标准形式"②,塔在寺院里的中心地位也失去了,往往孤零零地别置一院。而敦煌壁画中的佛寺建筑则更多地与中国传统形式的建筑相接近,"具有中轴线的规整的院落组合"③,两宋以降的寺庙建筑布局无不受此影响。何孝荣先生通过"对《金陵梵刹志》所载各寺院殿堂的统计和归纳,明代南京寺院的标准布局是:在南、北走向的中轴线上,依次有山门或金刚殿(或二者兼有)、天王殿、大雄宝殿、法堂、毗卢阁或藏经殿、方丈;天王殿前,往往左有钟楼,右有鼓楼;天王殿后,大雄宝殿前,往往左有伽兰殿,右有祖师殿,或左有观音殿,右有轮藏殿(或地藏殿);……寺院的后部,有的还有禅堂、律堂;僧人生活区,包括僧院、库司等,则也分列于中轴线上的主体建筑的左右;寺院殿堂以长廊连接,四周封闭。需要指出的是,这个殿堂布局是明代南京佛寺的标准布局"④。这种布置我们今天到处的寺庙中都可以看到,其实如此格局在隋唐五代逐渐发展,至两宋时已趋固定⑤。它体现着平面、次序、单向、纵深、封闭,在图案的空间上和曼荼罗还是很不一样的。曼荼罗由此缺乏时尚的美感吸引力,成了视觉上的另类。

　　综上所述,曼荼罗作为一种图像在中国佛教中的消失,不仅仅是和

① 付熹年《试论唐至明代官式建筑发展的脉络及其与地方传统的关系》,载《文物》1999年第10期。
② 《法苑谈丛》,载《周叔迦佛学论著集》下册,中华书局1991年版,第660页。
③ 《中国美术通史》第五编第三章,第三册第183页。
④ 《明代南京寺院研究》第三章,中国社会科学出版社2000年版,第157页。
⑤ 历来有一种所谓"山居寺"的布局,即佛寺建筑依山势布置。这种布局自两晋以降存在长久,现存的典型如山西悬空寺,这似乎与时代变迁无关。但这种山寺只要稍有平地可处,仍然会反映出时代风格来。如浙江天台国清寺,虽然其山门因山溪流向而不能向南及处于中轴线上,但其内还大体依中轴线展开。此寺虽建于隋代,但大部分建筑为明清乃至现代所建,这些建筑更具备依中轴线单向对称展开的样子。

密宗本身的演变相关，而且是和整个中国的政治文化进程有联系。当意识文化的发展导致整个民族的审美观发生变化时，也会波及到宗教，因为视觉形象的造就，也是宗教在人们心头引起崇高与神秘的途径之一，而视觉造型要达到震撼人心的效果，则必须与时代精神相合拍，是故唐宋之间佛教的很多视觉形态都发生变化，大至建筑格局，小至观音形象由男身转化为女身等等。愚见以为，这也是两宋以后曼荼罗在人们视野中淡出的原因之一。而法门寺地宫中的曼荼罗，正处于时代观念变化的临界点上，于是成了其消失前夕的一抹回光返照。

《上海文博论丛》2005 年第 1 期

佛教典籍中的天帝释世界

在佛教经典里有相当数量的"天神"出现,其中以"天帝释"和"梵天"的现身频率为最高,尤其前者高踞于须弥山上统治着神与人的世界。鉴于以天帝释和梵天为首的天神们基本上都来自于婆罗门教,那么如此的现象说明了什么呢?

一 来自婆罗门教的天帝释

在众多的汉译佛经里,天帝释的名字被屡屡提到。天帝释(Śakradevānādra-Indra,因陀罗),或称帝释天或帝释,是吠陀书中提到的神祇之一,"帝释天是《吠陀》最具威力的神祇之一,统领三十二位天神"①。婆罗门史诗《摩诃婆罗多》称之为"众神之王帝释天"②。在佛教之外的印度文化中,帝释天之地位是崇高的,犹"如须弥山为众山王。犹如众星月为其主。如诸药草火珠光明日为其最。一切禽兽师子为最。一切民庶王为其最。三十三天帝释为最"③。雅利安人很早"将天

---

① 于君方《观音——菩萨中国化的演变》第二章,中译本,商务印书馆 1912 年版,第 55、56 页。
② 《摩诃婆罗多——毗湿摩篇》,黄宝生译本,译林出版社 1999 年版,第 29 页。
③ 鸠摩罗什译《大树紧那罗王所问经》卷二。

帝释与印度洋的干湿季风联系起来,赋予一种神话意义"①,所以天帝
释原系婆罗门教中的武勇之神。又若《一切经音义》卷二十九云:"忉利
天在须弥山顶上,有三十二天子,并朝于帝释,亦名三十三天,即天帝释
所治处也"。即使是和其他民、神同列,也置于首位。如《大般涅槃经法
定题记愿文》中云:

> 天和元年岁在辰巳十二月七日,比丘法定愿造《涅槃经》一部。
> 上为天帝释、四大天王、龙王八部、郡王国主、七世父母、现在所生
> 父母、师僧眷属,不及三途地狱。一切众生,普同此福②。

值得注意的是,在最早的佛陀涅槃图像里有着天帝释的身影,
而在中国的佛教石窟和寺庙壁画里也因此不乏天帝释的形象。如
"克孜尔中心柱龛侧壁画偏重于帝释天";"因陀罗即帝释天,亦即译
提桓因","在这里,因陀罗作为所有最高神灵的代表而出现"③。在
克孜尔石窟的38窟的"涅槃经变图",举哀之众里有帝释和梵天。又
在77号窟甬道外侧的壁画里,中间是交脚弥勒,左右二侧分为帝释天
和梵天。在该地区的大部分石窟中"主室主壁描绘佛陀帝释窟说
法"④。这佛教里的诸天都是来自于婆罗门教,其中梵天还是该教主
神之一。

当然在佛教经典里更多的是把帝释天和梵天二者结合起来。如

---

① 渥德尔《印度佛教史》第一章,中译本,商务印书馆1987年版,第24页。
② 即敦煌文书北1278,池田温先生认为其是疑经,见其《中国古代写本识语集录》
   (东京大学东洋文化研究所1990年版,第135页)。
③ 任平山《论克孜尔石窟中的帝释天》,载《敦煌研究》2009年第5期。
④ 魏正中《区段与组合:龟兹石窟寺院遗址的考古学探索》第二、四章,中译本,上
   海古籍出版社2013年版,第66、91页。

云："所谓现在佛以梵王、帝释身称性而说法也"①。由于梵天是婆罗门教的三大主神之一，如此也有意抬高帝释天的地位。不仅如此，佛教还要把帝释天捧得更高，如在梵文本《维摩诘·方便品》中，对于维摩诘菩萨的"殊胜觉智，一切诸佛都赞扬、称颂、赞叹，一切天帝释、梵王、护世都敬重"②。这里一方面说明了天帝释对菩萨的恭敬，另一方面却是给了天帝释与"诸佛"相提并论的位置。这似乎在预示，帝释天和梵天将与弥勒佛一起存在于佛教的未来世界。"传说：帝释天得须陀洹果，梵王得阿那含果。论学位，并不崇高，但由于领导群神护持佛法，在佛教中逐渐取得重要的地位。梵王和帝释，在佛化的天国中，也成为佛的左右二大护法③。如传说的佛从忉利天下来，他们即侍立左右"④。也就是说佛教是把他俩作为皈依的婆罗门教神祇之首，因为对婆罗门教徒而言，帝释天是"神主"，而"前往帝释天和梵天的世界"⑤是他们奋斗的方向。

这样当然在佛教僧侣乃至一般民众的心目里，天帝释占据了重要的位置。在一份《"大智度论"品廿六東阳王元荣题记》里，也有"敬造《无量寿经》一百部，四十部为毗沙门天王，三十部为帝释天王，三十部为梵释天王。造《摩诃衍》一百卷，三十卷为毗沙门天王，三十卷为帝释天王，三十卷为梵释天王。《内律》一部五十卷，一分为毗沙门天王，一分为帝释天王，一分为梵释天王。《贤愚》一部为毗沙门天王，《观佛三

---

①　《佛祖统纪》卷四四，释道法校注本，上海古籍出版社 2012 年版，第 1041 页。

②　转引自程恭让《"维摩诘经"之"方便品"与人间佛教思想》，载《玄奘佛学研究》第 18 期（2012 年）。

③　也有帝释天和阿修罗天为对的，如庆阳北石窟寺第 156 窟前壁门两侧所呈现，也作为"佛的护法神"。参见张宝玺《北石窟寺第 165 窟帝释天考》，载《敦煌研究》2013 年第 2 期。

④　印顺《文殊与普贤》，载《佛教史地考论》，中华书局 2011 年版，第 156、157 页。

⑤　《摩诃婆罗多——毗湿摩篇》，黄宝生译本，第 432、81 页。

昧》一部为帝释天王,《大云》一部为梵释天王。愿天王等早成佛道"①。
其中"梵释天王"亦可是梵天或帝释天,但这里似乎是指梵天。又"天帝
释取菩萨发,于其天上城东门外立发塔;又持菩萨宝衣,于城南门外立
衣塔"②。这件文书之真实没有疑问,因此即使前件文书有假,其作伪
也是有所依据。即在当时一部分佛教徒中,有着对天帝释等的特殊崇
拜。又据《菩萨处胎经》卷七,在分佛陀舍利时,"帝释即现为人,语王
言:我等诸天亦当有分",俨然为诸天之首。这或许是佛教经典里屡屡
提及帝释天的一个原因。

二 汉译佛经中天帝释的地位构架

这个所谓的地位构架分二个层面,第一层是对着世俗世界的天帝
释;第二层是佛陀麾下的天帝释。

在第一个层面中,帝释天受到佛教徒的崇敬,因为佛教典籍中给了
他除佛国之外最高的地位和最大的权力。在中国佛教典籍的行文中,
似乎有意描勾出一些场景,使帝释犹如天帝或皇帝:"帝释升座,左右各
十六天王,行列而坐。其余诸天,随其高下,依次而坐",而"诸大臣及军
众恭敬诸天得入中座"等等③,因此在《太子须大挈经》中就干脆称之为
"天主帝释"。如此排场,在印度的文献或艺术品中是无法印证的,至少
在现存的遗物里是找不到的。所谓"天帝人王,貌类一种"④,成了最好
的解释。又据《舍利弗问经》,佛陀在涅槃前,"舍利弗白佛言:云何如来

---

① 即敦煌文书伯2134,载《中国古代写本识语集录》第116页。又同书同页所载
  《律藏初分卷十四东阳王元荣题记》的内容也相同。
② 鸠摩罗什译《大智度论》卷三五《释奉钵品第二》。
③ 《法苑珠林》卷三,周叔迦、苏晋仁校注本,中华书局2003年版,第82页。
④ 《法苑珠林》卷四三,第1337页。

告天帝释及四天王云:我不久灭度,汝等各于方土护持我法"①。唐代的道世于此明确地说:"昔如来在世,预以末法嘱累帝释及诸国王"②。这里天帝释等俨然成了佛陀的遗嘱执行人,至少在世俗世界里代表着佛陀最后的意愿。甚至"验修菩萨行者",也由天帝释③。还有"能仁为帝释身度先友人"④的故事,更见二者之间的是二是一。天帝释甚至成了佛法的宣扬者,若"时天帝释往在虚空。以偈告语天下阎浮利人:

去此国土不大远 　 而有一虫名仁良

其有服食此虫肉 　 则得免济一切厄

汝等勿恐莫怀惧 　 睹其虫身恣取肉

终不抱瞋无厌秽 　 斯是神妙好良药⑤。

在佛教经籍中,承认婆罗门教中的神祇关系,把天帝释抬得很高,成为诸神之首。如密教布置曼荼罗时,"于东方五顶之南,当画因陀罗释天之主,坐须弥山,天众围绕,首戴宝冠,身披种种璎珞,持伐折罗,及余眷属"⑥一些佛经干脆称之为"帝释天主"⑦,这和天帝释在婆罗门教里的地位是有差异的。如云:"常见天帝释,一切诸大地,人天大小王,及四护世王,三十三天众,悉皆恭敬礼"。甚至其形象也比其他诸天伟大,如云:"三十三天身长半拘庐舍,帝释身长一拘庐舍"⑧。或者如《长阿含经》卷二十一说"帝释现身,乃有千眼,执金刚杵,头出烟焰"。又如《施灯功德经》说:"或为帝释,得大威力,具足千眼"。而佛教中须弥山

---

① 《法苑珠林》卷三〇引,第942页。

② 《法苑珠林》卷四一,第1351页。

③ 《法苑珠林》卷六四,第1941页。

④ 《经律异相》卷一〇。

⑤ 竺法护译《大宝积经》卷八《密迹金刚力士会第三之一》。

⑥ 一行《大日经疏》卷五《入漫荼罗具缘真言品之余》。

⑦ 如那连提耶舍译《大宝积经》卷七六《转轮王品第二十六之二》。

⑧ 《阿毗达磨大毗婆沙论》卷一三六。

之顶巅竟是"帝释天宫"。另一方面又强调"彼天帝释为自在王,尚恭敬佛。汝等比丘出家学道,亦应如是恭敬于佛"①。在密教经籍《梵天火罗九曜》里,说占星时先要"敬白大梵天王帝释天王"。其实在汉语翻译中采用"帝"或"天帝"之词,说明译者已经认识到了天帝释在佛教世界里的地位。所以在作佛画时,"帝释,须明威福严重之仪"②。如在连云港一座北宋塔砖室内发现的佛牙石函之两侧浮雕上,"各有二小人架扶一顶冠长袍者,一为帝释,一为梵天,帝释和梵天后面是佛的十大弟子,有的仰天长哭,有的俯首哀泣"③。此图表明中国佛教也同样认为在佛陀涅槃时,帝释和梵天的地位比迦叶、阿难等十大弟子重要。

在第二个层面里,天帝释被置于佛教护法的地位。在佛教的初期传说中,帝释天和梵天王都与佛陀关系密切,"出则帝释引前,入则梵王从后"④。此种种故事,在印度是有遗迹来作为印证的。如"宿呵多国。其国佛法亦盛,昔天帝释试菩萨,化作鹰、鸽,割肉贸鸽处"⑤。这些故事给去印度取经的中国僧侣以深刻的印象。如道宣记下佛陀"初成道日,梵王起七宝堂,帝释起七宝座,佛据上七日思惟,放光照树,今宝为石"⑥。而初期佛陀最大的敌人魔王波旬来寻佛闹事,是"状帝释鼓乐弦歌,来诣我所"⑦的。这也反面衬托了天帝释的重要性。

在中国佛教的汉译经典或造像中,天帝释身份同样都很明确,并着重强调他的皈依。如说"昔者天帝释五德离身。自知命尽当下生世间。

---

① 《法苑珠林》卷一九,第615、616页。

② 郭若虚《图画见闻志》卷一"制作楷模"条。

③ 连云港市博物馆《连云港海清寺阿育王塔文物出土记》,载《文物》1981年第7期。

④ 《斋仪抄》(斯343背),载《英藏敦煌社会历史文献释录》第二卷,第157页。

⑤ 《法显传》"宿呵多国"条,章巽校注本,上海古籍出版社1985年版,第35页。

⑥ 道宣《释迦方志》卷下,中华书局1983年版,第67页。

⑦ 项楚《敦煌变文选注》"持世菩萨"条,中华书局2006年版,第760页。

在陶作家受驴胞胎"。他"自念三界之中济人苦厄唯有佛耳。于是奔驰往到佛所。时佛在耆阇崛山石室中,坐禅入普济三昧。天帝见佛稽首作礼伏地,至心三自归命佛法圣众"。这马上使得他"五德还备复为天帝"①。为强调其之皈依,以至有了专门的《天帝释受戒经》、《帝释礼三宝供养经》等叙述其接受佛教的过程。

三 天帝释拥有的时空世界

地位与权力的构架是要在时空才会现示出它的存在,才能被人所感受。因此在佛教典籍中,不仅让天帝释居于须弥山顶,而且给了他一个无与伦比的宫殿:

> 须陀延城中,有忉利天帝参议殿舍,广长各二万里,高四千里。以七宝作:七重栏楯、七重交露、七重行树,周匝围绕二万里。殿舍上有曲箱盖交露楼观,以水精琉璃为盖,黄金为地。殿舍中柱,围四百八十里,门高四千里,以七宝作之。中有天帝释座,广长各四十里,皆以七宝作,座甚柔软,两边各十六座。殿舍北有天帝释后宫,广长四万里。皆以七宝作:七重壁、七重栏楯、七重交露、七重树木,周匝围绕甚姝妙。殿舍东有释园观,名粗坚,广大各四万里。亦以七宝作:七重壁栏楯,交露树木,周匝围绕甚姝好。门高千二百里,广长八百里,门上有曲箱盖交露楼观,下有园观浴池,中有种种树木叶华实,种种飞鸟相和而鸣。粗坚园观中有香树,高七十里,皆生华实,劈者出种种香。有树高二十里三十里至六十里者,最卑者高十三里百二十步。次有璎珞树,高七十里者。有高二十

---

① 法炬与法立共译《法句譬喻经》卷一《无常品》。

三十至六十里,最卑者高十三里百二十步,皆生华实,劈之出种种璎珞。次有衣被树,次有不息树、器树、音乐树,高七十里。有高二十三十至六十里,最卑者高十三里百二十步,皆生华实,劈者出种种衣被、璎珞、不息、器、音乐树。粗坚园观中有两石,一者名贤,二者名贤善,以天金作,石甚姝好。殿舍南有天帝释园观,名乐画,广长各四万里。皆以七宝作:七重壁、栏楯、交露、树木。有门,高千二百里。门上有曲箱盖交露楼观,下有园观浴池。有种种树叶华实。浴池中有飞鸟,相和而鸣。乐画园观中有两石,一者名昼,二者名善昼,广长各二千里,石甚柔软。乐画园观中有香树,次有璎珞树、不息树、音乐树,树高七十里者。有高二十三十至六十里,最卑者高十三里百二十步,皆生华实,劈出种种香、衣被、璎珞、不息、器、音乐。忉利殿东有天帝释园观,名愦乱,广长各四万里,皆以七宝作:七重壁、栏楯、交露树木,周匝围绕。门高千二百里,广八百里,上有曲箱盖交露楼观,下有园观浴池。有种种树叶华实,出种种香。种种飞鸟,相和而鸣。诸树所出生,亦如南方。愦乱园中有方石。忉利天殿舍西有园观,名歌舞,广长各四万里,亦以七宝作:七重壁、栏楯、交露、树木,周匝围绕。门高千二百里,广八百里,上有曲箱盖交露楼观,下有园观浴池。有种种树木叶华实,种种飞鸟相和而鸣。歌舞园中有两石,一者名难陀,二者名和难,广长各二千里,皆以天琉璃作之,甚柔软。愦乱乐画园观中,有浴池名难陀,广长各二千里,周匝围绕七重垣。其池水软美且清。有种种树,周匝围绕。水底沙皆金。以七宝作:七重栏楯、交露、树木,周匝围绕,上有曲箱盖交露楼观,下有园观浴池。中有种种树叶华实,出种种香。种种飞鸟,相和而鸣。难陀浴池中,有青莲华、红莲华、白莲华、黄莲华,大如车轮,其茎如车毂。刺出其汁如乳,其光照三十里,香亦闻四十里。歌舞愦乱园观中,有大树名昼过度,茎围二百八十里,高四千里,枝叶引布二千万里。忉利诸天有宫,广长四十万里。皆以七宝作:七重栏楯、交露、树木,周匝围绕。园观浴池,种种飞鸟相和而鸣,种种树叶华实,出种种香①。

帝释之宫即是天宫,"东汉时期翻译的佛经还见不到天宫一语,但却广泛地存在于西晋及以后的佛经"②,包括上引的《大楼炭经》。还如青州龙兴寺的天宫院被命名原因之一,就因为该院位于"青州城地势最高的地方"③,一如天帝释之宫。张总先生曾列举北魏至唐的数十方佛教造像记里提到"天宫"一词,说明其影响之广泛。

如此广大的宫殿,其实就是神的世界。宫殿之辉煌,是人的世界所不能企及的;范围之广大亦非人所能够直接经验的,是一个必须超越和升华才可达到的境界。以七宝为材料建筑的宫殿当然也是永恒不朽的,而宫殿所在之须弥山则是佛教所认为的世界中心,是佛教徒心目中的"中国"。由此也就衬托出天帝释的至高无上和他统率世界在时空上之广大和长久。鸠摩罗什说过:"天女是居,土宅神随,有宅必有神。宅有精粗,神有优劣。今现八,未曾有室,故以法身菩萨为神,而名为天者,外国贵重神,故名为天也。"④可以说,佛教所承认的天帝释的世界,似乎并不比婆罗门教所给他的小,尤其是要远远超越任何世俗权力所能显示的时空构架。

有趣的是,如士大夫们注意到:"《楼炭经·叨利天品》云:帝释舍采

---

① 法立共法炬译《大楼炭经》卷四《忉利天品第九》。

② 刘昭瑞《考古发现与早期道教研究》第八章,文物出版社 2007 年版,第 310 页。

③ 李森《青州龙兴寺历史与窖藏佛教造像研究》第二章,山东大学出版社 2012 年版,第 83 页。

④ 《维摩疏》卷三(Φ068),载《俄藏敦煌文献》第二册,上海古籍出版社 1993 年版,第 236 页。

女,独将阿须大人游行,则初宠悦意也。《立世阿毗昙论》云:天帝释有
四亿九万四千九百正妃,三十四亿六万四千三百采女,则欢喜园所将采
女。"①天上的内宫当然要比地上的大得多,这当然是和天帝释宫殿
之广大相匹配的。

不过天帝释广袤的时空世界毕竟是佛经中的世界,在佛教一多相即
的观念中,极端的大也可以是极端的小。帝释天宫所在"如须弥山王,高
十六万八千由旬,纵广八万四千由旬。或时有人勤行精进,或幻化力或
禅定力,碎破须弥犹如芥子过诸算数。除佛世尊,一切智者余无能知,如
一芥子为一四天下"②。此即所谓"大雄寥廓,浩汗无边;量等虚空,体
同无极。纳须弥于芥子,拆(坼)大地以微尘"③。须弥天宫之大在这里
就起着反向衬托的作用,以有形衬托形而上,以有限的时空存在衬托无
限的永恒之理,佛法由此也体现了从俗谛向真谛升华的一种形式。

四　透过天帝释世界看佛教与婆罗门教的关系

阿育王作为"佛教国王",早就有"把他的权威建立在具有建筑意义
的图像上",他"就在王室中建立了一个和婆罗门教一样的宇宙秩序,也
就是佛的存在能够解释世界的存在,并且人们把佛教的价值引入王室
的话,这个秩序就和世界本来秩序很相像了"④。佛教当然也乐意把天

---

① 俞正燮《癸巳存稿》卷一三"天帝释夫人"条,商务印书馆1957年版,第
　　412—413页。
② 昙无谶译《悲华经》卷一《转法轮品第一》。
③ 《斋仪》(斯343),载《英藏敦煌社会历史文献释录》第二卷,社会科学文献出版
　　社2003年版,第141页。
④ 缪斯《建立在文书中建筑学研究之上的佛教史论集》I(法兰西远东学院1935年
　　版,第101页),转引自麦克唐纳夫人《松赞干布时代的西藏宗教:作为历史的神
　　话》,载《国外藏学研究译文集》第三辑,西藏人民出版社1987年版,第266页。

帝释的世界也引入到佛经里面。佛教这样做可能出于二方面的考虑。

其一是天帝释的皈依使其从原来宗教里所具有的神圣性转移到佛教里面来。这不仅仅是表现在作为佛陀的护法和追随者,若天帝释对佛陀也是极其恭敬的。如佛陀说法已,"将欲下降。天帝释乃纵神力,建立宝阶,中阶黄金,左水精,右白银"①等等。在《乳光佛经》里,叙述的是"佛世尊适小中风,当须牛乳",当阿难面对恶牛无可奈何时,天帝释却能使牛产乳满钵献给佛陀。又佛陀食麨蜜,"时麨蜜冷,佛腹内风起。帝释即知,应时到阎浮提界上,取药果名呵梨勒,来白佛言:'是果香美可服,最除内风'。佛便食之,风即除去"②。帝释表现得十分殷勤。又如"菩提树垣南门外有大池。周七百余步。清澜澄镜,龙鱼潜宅。婆罗门兄弟承大自在天命之所凿也。次南一池,在昔如来初成正觉,方欲浣濯。天帝释为佛化成。池西有大石,佛浣衣已,方欲曝晒,天帝释自大雪山持来也"③。不过天帝释的地位再重要,其最高位置也是皈依了佛教而成为佛陀之护法,所以这些故事似乎是要证明佛教和婆罗门教之间的一种关系。即天帝释的世界再大,也是从属于佛陀的。若把天帝释和梵天这二位婆罗门教的重要神祇当作其代表,也就影射了佛教与婆罗门教的主从关系。与此同时,佛教也通过天帝释、梵天在婆罗门世界里的神圣性,增强了自身的神圣性。另外,如果把当时印度的情况联系起来看,恐怕是因为天帝释代表的"天神是王族武士的影像"④,因此天神就是代表与佛陀同一种姓的刹帝利,当然是佛教优先的"统战"对象。

更重要的是在佛典中帝释被当作佛或菩萨的化身,如"时天帝释

---

① 《大唐西域记》卷四,芮传明注本,贵州人民出版社 1995 年版,第 254、255 页。

② 支谦译《佛说太子瑞应本起经》卷下。

③ 《大唐西域记》卷八,第 456 页。

④ 金克木《"摩诃婆罗多插话选"序》,载《南亚研究》1984 年第 4 期。

者,弥勒是"①。后来说弥勒"上生兜率陀天宫之中","是三千大千世界之中心"②,显示出两者的联系。又如佛说其前身之世,为"太子者,今我身是。时帝释者,今阿若憍陈如是"。还如《地藏菩萨本愿经》说地藏菩萨也"或现天帝身"等等。这种将天帝释作为佛或菩萨化身的说法当然会给中国僧人留下印象,如隋时僧智脱"未亡之前梦一童子,手执莲华云:天帝释遣来请讲。临终之日又见此相"③。因此帝释天堂之无比辉煌能为后来的净土世界中的极乐佛国之种种美妙和富丽堂皇的范本,可以说也是有着想象上的联系。

其二,佛教的如此安排是因为佛教所要面对的还是一个现实世界,解决这个世界的问题,并不是追求解脱或普度众生所能完全胜任的,还需要一个在俗界有着威权的神灵体系来承担。尤其在当时印度的民众还基本生活在婆罗门文化中,以天帝释等"皈依"于佛陀的婆罗门教神祇为桥梁,是有利于建立与俗界民众之间的联系,特别是那种能消解宗教对立的联系。这个体系要与地上的权力机构相匹配,宫殿后妃之类必不可少,但这些又不宜为佛或菩萨所拥有,因此借重帝释天也可以说是佛教对俗众世界的一种"方便"。

或许是佛经中把帝释抬得太高,婆罗门教在复兴后,却把他晾在一旁,由毗湿奴和湿婆来分庭抗礼,成为主要的教派,这是另话。

五 天帝释世界的中国影响

这里主要说的是佛教教义之外的影响。随着佛教的普及,佛经中

---

① 《法苑珠林》卷四九,第1483页。
② 《太子成道经》(斯548背),载《英藏敦煌社会历史文献释录》第三卷,社会科学文献出版社2003年版,第185页。
③ 《续高僧传》卷九《隋东都内慧日道场释智脱传》。

所带来的天帝释世界首先进入了中国信众的意识。帝释天的名号,不仅仅是在佛经中,在诸如敦煌壁画和变文里也大量出现①,从而到了一般信众或民众也很熟知的程度。他们希望自己"命终之后,承宝胜佛本愿力故,生忉利天,受天快乐"②。忉利天正是帝释天宫殿所在的最上层天,"倾向于用特定数目的类别来分析世界,是中国宇宙论思想的特征之一"③,而三十三天本身的数目也远远超越了中国传统以"九"为最多数的"九天"观念,这就大大扩展了中国的宇宙观。

天帝释在中国佛教里的影响,或许与他在佛教造像中的作用相关。据提云般若所译《佛说大乘造像功德经》卷上说:"尔时帝释遣使往诣夜摩天、兜率陀天、化乐天、他化自在天、及于梵世而告之曰:如来不久下阎浮提,欲有供养愿来至此。复遣使往四天王天、大海龙王揵闼婆、紧那罗、夜叉等众,而谓之言,世尊今欲下阎浮提,可持所有来此供养"。这里天帝释要供养的就是佛陀的像。也就是佛教把造佛像的始作俑者归功于天帝释,即天帝释为佛教提供了一个满足视觉需求的造型世界。但天帝释的这个世界,是以他的宫殿为中心而向四方四维扩展的。如此布局出于印度文化的观念,而与中国皇朝宫殿不同。如果说唐代以前的寺庙也多参照天帝释的模式,一若敦煌壁画中所呈,自两宋以降则是以一条中轴线将一个个四方院落串联起来阶梯形地单向展开的官方

---

① 如据敦煌文物研究所《敦煌莫高窟内容总录》(文物出版社 1982 年版),有 11 个洞窟的壁画上绘有关于帝释天内容的,即第 3、31、225、237、249、294、296、305、401、423、464 窟,时间跨度从西魏到元。实际上还不止此数,若仅在隋代洞窟中"419 窟窟顶西坡,417 窟窟顶西坡"都有"帝释天与帝释天妃"图像(参见贺世哲《敦煌莫高窟隋代石窟与"双弘定慧"》,载《1983 年全国敦煌学术讨论会文集》"石窟艺术编上",甘肃人民出版社 1985 年版,第 35 页)。

② 宗晓《四明尊者教行录》卷一,王坚点校本,上海古籍出版社 2010 年版,第 20 页。

③ 罗伯特·沙夫《走进中国佛教:"宝藏论"解读》第二章,中译本,上海古籍出版社 2009 年版,第 79 页。

传统布局,反映着"礼制的秩序与等级"①。这也从一个侧面说明天帝释时空的影响在减小。

帝释天作为佛经中最重要的外来宗教神祇之一,也感染了中国古代的一些文学作品。"如《卢志长者经》中讲到帝释天化为卢志长者施行教化事,有真、假卢志长者之争,大概是由这个故事的启发创造出真、假美猴王,真、假牛魔王。还可以联想到《水浒传》中的真、假李逵,以至许多小说中写到妖魔化为真人为祟"②。可见帝释天作为来自于婆罗门教的大神,却在中国小说里发挥出了颇大的功用。在这种情况下,往往被作为守护神看待,还如大同文瀛路北魏墓的甬道壁画中,有一眉间也有一眼的三眼神祇。从该神祇卷发大眼,露膊赤足,带项圈耳环的形象看③,应该是来自婆罗门教的帝释天,而被当作守墓神了。此后,"在舍利容器装饰帝释、梵天等礼佛图,大约是从宋代开始"④,说明了在文化影响上的持续。

还需要指出的是,帝释天在藏传佛教里同样也地位重要。据说松赞干布要想让一个湖的湖水干涸,在其地基上造寺,果然如愿,且在"湖迹之上留有宝井一眼,井中藏有帝释天像一尊"⑤。这间接反映了天帝释与佛教在西藏初传的关系。又如五世达赖在其诗中歌颂:"帝释在天庭,统御诸天君"⑥。由此可见,帝释天在汉译佛经中所处之角色,是佛教与婆罗门教神祇帝释天关系的切实反映。

---

① 楼庆西《中国古建筑二十讲》之三,三联书店 2001 年版,第 39 页。
② 孙昌武《佛教与中国文学》第三章,第 287 页。
③ 参见大同市考古研究所《山西大同文瀛路北魏墓葬壁画墓发掘简报》,载《文物》2011 年第 12 期。
④ 冉万里《中国古代舍利瘗埋制度研究》第五章,文物出版社 2013 年版,第 323 页。
⑤ 克珠群佩《西藏佛教史》第一章(该章由史工會撰),宗教文化出版社 2009 年版,第 22 页。
⑥ 五世达赖喇嘛《西藏王臣记》,刘立千译本,民族出版社 2000 年版,第 123 页。

在中国的造型艺术中,帝释天的形象并没有随时间而消亡,只是更中国化些,如"早期佛教艺术中,帝释天多带宝冠,披天衣,以示其天主身份"①,这些衣冠是中国式的。如在山西稷下青龙寺壁画中,帝释天以国君形象被同样穿着中国服色的文武官员众星拱月地围绕着,而在整个构图里,帝释天又处于佛的从属之列②。

又如"用传统形式表现帝释天、帝释天妃只是隋唐以后的事"③,在壁画等造型艺术中,帝释天也完全是中国君王的貌相。这也说明以帝释天为代表的婆罗门教神祇虽随岁月流逝而逐渐淡化,但始终在中土存在和影响着。如据说"晋宋间崇佛",因"天帝释以大宝镜照四大神州,每月一移,察人善恶。正、五、九月照南赡部州,故此三月者,省刑修善"④。也就是说,天帝释的神权亦影响到中国的刑法和习俗,仅此一点对天帝释也不能忽视。虽然它在中国人的心目中还摅不上"上帝"的位置,因为它的地位已经被佛经所框定了。随着天帝释形象在佛教经典里被人们所熟知,他所统治的三十三天和所居之天宫也丰富了中国人对天之想象。《西游记》里玉皇大帝的"天宫",包括作为御花园一部分的蟠桃园,不能说没有天帝释宫殿的投影,至于具体若它对道教玉皇大帝为首的天庭形成的影响,若"通过天界最高主神帝释天就可以将中国传统神话传说中天界的天帝、三皇五帝,以及道教天尊众仙全都纳入其统辖"⑤等,不在本文讨论的范围之内。

---

① 廖旸《释梵诸天杂识》,载《汉藏佛教美术研究》,首都师范大学出版社 2010 年版,第 41 页。
② 参见《山西档案》2013 年第 1 期附刊《龙映神迹》。
③ 李月伯《麦积山、敦煌石窟中的传统神话题材再议》,载《2004 年石窟研究国际学术会议论文集》,上海古籍出版社 2006 年版,第 993 页。
④ 俞正燮《癸巳类稿》卷一四"长月直日解"条,第 524、525 页。
⑤ 殷光明《敦煌壁画艺术与疑伪经》第三章,民族出版社 2006 年版,第 75 页。

不仅如此,佛教典籍里的天帝释及其麾下的诸天,表现的是其与神的关系。这也扩展了过去侧重的天人关系,尤其是人与神关系在很大程度上也是天人关系。从佛教的角度讲,天帝释的世界至少拓宽了对佛国净土的想象空间。因此佛教典籍中对天帝释宗教地位的种种认定,不仅展示了佛教吸收和利用其他宗教神祇的目的和方法,以及佛教和婆罗门教的关系,还揭示了印度宗教文化里的一个立体的空间世界,以及这个空间在不同宗教里的表达,后者同样给中国文化以重大的影响。

载《神圣空间:中古宗教中的空间因素》,
复旦大学出版社 2014 年版

牛神形象中的印度影响

　　牛作为人类最重要的家畜之一,在各种神话传说和造型艺术中得到普遍反映是必然的,但在不同的文化中,牛的神化及其形象则颇有差别。这和它们所属的不同地域文化有很大关系,譬如在中国与印度。但由于中印文化有着二千年以上的交流史,促动了包括牛神形象之传播和交融①。今于此作文试述之,以求证于方家。

一

　　作为农耕的民族,牛在华土先民中具有特殊的地位。在丝绸之路畅通之前,牛及牛神在中国古代人们心中,具有绝对正面的形象。丁山先生甚至认为秦人的图腾是牛,"秦祖大业即水牛"②。此虽是一家之言,但牛作为"太牢",称之为"一元大武",在祭祀制度中有着突出的地位,《礼记·曲礼下》云:"天子以牺牛,诸侯以肥牛,大夫以索牛,士

---

①　姜伯勤《山西介休祆神楼古建筑装饰的图像学考察》(载《文物》1999 年第 1
　　期),指出该楼的"有角牛头"装饰,是本于《波斯古经》里对阿胡拉神第二化身之
　　描绘。这当然也是祆教中牛神形象在中国的一种影响。但愚见以为考虑到此
　　种影响来华之晚和祆教不在汉人中传教等因素,在中国小说与图像里的牛神形
　　象之演变,可以基本不考虑祆教的影响。读者可将本文与姜文作一比较。
②　丁山《中国古代宗教与神话考》,上海文艺出版社 1988 年影印本,第 6 页。

以羊豕。"又"《周官》曰:牛人掌养国之公牛,以待政令。祭祀供享牛、求牛,宾客供积膳牛,军事供犒牛,丧事供奠牛,军旅供兵车之牛"①。同时,古代中国因为视"牛,大畜,祭天尊物也",为此这些牺牛要被"养食之数岁,衣以文绣"②。这些说明牛是中国古代社会生活中最重要的家畜,不过作为祭品虽与神相关而牛自身绝对不是神,仅是表示作为祭品之贵重。于是在中国"古代记载中,便很难找到有关牛类的什么宗教崇拜或神话传说了"③。这或许因为用牛耕地最早也在战国,已经过了神话发生的高峰期,来不及因为牛之重要而将它升华为神并附带上故事。

将牛与"神"相联系最早文献记载见于《水经注·渭水注》引《列异传》,其说秦文公遣人伐大梓树,"树断,化为牛,入水,故秦为立祠"。该祠被称为"怒特祠",怒特就成了牛神之名④,那是魏晋时人追述春秋时发生在华夏西陲的事,且牛也只是半个主角。至于将孔子弟子冉伯牛奉为"牛王"⑤,或许因为他字子耕而与牛耕产生了联想。这当然是民间的一种牵强附会,但也说明在传统的民间崇拜中,牛即使被当作神,也是重在其功能。在这种尊崇中,还有一个现象非常值得注意,就是无

① 引自《初学记》卷二九"牛"部。
② 《史记》卷六三《庄子列传》。
③ 刘敦愿《作为财富象征的牛纹与牛尊》,载《美术考古与古代文明》,人民美术出版社 2007 年版,第 139 页。
④ 《太平御览》卷九〇〇引《玄中记》云:"万岁树精为青牛",又引《嵩高记》云:"山有大松或千岁,其精变为青牛。"这些故事当出自同一渊源,所谓牛神等同于树神。
⑤ 如南宋高文虎《蓼花洲闲录》(载《全宋笔记》第五编,大象出版社 2012 年版)云:"有自中原来者,云北方有牛王庙,画百牛于壁,而牛王居其中间。牛王为何人?乃冉伯牛也。呜呼! 冉伯牛乃为牛王!"这是南宋人听到的敌国传闻,未免讹误,似乎作者也不大相信。这个牛王庙不知是否与作者是临汾所见之元代庙? 见下文注。但当地人说此庙自元始有。

论作为"神牛"还是"牛王",它的形象是单一的,要么是牛形,要么是人形,无奇且不怪。若出现异相,就属非常了,所以牛之形体若有不正,如"五足牛"、"牛足上出背上"之类,就被当作"孽象",称为"牛祸"①。若是"牛生子二首一身,天下将分之象也",而"牛人立而行",则"天下将有兵乱,为祸非止一家"②等等。"豕生人头豕身者,危且乱"③,即把牛和其他家畜一样看待,产生异状即是非常。至于"包牺氏、女娲氏、神农氏、夏后氏,蛇身人面,牛首虎鼻。此有非人之状,而有大圣之德"④,以及"伏羲龙身牛首"⑤等,仅是为了显示圣人们的与众不同,即作为完全正面的圣人与众不同之相。而且关于这种形象的说法出现,已是两汉以后的事情了,恐怕也是因为受到外来影响的缘故,且在文献上也见之寥寥。作为文字上的呼应,最著名的就是出土画像砖上的伏羲、女娲蛇身交尾像。要加以说明的是,海外也有着类似的图像,而

---

① 《汉书》卷二七中之上《五行志中之上》,卷二七下之上《五行志下之上》。

② 《晋书》卷二九《五行志下》。

③ 《晋书》卷二九《五行志下》。与此对照,大足宝顶山 2 号窟主像有猪头人身者捧物和牛头人身者持棍像;北山佛湾 9 号窟有猪头神擂鼓像。它们作为密教造像的出现,可辅证同时代的牛首人身像之来历。

④ 《列子》卷二,载《二十二子》,上海古籍出版社 1985 年版。然《列子》中有所谓"西方圣人",直指佛氏,故学者多以此书为伪书。如钱大昕谓:"列子书晋时始行,恐即晋人依托"(《十驾斋养新录》卷一八"释氏轮回之说"条,上海书店出版社 1983 年版,第 436 页)。又如洪迈《容斋四笔》有"列子与佛经相参"条(《全宋笔记》第五编,大象出版社 2012 年版)。今人陈文波先生亦谓其"颇似魏晋时之出产品"(《伪造列子者之一证》,载《清华学报》第一卷第一期)。如是,则"牛首虎鼻"之圣人形象可能也是受外来影响之结果。

⑤ 引自安居香山、中村璋八《纬书集成》"春秋合诚图",河北人民出版社 1994 年版,第 762 页。更何况在秦汉以降的伏羲外貌叙述中,还有"长头修目"(《拾遗记》),"人头蛇身"(《天中记》)等各种不同说法,而在大量画像石中的伏羲形象,都是人头而非牛首。但这些说法差异本身就说明它们来自传闻,一些中土原本不很熟悉的传闻。

且与印度相关①。《山海经》里把人面蛇身的神视为存在于海外、荒外之神。另一形象出自于据说是南朝梁任昉的《述异记》里,该书云冀州等地的蚩尤神"人身牛蹄,四目六手",故"太原村落间祭蚩尤神,不用牛头",及"冀州有乐名蚩尤戏,其民两两三三,头戴牛角而相抵"等等,也是人牛结合的形象。但《四库提要》说该书"其为后人依托盖无疑义"。即使该书确为任昉所著,这种人兽结合的图像出现,亦在印度宗教传入多年之后,虽然仅是作为一种"异相",似乎也并非是华夏土产②。

两晋以降,还出现了牛神的另一种形象。《太平御览》卷九○○引郭子横《洞冥记》曰:"元封三年,大秦献花蹄牛,高六尺,尾环绕角,生四耳"。又引《玄中记》曰:"大月支及西胡有牛,名曰反牛,今日割取其肉三四斤,明日其肉已复,创即愈也"。传说里动物之变异往往是变为神怪之前奏,注意这些传说都是来自西域。可以说诸如此类的都昭示着牛神新形象出现前后之氛围业已形成。

二

牛在印度社会生活中的重要性,可能比中国更早更甚。在哈拉帕(Harappā)等早期印度河文明遗址中曾出土不少显示神秘信仰的印

---

① 饶宗颐先生说南在印度七塔(Mahābalipuram),"其中神像,有人首蛇身,似伏羲女娲",见其《佛国集》,载《梵学集》,上海古籍出版社1993年版。两者之间可能有所关联。也有学者认为由于伏羲女娲故事与印度《梨俱吠陀》(*Rig Veda*)中提到Yama(就是后来传到中国的阎罗王)和Yami也是兄妹而结合为印度人祖先,故与伏羲女娲故事相同,都有"喜马拉雅属性"。见潭中、耿引曾《印度与中国——两大文明的交往和激荡》第二章,商务印书馆2006年版,第92页。

② 唐初法琳在《破邪论》(载《广弘明集》卷一一)里为破佛生西方之责难,举"庖羲氏蛇身人首,大庭氏人身牛头",直至"元氏魏主,亦生夷狄"来证明他们"虽可生处僻陋,形貌鄙粗,而各御天威"来作答。这也可间接证明如此形象来自边地。

章,上面"有许多动物图形,有些动物为多头的,有些动物则为多体的,有些动物则无疑是神话式的,以至将好几种动物的特性组合成一个单体。牛在这些动物中占据主导地位"①。进入印度次大陆的雅利安人,最初以从事畜牧业为主。对他们来说,所蓄养的动物中以牛最大,牛乳是高尚的食品,牛也就最重要的财产。故"自外首领百姓,总不养畜,唯爱养牛,取乳酪苏也"②。在《吠陀》时代,"表示战争的一个词的来源就是'要牛'",而"牛这个词又是大地的同义语"③。所以"吠陀赞歌屡视牛为圣兽,又有以神事拟于牛者"④。直到现代,"婆罗门种姓的家庭基本上起码要饲养一头乳牛"⑤。或许是由于牛乳作为重要的饮食来源,因而有"奉乳祭"(Pravargya),严禁任意屠宰牛。

主要来自于地中海文化人兽合一的图像(人面兽身或兽头人身)随着一部分雅利安人的东迁,传入印度次大陆,继而成为婆罗门教偶像崇拜中的一个重要组成部分。如是渊源,牛神形象在印度出现颇早,"在西亚的古文明中,绵羊和山羊占主导地位,而在印度河流域,牛则成为其特殊标识"。文献上在印度与此相关的牛的形象最早出现在约作于三千年前的《梨俱吠陀》的"招魂诗"里:"因陀罗(神)啊!请发出负重的牛,将优湿那罗尼的车子运来"⑥。其牛车所载,即是死者之魂,由此牛

---

① A·H·丹尼、B·K·撒帕尔《印度河文明》,载《中亚文明史》第一卷,中译本,中国对外翻译出版公司2002年版,第210、215、216页。
② 慧超《往五天竺国传》,张毅笺释本,中华书局2000年版,第31页。
③ 金克木《梵语文学史》第一编第二章、第三编第七章,江西教育出版社1999年版,第30、285页。
④ 高楠顺次郎、木村泰贤《印度哲学宗教史》"总叙",明治书院昭和廿三年版,第18页。
⑤ 井原徹山《印度教》第八章,大东出版社昭和十八年版,第224页。
⑥ 转引自金克木《"梨俱吠陀"的招魂诗及有关问题》,载《梵佛探》,河北教育出版社1996年版,第220页。

也具有了特殊性。甚至"若因陀罗这样的大神有时也被想象成一头公牛"①,因此"牛和马一样都被视为神圣,《梨俱吠陀》称特尤斯具牡牛之形;《阿闼婆吠陀》直接以因陀罗之名称呼牡牛"等等。"在印度教中,牛的神圣性几乎不可能用动物崇拜来解释","牛其实是吠陀的象征代表"②。所以"在《阿闼婆吠陀》里,我们发现对牛具有神性特征之宣示,就此已将动物本身变成崇拜之对象"③。《夜柔吠陀》中称牛为"不可杀者"(Aghnya),所以婆罗门教教徒是不杀牛,不吃牛肉和不使用牛皮制品的。婆罗门教形成后,牛顺理成章地成为神性的动物,"可敬的法神表现为牡牛形相;侵犯它的人,诸神称之为'牡牛的敌人',所以不应该侵犯法"④。甚至宣称"牛是宇宙的本源,世界的依靠"⑤,牛被完全神化了。因此于是在穆斯林看来,印度教教徒就"变成了'牛的崇拜者'"⑥。这"从贵霜钱币上便可以看出:维马·伽德比塞斯(Vima Kadphises)、迦腻色伽(Kanishka)、胡维什卡(Huvishka)和韦苏特婆(Vāsudeva)的钱币上都有湿婆像或湿婆及其坐骑公牛南迪"⑦。这些流通着的钱币当然会随着商业贸易的展开而使其形象远播,也显示了牛在婆罗门教中地位的官方化。

---

① R. C. Majumdar: *The Vedic Age*, George Allen & Unwin, London, 1957, p. 376.

② 沙尔玛《印度教》,中译本,上海古籍出版社 2008 年版,第 84、86 页。

③ A. B. Keith: *The Religion and Philosophy of the Veda and Upanishads*, Harvard Univ. Press, Cambridge, Massachusetts, 1925, p. 193.

④ 《摩奴法典》第八卷,中译本,商务印书馆 1985 年版,第 169 页。

⑤ 《摩诃婆罗多——毗湿摩篇》,黄宝生译本,译林出版社 1999 年版,第 12 页。

⑥ 阿里·玛扎海里《丝绸之路:中国波斯文化交流史》第一编,耿昇译本,中华书局 1993 年版,第 161 页。

⑦ Б·А·李特文斯基《宗教与宗教运动(二)》,载《中亚文明史》第三卷,第 364 页。

2010 年摄于印度国家博物馆

　　牛在佛教中也有突出的地位,说佛在菩萨时,"或复现于斛领牛相"①,又打过比喻"佛者如牛,弟子犹车"②。在后来的密教里,则有法界、金刚、宝光、莲华、羯磨等所谓"五大牛王"③。又佛经声称:"若杀和上害其父母女人及牛。无数千年在地狱中"④,把杀牛的罪名等同于害出家人的父母女人。而《佛说斋经》提到"牧牛斋"为佛所言三斋之一,

①　《法苑珠林》卷一一引《佛本行经》,中华书局 2003 年版,第 392 页。
②　《经律异相》卷二八,上海古籍出版社 2011 年印本,第 151 页。
③　参见大村西崖《密教发达志》卷三,日本国书刊行会昭和四十七年版,第 530 页。
④　昙无谶译《大般涅槃经》卷一六《梵行品第八之二》。

而佛陀的"三十二相"之一便是"眼如牛王"①,说明佛教和婆罗门教有着同样的倾向。另一个关于佛教对牛头的形象并不忌讳的例子是东晋末高僧法显在拘萨罗国舍卫城时,见到所"刻牛头栴檀作佛像,置佛坐处",且"此像最是众像之始,后人所法者也"②。此虽是由于该香产于牛头山而著名,不过由此"牛头"的形象被中土民众所熟悉的佛教典籍概念化而无坏的印象。在密教中,常用牛粪为构筑坛场的材料之一,且以乳、酪、酥、粪、尿为"牛五种味"。这是因为"西国土俗以牛能耕地,出土万物,故以牛粪为净。梵王帝释及牛,并立神庙以祠之。佛随俗情,故同为净"③。在这方面,佛教保持了婆罗门教的传统。再如云南密教里所崇拜的主神之一大黑天神,往往被塑成"戴牛角冠"的形象。这些与广义的丝绸之路中国境内牛首像的形成应该是有渊源上的联系。这些说明佛教中牛的形象是和其教义一致的。

佛陀时代的宗教支流还有持苦行的所谓"牛狗外道",以持牛戒或狗戒为修行之道。"后世印度教将牛视为毗湿奴(avatāra)的化身之一来礼拜,当渊源于此"④。所以"今印度教庙宇,其前多石雕牛像",即是"所谓'牛鬼'也"⑤。这种被多个印度宗教都着重表现的现象特征,或许也与"以牛代替马是南印度艺术传统的特殊之处"⑥相关。

以上说明在进入中国之际,在整个印度宗教文化中,牛的地位和形

---

① 佛陀耶舍共竺佛念译《佛说长阿含经》卷一。

② 《法显传》"拘萨罗国舍卫城"条,章巽校注本,上海古籍出版社1985年版,第72页。

③ 《法苑珠林》卷六三引《耶舍法师传》,第1870页。

④ 高楠顺次郎、木村泰贤《印度哲学宗教史》第一篇第二章,第121页。

⑤ 徐梵澄《五十奥义书》"译者序",中国社会科学出版社1995年版。此是徐先生以中国人的理解来解释印度教里的图像,一个很有趣的文化现象。

⑥ 迪特·施林洛甫《叙事和图画——欧洲和印度艺术中的情节展现》,刘震、孟瑜译本,兰州大学出版社2013年版,第129页。

象上已有诸教合流之倾向。而它们的一个重要共同点,即是将牛加以神化,且印度在地域上比中国更具有多文化多宗教交差之特性,包括人与动物合体的各种造型之影响。这些也在图像上反映出来,就成了带牛首的人形牛神。由于佛教是将印度文化输入中国的主要载体,所以将牛或牛头雕塑成像应该与佛教的传入有关。上述情况也说明了"在印度教里因为有着很多种对神性的理解,所以对神祇崇拜的形式不拘一格"①。如此当然也有利于印度牛神来华后适应新的文化和新的语境,并在形象上作出一些修改。

三

随着中印宗教文化的交流,印度的牛神形象也传入了中国②。这个形象的最主要特点就是牛首人身,即和以往中国文化中人首或人面＋动物身躯的模式相反,兽头＋人身的造像是比较少见的,且成为地狱故事里的一个主要配角。

汉晋之间出现了一些"牛首人身"像。如从东汉和帝时代起,"牛首人身、鸡首人身像也是在陕北汉画像石中经常出现的神灵",若"神木大保当M18墓门横额为牛首人身、鸡首人身图"③。又如"牛首人身、鸡首人身图像在河西晋墓照墙均有发现。它们不是独立存在,而是依附

① P. S. Shyam:"Orthodox Hinduism or Sanâtana Dharma",载 *Religions of the Empire*,Duckworth,London,1925,p. 34.
② 祆教中有牛首鸟身神,其图像也曾传入中国。如故宫博物院所藏北魏元谧墓石棺线刻纹饰里,就有所谓"牛首凤身"像。参见施安昌《火坛与祭司鸟神》,紫禁城出版社2004年版,第157页。愚见以为这也证明了波斯造型和印度图像是分开来传进中国的,虽然祆教和婆罗门教之间颇有相通处。
③ 李贵龙《石头上的历史:陕北汉画像石考察》,陕西师范大学出版总社有限公司2014年版,第133、137页。

于阙门左右同时出现的"①。这里,第一,这些壁画墓都处于中西交通
的要道上或接近地;第二,它们都是出现在墓室里;第三,似乎是起着墓
室门神的功用,但与当时流行的门神显然有异②。第四,时间上都在丝
绸之路畅通以后;第五,这些像可能是十二生肖像中的一部分,详见下
文。综合这五点,可以认为墓室门楣上出现的牛首人身像已经有了地
下的"神"的身份,而且是作为正面的神。南北朝时的刘义庆《幽明录》
里也提到了"牛头人身",也是与地狱相联系。

从文献上看,出现在一般人眼前的牛头人身形象是西来的③,最早
提到"牛头人"的是西晋时从天竺来的僧人竺叔兰,说其曾昏迷时仿佛
身与一些已亡之人为伍,"值牛头人欲扠之",在向牛头人说明自己是佛
弟子后,"既而还苏"④。

此后图像开始出现在佛教石窟中,无疑会随同佛教通过丝绸之路传

---

① 赵吴城《对河西墓室壁画中"伏羲、女娲"和"牛首人身、鸡首人身"的图像辨析》,
载《考古与文物》2005年第4期。具体图像也可见于戴春阳主编《敦煌佛爷庙
湾西晋画像砖墓》,文物出版社1994年版,第74页。

② 根据朱青生先生的见解,"'门神',是汉代建立的神"。又据朱氏统计,"目前所
见到的将军门神就有38人",基本上都是历史人物。见氏著《将军门神起源研
究》,北京大学出版社1998年版,第135、147页。

③ 在唐代的一些文献中还出现"羊头人身"、"猪头人身"等,分见《太平广记》卷
三〇一"食羊人"条引《纪闻》,卷二八五"东岩寺僧"条引《通幽记》。后者与"胡
僧"相关,更证明此类形象来自域外。与此可作对照的是,在巴黎卢浮宫能见到
泰洛出土的新苏美尔时期多个人首牛身像,其和印度的牛首人身像正好相反,
也说明中土接受的是南亚而非西亚的造像艺术。

④ 《出三藏记集》卷一三《竺叔兰传第八》。成"牛首人身"形的还有一个是来自于
十二生肖像,它们都是生肖动物之首和人的身体相结合,当然也都是西来的。
生肖之像自南北朝起流行于隋唐,是较晚的事。后来其首也都拟人化了,如浙
江临安出土的五代十二生肖都是人首。见《文物》2000年第2期之《浙江临
安五代吴越国康陵发掘简报》。或仅仅以冠饰来区分其动物属性,若辽宁出土
的辽代墓中壁画所示,见韩国祥《朝阳西上台辽墓》,载《文物》2000年第7期。

入中国，以示与印度有关，当然这有个过程。新疆是中印文化的重要交际区，一些考古发掘出来的遗址可以证实。如在克孜尔尕哈第31窟行道券顶所画诸天中"有的乘车，有的持钵，或拿三叉戟坐龙身上"，其中"有的头上绘一牛头"①。而于阗国的"牛头山"是佛陀说法的圣地②，在敦煌的壁画里，牛头山之牛头形象，眼、鼻、耳、嘴等五官齐全，头上则有佛像③。此形象可见于莫高窟第九窟之甬道顶所画。又敦煌莫高窟西魏时开凿的第249窟窟顶画面中，也有作为风神部下的牛头人身。壁画中所绘牛头神的不同貌相，说明当时敦煌壁画对印度传过来的往往兼收并蓄。在库木吐喇石窟第41号洞正壁右侧，画有一牛头。贾应逸先生认为是右手执骷髅，左手仰掌的焰摩天之坐骑④。而在托普鲁克墩2号佛寺发现壁画残块上的大白牛，其"牛背上的造像可能是大自在天（摩醯首罗）"⑤。在丹丹乌里克新发现的壁画中，摩醯首罗天的形象"却是兽头"⑥。不知这个看起来模糊的兽头是否和牛头有关。又如"巩县石窟中尚有肩搭帔帛的牛神王"，而"莫高窟西魏第249窟夜叉群中有牛头夜叉，与巩县石窟牛神王形象相同，虽似乎较巩县晚一二十年"⑦。如

---

① 贾应逸《画壁虹桥——森木塞姆等石窟壁画研究》，载《新疆佛教壁画的历史学研究》，中国人民大学出版社2010年版，第270页。
② 见S.2113A，S.5659等敦煌文书。即使山名来自于山的形状，以牛头状山为佛国圣山，也说明两者的联系。
③ 孙修身《莫高窟佛教史迹故事画介绍（三）》，载《敦煌研究》1982年第2期。
④ 新疆龟兹石窟研究所《库木吐喇石窟内容总录》，文物出版社2008年版，第162页。贾应逸《历史画廊——库木吐喇石窟壁画研究》，载《新疆佛教壁画的历史学研究》，第206页。
⑤ 中国社科院考古所《新疆和田地区策勒县达玛沟佛寺遗址的发掘与研究》，载中国新疆考古文物研究所等编著，《丹丹乌里克遗址——中日共同考察研究报告》，文物出版社2009年版，第326页。
⑥ 屈涛《万神殿——新疆丹丹乌里克2002年新发现的佛寺壁画研究》，载《龟兹学研究》第五辑，新疆大学出版社2012年版。
⑦ 金申《关于神王的探讨》，载《敦煌学辑刊》1995年第1期。

此形象在敦煌被定格了下来,如莫高窟第 150 窟前室北壁有"清画牛头神将一身"①。这种图像给人以"牛王精勤求佛,返受罗刹之身"②的感受,至少意味着和动物神的人像化和人格化之倾向,情趣完全不同。

值得注意的是,牛头人身的牛神形象,从进入以敦煌为起点的汉文化区开始,就更多地和地狱结合在一起了。在密教中后来演变成阎罗王的"焰摩法王"是"以水牛为座"的③,这也是牛之地狱缘的一个表现吧。因此密教造像里多有相关牛神之形。由此,同时在中国开始了"牛鬼"的称呼,在诸地狱变中,它是作为阎罗麾下的将吏,或以具有"牛头人身"的"牛头狱卒"④称之。下地狱者"被牛头来拔舌"是因为他"谤佛谤法"⑤,是演化出来的佛家故事。王梵志诗中"牛头铁叉杈",也是用来阐说佛家的因果报应⑥。然其也具有神的身份,云其为"牛头神"更妥切一些。在《正法念经》所举"饿鬼大数有三十六种"里⑦,有罗刹鬼、阎罗王执仗鬼等,而无牛鬼之名。如龙门敬善寺唐代《杜法力造像》里有"牛头狱卒"之形象⑧,和其在佛教文献中"形似罗刹,尾如铁叉"⑨,

---

① 敦煌文物研究所整理《敦煌莫高窟内容总录》,文物出版社 1982 年版,第 50 页。
② 《佛性观修善法》,载《藏外佛教文献》第九辑,宗教文化出版社 2003 年版,第 21 页。
③ 一行《大日经疏》卷五《入漫荼罗具缘真言品之余》。
④ 《太平广记》卷二八三"师舒礼"条,卷一○四"李虚"条,卷三七九"崔明达"条。
⑤ 《戒忏文等佛事文文集》(斯 543 背),载《英藏敦煌社会历史文献释录》第 3 卷,社会科学文献出版社 2003 年版,第 149 页。
⑥ 《王梵志诗》(斯 1399),载《英藏敦煌社会历史文献释录》第六卷,社会科学文献出版社 2009 年版,第 106 页。
⑦ 《法苑珠林》卷六引,中华书局 2003 年版,第 181—184 页。
⑧ 阎文儒、常青《龙门石窟研究》,书目文献出版社 1995 年版,第 61 页。又据《佛说佛名经》卷二(北敦 02056),"作罪之人,命欲终时,牛头狱卒录其精神",其小吏地位是和图像相呼应的。
⑨ 《佛说佛名经》卷十八,载《藏外佛教文献》第十五辑,中国人民大学出版社 2010 年版,第 250 页。

及"手执兵器,发大恶声,如雷霹雳"①的文字描绘相匹配。而"新疆克
孜尔千佛洞所发现的一件表现地狱受罚的作品,可能制作于5世纪中
期,它表现了十分恐怖的场景:罪人被牛头狱卒驱赶通过烈焰、被压
碎在两座猛撞的山之间、被剑刺死,被猛击入泥浆中"②。大足宝顶山
大佛湾2号石窟主像脚下的鬼怪中有一个形象是"牛头持棍",20号
窟的地狱变中也有牛鬼像③。又如现藏于日本和泉市久保总美术馆
的一幅五代的敦煌卷子《十王经》附图中出现了和蛇在一起的牛头人
身"牛鬼",这至少是最早的相关画作之一。与此呼应的敦煌卷子P.
2003—5中与牛鬼相配的诗为:"二七亡人渡奈河,千群万队涉江波。
引路牛头肩挟棒,催行鬼卒手擎叉。"这也意含着"牛鬼"是和阎罗同
路而来。

密教对牛首神形象之传播起着推波助澜的作用。如在西南,由于
"牛的形象乃是滇文化青铜器中最常见的装饰之一",童恩正先生推
测很可能是和印度宗教里的牛崇拜存在文化交流的结果④。属于滇
传密教(白密)系统的南诏大理国时期云南石钟山剑川石窟第十六窟
的大黑天神像也是"三目三头六臂,头饰牛头冠,作忿怒相"。其牛头
冠与牛头,在形象上已经是很接近了。在该教奉行的《大黑天神道场
仪文》出现的"东方牛头鬼王者"⑤,更是容易和地狱中的"牛鬼"联结
起来。这种形象上的广泛化也使得大约从唐代起,诸如"牛鬼蛇神"、

① 《佛说长寿命经》,载《藏外佛教文献》第十三辑,中国人民出版社2010年版,第
83页。
② 李淞《论中国菩萨图像》,载《长安艺术与宗教文明》,中华书局2002年版,第208
页。据李氏称,该图件之系年是根据张总《初唐阎罗图像及刻经》(载于《唐研
究》第六期)所定。
③ 《大足石刻内容总录》,第184,219页。
④ 童恩正《古代中国南方与印度交通的考古学研究》,载《考古》1999年第4期。
⑤ 载方广锠主编《藏外佛教文献》第六辑,宗教文化出版社1998年版。

"牛头马面"、"牛头阿旁"等成语在社会上流行不息,表现出图像对广义文化的一种作用。还如日本大阪市立美术馆所藏的一幅据说是唐代梁令瓒画的《五星二十八宿神形图卷》中,作为镇星(土星)象征的其牛老人为婆罗门,其形象和手相印符合开元时西天竺婆罗门僧金俱叱撰集的《七曜攘灾诀》所载"土,其神似婆罗门,色黑,头戴牛冠,一手柱杖,一手指前,微似曲腰"①。也符合在密教经典《梵天火罗九曜》中称土宿星"其形如波罗门,牛冠首手持锡杖"。也就是说从印度传来的牛像造型中,不仅与佛教相关,而且很可能与婆罗门教也有联系。类似人牛结合的形象还出现在黑水城出土的《星宿神》画像,图中位于佛像正下方的土星像上是一个牛头(见附图)。这里土星作为一个正面的神祇,但牛头作为帽子状,并非是人身上的牛首,都显示着一种过渡的形象设计。

---

① 单国强《梁令瓒"五星二十八宿神形图"》,载《千年丹青》,北京大学出版社 2010年版,第 85、87 页。

同时，常见于笔记小说中描绘地狱里的"牛头马脑"或"牛头马面"，它们往往与"罗刹夜叉"相伴随①。不过在作于北魏末期的《洛阳伽蓝记》里，虽然在"般若寺"、"菩提寺"等条有相当篇幅述说地狱中情形，却未有"牛鬼"之类形象出现。在唐以前的敦煌壁画里，似乎也是一样的，如在麦积山隋时开凿的5号窟之"中部龛门前有一摩醯首罗天，站在一只卧着的犊牛身上"②，此窟还因此被称为"牛儿堂"。在大足石窟中，建于晚唐的北山第9号龛之"内侧为一神，三头六臂，骑在一牛之上，神左上手举火炬，右上手举镜，中间双手在胸前合十，右下手牵牛缰绳，牛足下有彩云拥护"③。

四

自印度过来的牛神形象在中国没有仅仅停留在宗教层面，而是渗透到更广泛的社会文化领域里。其中最典型的是小说中的牛魔王形象。

在中国最具广泛影响的就是众所周知的《西游记》里牛魔王。关于《西游记》中的一些形象之原型是来自于印度，早已有学者指出，如季羡林《〈西游记〉里面的印度成分》说恶龙斗法、毗沙门天王为托塔李天王之原型等④，胡适《〈西游记〉的沙和尚的来历》指出沙和尚最早形式为多闻天王的化身"深沙大神"⑤，赵国华的《〈西游记〉与〈摩诃婆罗多〉》具体地论证了孙悟空神通与大闹天宫、猪八戒投胎、陈家庄供妖、大鹏

---

① 如见于敦煌文书S. 2614《大目乾连冥间救母变文并图一卷并序》、及明徐应秋《玉芝堂谈荟》卷十四"漫衍角觚"条等。
② 温廷宽《我国北部的几处石窟艺术》，载《文物参考资料》1955年第1期。
③ 《大足石刻内容总录》，四川省社会科学院出版社1985年版，第6页。
④ 文载《中印文化关系史论文集》，三联书店1982年版。
⑤ 文载《胡适古典文学研究论集》，上海古籍出版社1988年版。

金翅鸟与龙蛇等故事情节和《摩诃婆罗多》一书的关系①。这是因为"印度人为最富于玄想之民族,世界之神话故事多起源于天竺"②。但尚未穷尽,具体如关于这些牛的后起形象来自何处,却未曾详细考证,如胡适先生就认为"牛魔王是吴承恩创造的"③。其实牛神的这些另类形象不仅与佛教有关,而且与印度教相关。

前面说过在印度神话里,有着生着牛头形状的牛神,不过它在印度非被视为邪恶。不仅如此,牛头神在印度常常是神话故事里的重要角色。

若在印度教中的神话中:有一个牛魔王玛西刹(Mahisha),它是须摩巴哈(Sumbha)的一个化身。而被有着8或10个执武器之手的女神杜尔迦(Durga,或意译为"难近母")在秣菟罗(今 Uttar Pradesh)所杀。杜尔迦的这个杀牛魔行为被定格为她的十四个化身之一,因而她有了一个牛魔王煞星(the slayer of Mahisha or Mahishamardini)之称④。这在笈多王朝时期出现的梵文文学作品《玛坎德雅往世书》(Markandeya Purana)中"难近母女神同牛魔王玛悉刹(Mahisha)的战斗在这部作品中得到了娓娓动人的描述"⑤。现存印度马摩拉普拉姆石刻中一幅描述该故事的公元7—8世纪浮雕中,那牛头人身之 Mahisha 形象与中土绘画中的牛鬼极其相似。当佛教密教化后,牛神形象亦被借用,如以牛头显身的大威德金刚,由于它是阿弥陀佛的化身,当然也是正面的形象,虽然样子颇显得狰狞。

---

① 文载《印度文学研究集刊》第二辑,上海译文出版社 1986 年版。
② 陈寅恪《西游记玄奘弟子故事之演变》,载《金明馆丛稿二编》,上海古籍出版社 1980 年版。
③ 《跋"四游记"本的"西游记传"》,载《胡适古典文学研究论集》。
④ W. J. Wilkins, *Hindu Gods and Goddesses*, Dover Pubjications, Inc., Mineola, New York, 2003, p. 308.
⑤ 赫尔曼·库尔克·迪特玛尔·罗特蒙特《印度史》第二章,中译本,中国青年出版社 2008 年版,第 109、110 页。

2010 年摄于印度克久拉霍东性庙(公元 11 世纪)

　　这种印度教神祇与牛魔王拼斗的故事不止一个版本。在巴基斯坦白沙瓦正北的穆罕默德扎伊(Mohammad Zai)地方，后来被认为是湿婆(Sive)儿子的室犍陀(Skanda，Sevvel)征服牛神的故事雕像在上世纪八十年代被发现。这个浮雕像约作于公元三、四世纪，雕像表现"室犍陀以他在犍陀罗艺术里最常见的形式被展现着，穿一件领口松弛的盔甲衣，弓斜挎在胸前，右手持一长矛，这个时期长矛是战争中对付敌人的有效武器。在他脚下一个穿着同样铠甲的敌人被长矛钉在地上，敌人手里还持着剑，水牛状的头微微向上抬起"①。后者就是牛魔王的形象。此后这类形象在印度大量涌现，有佛教的，也有印度教的，有全牛

---

① 　克里斯蒂安·卢克安尼斯《国际化的佛教：犍陀罗艺术》，载敦煌研究院资料中心编印《信息与参考》第十一期(2009 年)。

的,更多是牛头人身的,各种姿态都有,其中不少还保留到现在。如在华盛顿弗里尔博物馆所藏的一件公元二世纪佛教浮雕中,就有牛头人身的雕像。

不过在印度,具有人格化人身的"牛魔王"作为牛具有神力的一个例子,并非是一个专门为恶民众的脚色,因为"印度民族不倾向于认为世界主要是善恶之争",故在"印度教没有一个宗派把邪恶势力人格化"①。

在婆罗门教文化中,无论是一般牛神还是所谓"牛魔王",其造像都是人形和牛形的结合。前面说过,此正是华土的神牛或牛神形象之最大的不同。值得注意的是,以牛头和人身的图像配置,而非人头与牛身的结合,表明其并非来自于犍陀罗风格的造型,而是渊源于印度自己的婆罗门文化。正如段成式所记录的唐代人的知识:"牛属梵天,姓梵岚摩,形如牛头,祭如参"②。在克孜尔第69窟的图案中还多有所谓"牛头形龙纹"③。又如在库木吐喇石窟的谷口区第74窟主室正壁"下绘一牛头魔王手持三股叉立一大鼎前,鼎下有火焰"④。如此牛魔王和烧鼎火焰的景象是很容易与《西游记》里的火焰山故事发生联想。

同样在《西游记》里,与其他的妖魔鬼怪相比,"牛魔王"也没有什么大的罪孽,孙悟空曾与牛魔王结为兄弟,而打败它无非是为了取用它夫人的铁扇子来灭火而已。这种小说形象也应该是受到印度"牛魔王"的影响。相反,在陕西蒲城县尧山诸庙中有一个四神庙,庙里四神之一便是牛王,"牛王为姚林,传说其少一只手臂,塑像中的牛王一只袖子也有

---

① 查尔斯·埃利奥特《印度教与佛教史纲》第三篇第十五章,中译本,商务印书馆1982年版,第443页。
② 《酉阳杂俎》前集卷三"贝编"。
③ 参见史晓明《克孜尔石窟第69窟的龙图像》,载《敦煌研究》2012年第4期。
④ 新疆龟兹石窟研究所《库木吐喇石窟内容总录》,第246页。

意塑为空的"①。完全是正面的形象。另一个将牛与火焰联系起来的证据是榆林窟第 35 窟前室天井北侧壁画中"画一面四臂的阎摩天。阎摩天逆发,乘白牛坐火焰中"②。这些绘画艺术品和文学作品里所体现出来的印度影响,致使一位在十五世纪末来到中国的布哈拉商人契达伊认为,中国人中"有的已变成了'佛教徒'(偶像崇拜者),其他人则变成了'牛的崇拜者'(印度教教徒)"③。因此印度牛神形象对华土之影响,有着多种途径。

这种形象在华土的进一步扩展,是到了隋代的长安正月十五做"角抵之戏"时,"人戴兽面,男为女服,倡优杂技,诡状异形"④,也与印度相关。人戴兽面和牛头人身都只有在同一个意识影响下才会被接受。

<h2 style="text-align:center">五</h2>

产生于地域文化背景的信仰导致了牛在神化过程中和形象上的差异,"神性"和"形象变异"是将牛从一般动物中剥离出来的两大要素,也是从图像上表现出印度影响的两大要点。

"艺术品中得到强调的某些特征,有时候比文字对之的表现更有深度"⑤。把这些"特征"合成为一个新的形体,往往是为了宗教信仰之需要,因为这样子一来,它会超越现实中的各种形体而具备奇特的神力,

---

① 秦建明、吕敏《尧山圣母庙与神社》第一章,中华书局 2003 年版,第 10 页。

② 刘永增《敦煌石窟八大菩萨曼荼罗图像(下)》,载《敦煌研究》2009 年第 5 期。

③ 阿里·玛扎海里《丝绸之路:中国波斯文化交流史》,中译本,中华书局 1993 年版,第 161 页。

④ 《隋书》卷六二《柳彧传》。

⑤ 罗伯特·C·蒙克等《宗教意义探索》第二部第五章,四川人民出版社 2011 年版,第 176 页。

或者就成为一个神。

在中国,神、人、动物之间的界限是非常分明的。在印度,由于本体论的影响,认为神、人、动物三者之间有着某种平等,因此"在印度这样的国家里,富有尊重动物的意识是毫不奇怪的"①。在印度的寓言故事中,各种各样的动物,甚至是苍蝇蚊子都出来担当角色,"它们在故事里被描绘得活灵活现,并具有明确的人类性格特征,每个动物角色都代表着一定的人物类型"②。而毗湿奴的化身之一迦尔洁(Kalki)也是马头人身。这种平等和人格化使得人与动物之间形象的结合,成为了一种很自然的事情。

以牛首人身为代表的人兽结合之图像在魏晋之后的渐渐流行,还恐怕与六道轮回说有一定关系,因为畜生和人既然隔世都能互相转化,善待牲口可能就是在善待以往的亲友。婆罗门教和佛教,乃至耆那教都提倡素食主义或与此相关,进一步是和一切众生皆平等的观念相关,动物地位被提高的一个迹象。这或许还和印度人将牛乳作为重要食品的习俗相关,即如《薄伽梵歌》所宣称:"谦卑的圣人凭真正的知识,用平等的眼光看待乳牛、大象、狗和吃狗肉的人,以及博学、温和的婆罗门"③。佛教则更具有平等的理念④,牛与人生命之关

---

① Betty Heimann: *Facets of Indian Thought*, Schocken Books, N. Y. , 1964, p. 156.

② 陈允吉《柳宗元寓言的佛经影响及"黔之驴"故事的渊源和由来》,载《古典文学佛教溯缘十论》,复旦大学出版社 2002 年版,第 210 页。需要指出的是,类似故事在婆罗门教中也比比皆是,而且其中不少是佛经中故事的原本。

③ 《薄伽梵歌》第五章第十八节,嘉娜娃译本,陕西师范大学出版社 2007 年版,第 115 页。

④ 参见严耀中《变化中的不变追求:从世俗佛教到人间佛教的平等理念》,载 *Development and Practice of Humanitarian Buddhism Interdisciplinary Perspectives*, Tzu Chi University Press, 2007.

系就比中国更深了一层。人和它们之间身体部位的结合，并且作为人之"首领"，至少对佛教徒来说就不那么犯忌了，因此牛首人身像之出现在华土是接受印度文化影响的结果。

兽首人身和人首（或人面）兽身虽然只是一个简单的位置对换，但实际上包含着不同的观念。因为"首"系人体最重要，最有代表性的部位，人首与兽首涉及对该形象之分类归属，更深的层面则涉及对人与兽关系的看法。古代中国，尤其是儒家思想牢牢地在社会意识中占统治地位后，人首结合的形体被当作"异象"而遭受否定，有着牛首人身形象的"牛鬼蛇神"最终成了贬义词。若因"地本重农，农本重牛"[①]而被人尊拜的所谓"牛王"，也恢复了毫无牛像完全的人形，一如建于元代的临汾魏村牛王庙所塑之像，与牛鬼脱离了关系。

从以上的叙述中，我们可以看到，在同样是农耕的环境中，同样是对牛作为农业生产中最重要的动物予以尊重[②]，但由于饮食结构和文化差异，遂有了关于牛的观念和图像上之差别。在以人为本的中国仅是把它当作牲畜之首，没有将其与人相提并论，更不用说置于神的地位了。中国牛神的形象是从印度进口的，因此虽然没有将其沦为邪神，但也只能放在地狱里，在佛教故事和后世的文学作品里慢慢发挥着它的社会影响。

载《丝瓷之路》第五辑，商务印书馆 2016 年版，

发表时用繁体字

---

① 见临汾魏村牛王庙内清同治三年吴绍康等所立碑，吴等均系当地"牛王圣会"成员。

② 不过早期雅利安人畜牧和农耕并重，经济结构有所差异，牛乳也因此在饮食中更为重要，或许这就是后来分歧的一个起始点。

在有限与无限之间

——试释达玛沟《千眼坐佛木板画》

如果说以探索精神世界为特色的印度宗教和重视现实关怀的华土思想之间的交流也可以用图像来反映的话,新疆达玛沟出土的《千眼佛画》等木版画是很好的例子,因为它们正是与此相关一系列图像演变中的重要一环,从中显示了观念差异对图像的影响。试释如下:

2006 年考古工作者在达玛沟托普鲁克墩 2 号佛寺遗址出土了一些木板画,从当地出土的一些文书和钱币来看,年代应该在公元 8 世纪或者更早。其中二块木板上所绘的是《千眼佛画》(06CDF2:0028)和《千眼坐佛画》(06CDF2:0027)[①],如图:

在以上无论哪一块木板的画面上,千眼是其主要表现的图像,而如此的图像造型至少是在中国其他地方所未曾见过的。这两幅版画还有一个引人注目的地方,即版上的头像无冠,当是佛像而非菩萨像,一如木板画之题名所示。而且达玛沟的《千眼坐佛木板画》在宗教表达上有着二个大问题。一是众多的"千眼"和佛像之间显得不一致,两者不成一体而分成二物,这里"千眼"并不若后世的造像那样,附属于佛或菩萨之本身,而成为他们的别相。因此难以在直观上显示这些神眼为版上

---

① 引自《丹丹乌里克遗址——中日共同考察研究报告》,文物出版社 2009 年版,彩版七八,两幅版画的题名由该书编者所加。

所画之佛的法力神通之体现,尤其是千眼在画面上所占面积要远远大于佛像,几乎遍布整个木板。若是,则与后来在中土流行的千手千眼观音菩萨不是一个造型系统。此外,在遗址上还同时出土有《千手千眼观音壁画残块》(06CDKF1:001),造型上和前述二块《千眼佛画》显然不

一,而在风格上和华土流行的一般千手千眼观音相一致。这也说明当
地出土的两组版画有着不同的观念表达。

作为后起的宗教,"大多数大乘佛教教义虽然看起来是新的,但都
根源于古代印度观念"①。因此这种画面之形象表现当另有思想观念
之渊源,即亦来自于印度,在那里"用形象语言表达抽象思想,极为常
见"②。而"象征手法之运用,表达了组成佛教诸多因素中的一个部分,
成为了在公元前 3 世纪这一宗教的教义自我形象。它从很早就有了神

---

① 查尔斯·埃利奥特《印度教与佛教史纲》第一篇,中译本,商务印书馆 1982 年
版,第 21 页。
② 金克木《略论印度美学思想》,载《梵佛探》,河北教育出版社 1996 年版,第
144 页。

秘宗教者特征,这特别是在后来北传的大乘佛教和喇嘛教中得到了很大的发展"①。宗教图像是将其教义变为可见的存在,把理念和说教变成形象,故《因陀罗赞》所谓:"彼按本真相,变现种种形;正是此真相,藉以现其身。幻化许多相,接引其信众,犹如马千匹,套在其车上"②。而"在古代印度'眼'的语言远比我们现在丰富",至少在《吠陀》教里"眼及其凝视或扫视的力量被作为仪式和崇拜的一部分"③。故其作为思想渊源,当是千眼所象征的婆罗门文化之观念基础。因此《千眼坐佛木板画》无疑是佛教中的密教在东传初地的象征手法表现之一,虽然在不同木板的画面上,表现的形象也不一致。如此也说明在达玛沟遗址中出土的木板画和壁画上存在着多种风格,这些近似题材的不同类型造型,其背后似乎也有着不同的意识表达。

"作品的产生取决于时代精神和周围的风俗"④,"千眼"是印度文化中被着力强调的形象,对印度人来说"千眼"既是幻象也是实相。可谓图像"在直观中,理念与其映现方式紧密相关,以致两者形同一体"⑤。佛教虽有阿育王太子法益为继母所诬,被抉眼致盲,后以士女大众之泪"洗彼盲眼,眼得复明,明视如昔"的故事⑥,但"千眼"的概念则原出于婆罗门教,据《梨俱吠陀》,遍无不在的宇宙最大的君主婆奴拿(Varuna)"是一千眼神"⑦。又《梨俱吠陀》"人类颂歌"云:"布卢沙有千首,有千眼,有千足","独一神"云:"彼长一千头,千眼又千足,遍漫盖大

① 赫尔穆特・吴黎熙《佛像解说》,中译本,社会科学文献出版社2003年版,第25页。
② 引自巫白慧《"梨俱吠陀"神曲选》,商务印书馆2010年版,第262页。
③ J. Gonda: *Eye and Gaze in the Veda*, North-Holland, Amsterdam, 1969, p.4,5.
④ 丹纳《艺术哲学》第一编第二章,中译本,人民文学出版社1981年版,第32页。
⑤ 黑格尔《宗教哲学》第一部分,中译本,中国社会出版社1999年版,第110页。
⑥ 《大唐西域记》卷三"咀叉始罗国"条。
⑦ 徐梵澄《韦陀教神坛与大乘菩萨道概观》,载《世界宗教研究》1981年第3期。

地,十指又高之,一切独神我,已是和将是"①。而"在印度教的诸多神祇中,代表宇宙的大神多长有千眼,这是洞察一切的象征"②。而"一些最早的印度艺术品是在诸《吠陀》形成之后出现的"③,因此受《吠陀》的影响是自然而然的。其中千手千眼观音最早也是和印度教相关的。"在印度教的密宗中,湿婆以神力(sakri,女性修法伙伴)为'眼'(netra)。眼睛的形状同样也是观音另一种外形的特征,这就是它的千手千眼形象(每个手掌中都有一只圆睁的眼睛),这种形象有时也被与重迭的十一头观音的形象结合为一体或比定为同一种"④。

关于前面提到《梨俱吠陀》中的布卢沙(Puruṣa)神,饶宗颐先生指出:"此神具有千手千眼千足塞乎天地为一切主。此与中国所谓'遍得坤元之"巨灵胡"能造山川出江河'之神话,正复相同。是说晚出,东汉以来始有之。"且认为中国此说是婆罗门思想输入中国的结果⑤。但如此输入的婆罗门文化由于一开始缺乏图像表达而在很长一段历史时期里在华土影响不大,且当时没有符合此意的图像显示,至少是远逊于后来依附于观音身上的那种"千眼"。

"概念图像是心理概念的图像"⑥。由于"千首之天神,遍处是

① 转引自林语堂译本《中国印度之智慧》"印度卷",陕西师范大学出版社 2006 年版,第 23、48 页。
② 段晴《于阗语"对治十五鬼"护身符》,载《敦煌吐鲁番研究》第 11 卷(2008 年)。
③ T. Richard Blurton, *Hindu Art*, The British Museum Press, 1992, p. 25.
④ 石泰安《观音,从男神变女神一例》,载《法国汉学》第二辑,清华大学出版社 1997 年版。他还在一个注释中说:"毗湿奴和嗜血女神(Durga)均有千眼。富楼沙的千头、千眼和千足,都已出现在《梨俱吠陀》(Rgveda)中了,其中便有关于观音的故事"。
⑤ 饶宗颐《安荼论与吴晋间之宇宙观》,载《梵学集》,上海古籍出版社 1993 年版,第 68、75 页。
⑥ 戴维·萨默斯《条件与惯例:论艺术与语言的非类比性》,载《艺术史的语言》,江苏美术出版社 2008 年版,第 189 页。

眼目"①,所以上述《千眼坐佛木板画》中千眼之布局,也接近《奥义书》中"那罗衍拿天"之形象表达。这里千眼等既然"塞乎天地",当然要超越所有的形象框框,包括佛像或菩萨像,其形象表达就要遍布于一切能画之空间,一如该木板画所示,才能满足信众的心理。但这种表达更像是牟宗三先生所说"上帝王国的 symbol,而不是 schema"②,即更多地具有符号(symbol)之象征意义。不过如此抽象的"塞乎天地"图像表达思维,难以使中国人体会吠陀文献中于此之教义。

从意识的渊源上说,关于在向中土传播过程中"千眼"和神祇之结合形式,也在和田地区被发现的于阗语《对治十五鬼护身符》长卷文书则有千眼的另一个样子。据段晴先生译释,这是密教的"护身结界"之一。其中"尊者观自在菩萨","释迦牟尼天佛"等称呼也肯定了它的佛教属性。但文书中还出现了作为婆罗门教神祇因陀罗之绰号的"千眼大天"。由于"'千眼大天'出现在长卷梵语部分",所以说明"至少在这篇长卷护身符成文之际,观音送子的灵验仍需要印度传统大神因陀罗的辅佐。而此时此刻,观音并没有获得千眼的称谓。千眼的形象仍旧属于因陀罗。至少在此阶段,可以明显观察到观音与因陀罗交织出现,或许正是这种交织,促成了观音各种形象的诞生、丰满,而印度教神祇的成分则逐渐褪去"③。这些资料也说明当时和田地区的造型艺术,受到了各种思想观念的影响,虽然它们产生的影响程度不一。

以上得知,佛教里"千眼"的概念来自于婆罗门教,但成为中国佛教里所常见的千手千眼观音,应当有一个演变和结合的过程。如果说达玛沟托普鲁克墩 2 号佛寺遗址出土的《千眼坐佛木板画》是其中的一种

---

① 《摩诃那罗衍那奥义书》,载《五十奥义书》,中译本,中国社会科学出版社 1995 年版,第 327 页。

② 牟宗三《中国哲学十九讲》之十六,上海古籍出版社 1997 年版,第 342 页。

③ 段晴《于阗语"对治十五鬼护身符"》,载《敦煌吐鲁番研究》第 11 卷(2008 年)。

早期形态的话,那么约成于公元十一世纪的孟加拉细密画《八千颂般若波罗密多经》插图①中遍身是眼的太子体现了另一种佛家密教的造型风格,这种形象无疑受到更多婆罗门教观念的影响,因为手中或身上的千眼"图案在印度教中非常著名"②。

此画和《千眼坐佛木板画》的一个共同点是以"周遍"来表示"无限",也进一步表明了后者在观念上的印度渊源,当然这些画像也是玉门关以东的地方所见不到的。

而在中土流行的"千眼",除了在演变的过程中佛教色彩自然越来越加强外,其视觉形象也更趋于线条化和明确化,或者说更加具象化。而可被视为形象过渡的是宁夏贺览县宏佛塔出土的千手千眼观音图。

---

① 转引自王镛《印度细密画》,中国青年出版社 2007 年版。
② 石泰安《观音,从男神变女神一例》,载《法国汉学》第二辑,清华大学出版社 1997 年版。

"图中观音头部缺损,化佛仍在,可见无数只手,手势自然多变,手印各异,每只手心绘一只眼睛,外围有红色的火焰光圈"①。值得注意的是,该图中带有眼睛之千手也几乎"遍处"在图的整个空间,这些带眼睛之手与观音身体难以进行线条上的联系,更不能在手与身体之间明示或暗示手臂的存在,因此该图与达玛沟《千眼坐佛木板画》在意念表达的思维上有相似之处。不过其眼与手的一一对应的构图,已经体现出有限空间内的一种规律性,符合华土思维的一般习惯。值得注意的是,今天人们以文字介绍"千眼坐佛"命名该木版画时,也遵循了一个思维习惯,即以"千"数来等同于"周遍"或"无限"。前者是文献上的数字表达,后者是图像的视觉表达,不过这样的思维联系也是来自于印度。

出现如此构图的木板画,或许是由于表达意念的这种图像结构只有在绘画中比较容易表现,尤其是所要表达具有无限性的意念时,更难以在雕塑等其他艺术形式中充分显示它的符号(symbol)意义,所以达玛沟出土的那二块木板画已经可以说是一种极致的表达了。

当图像所要表达的意思是相对有限和规则时,即使之直观的具象化时,其造型可以不局限于绘画,形式能够更多样化。当然这也应该有个过渡,如成于唐代的莫高窟第54窟北壁,第361窟东壁等均绘有"千手千钵文殊菩萨像"。尽管眼手对应已经在走向规则化,但还更多地保留一些对引起无限念想的表示。在这些图像上在以文殊菩萨为中心的光圈里,带钵的千手与文殊身体也难以进行线条上的具体联系,一如上述大足宝顶山大佛湾8号窟的千手千眼观音造像。

不过这些较抽象表达没有若后来流行的普及型千手千眼观世音菩

---

① 陈育宁、汤晓芳《西夏艺术史》第二章,上海三联书店1910年版,第96页。作者接着还认为此图与四川大足宝顶山大佛湾8号窟千手千眼观音造像相似,"作观音的左、右、上三方呈放射状的千手,各种手势如孔雀开屏"。

萨像直观,由于立体的造像更具有神秘和威严的宗教感染力,也由于当时达玛沟所在区域已纳入唐帝国版图和汉文化影响圈,所以由此地经河西走廊进入内地的"千眼"之形象表现,以有限来表达无限的"象数"观更容易被接受①,更容易化作实在的心理形象。故盛唐以后流行的千手千眼观音像一般都是直观的形象表现,将眼、手和佛身连为一体。并赋有限的"数"以无限的象征之义,尤其是苏嚩罗将《千手眼观自在菩萨秘密法经》汉译后,所谓"四十手法",即以四十条掌中带眼的手臂来表示"千"数,便流行开来。因为如此形象表达既有手眼多之特征,又塑造相对简便,且"四十"之数也能形成视觉上的"多",所以成了华土千手千眼观音的主要形相。

最后还要说明的是,这两块木版画作为印度宗教文化糅合的一种表现,在当地出土并非偶然。在与这两块千眼佛画出土遗址相邻的地方也发现了一些画像木板,其中一块编号为"D. VII. 6 的正面绘着一个婆罗门教的湿婆形象,三头、四臂、骑双牛"②。

2002 年,也是在丹丹乌里克遗址发掘中,见到另一些与婆罗门教有关的图像,如有一"形象为童子相,三头四臂,手托日、月并持一鸟,座前有一孔雀回首翘望,此与经论所记鸠摩罗天,亦即散脂修摩形象一致,可以确认"③。这些可以证明,"在丹丹乌里克出现的一些与印度神

---

① T. 格里菲斯. 福科和罗伯特. H. 沙夫认为中国佛画像里"'象'的语源学及其在《易经》、《道德经》中的用法,表明了它在古代中国与现实的图式摹本相联系的神秘意义和创造力",见《论中世纪中国禅师肖像的仪式功能》,载《中国禅学》第五卷,中国社会科学出版社 2010 年版。这里的"现实的图式摹本"是指中古时期的佛教祖师肖像画。而在《易经》、《道德经》中的象数正是以有限表达无限。
② 引文与图见《丹丹乌里克遗址——中日共同考察研究报告》第一章,第 38 页。
③ 新疆文物考古研究所《2002 年丹丹乌里克遗址佛寺清理简报》,载《新疆文物》2005 年第 3 期。文中还提到一些多首多臂或兽头人身的图像,可能也与婆罗门教有关。

话有关的神还是保留着基本的图像传统"①。

图见斯坦因著,巫新华译《古代和田——中国新疆考古发掘的详细报告》
第二卷,山东人民出版社 2009 年 7 月版,第 60 页。

　　另外在喀拉和卓遗址的"一幢建筑物里,一幅壁画上画着印度人崇
拜的凶神恶煞的马哈卡拉神,四只手,猪嘴脸,高据在他制服的众仇敌

---

① 李翎《"八天神"图像之误读》,载《佛教与图像论稿》,文物出版社 2011 年版,第
44 页。

的尸体之上"①。由于"有许多佛教徒也崇拜印度教和中国的神祇,这一点却不同于基督教和伊斯兰教"②,因此在当时的丹丹乌里克佛教和婆罗门教之间有着观念乃至图像的交错完全是有可能的,而这种交错给新的图像变化提供了机遇。我曾在拙文《丝绸之路新疆段中的婆罗门文化》中认为:"丝绸之路作为中古时期中西文化交流之要道,也是外来宗教进入中国的必经之路。除了大宗的佛教外,摩尼教、祆教、景教、伊斯兰教等都曾以此为宗教传播之通道",而"婆罗门教和婆罗门文化也曾沿此来到过中国,并在丝绸之路新疆段有着若干痕迹"③。由于这种痕迹是通过佛画的图像形式演变而曲折地表现出来,所以也印证了村田靖子女士所说:"中央亚细亚地区很早以来即是诸民族的往来之地,在佛像的样式上足以看出诸种文化的反映"④。由此可见,丝绸之路沿途有着那么多的石窟和庙宇佛像,不仅有助于佛教作为"像教"进入华土,而且通过图像的演变符合中国人的思维模式而进一步中国化,更明确地用有限之数来表达无限,在达玛沟发现的《千眼坐佛画》等木版画佐证了这样的一个中间环节。

补记:有一张类似的"眼睛图",见于巴黎吉美博物馆,并收于伯希和文书(p.4514.14r),是国家博物馆李翎研究员提供给我的。附于文末。此图的画面结构和达玛沟的木版画一致,眼睛密布于中心像之内外,没有框限。此像之绘画风格,据李先生说,系属中唐。如是,则其传

---

① 费·阿·奥勃鲁切夫《荒漠寻宝》,中译本,新疆人民出版社 2010 年版,第 91 页。

② 查尔斯·埃利奥特《印度教与佛教史纲》第一篇,第 63 页。

③ 该文为 2009 年 8 月 13—23 日由新疆龟兹研究院在库车主办召开的《汉唐文明下的龟兹文化学术研讨会》之会议论文。

④ 村田靖子《佛像的系谱》第五章,中译本,上海辞书出版社 2002 年版,第 97 页。

入中土又多了一个中间环节。

载《文物》2014 年第 2 期

从印度到中国的四臂像

图像既是直观的,也是象征的,后者在宗教和文化传播中意义尤为重要,因为它可蕴含更多神性,包括能说的和不能说的,也可作为一种文化传递和融合的符号。为此可以从印度到中国流传的四臂神像予以说明。

一

当神被人格化后,如何在其造像上同时表现出他的人格和神性成了宗教偶像崇拜中的一个重要课题,更何况"在印度,艺术总是为了图解婆罗门教的宗教生活","每一样东西做出来,要么是为宗教所用,要么具有某种宗教意义"①。所以一般采取的办法是人体的基础上进行"变形"和"添加"两种手段来加以解决。而多臂多首则是二者之结合,即通过添加来产生变形。所以如果说一般的人形象还很难辨认出它是否具有神性的话,那么具有四臂的像就能肯定它是存在于宗教或神话里的神了。而且"四臂"是最简单的添加和最初步的变形,也可以说此是造像表现出神性化的起点之一。

既然附加了的两臂成了神化的标志,形成的四臂必然被赋有神性

---

① G. C. M. Birdwood: *The Arts of India*, British Book Co., Jersey, 1986, p.1,2.

的意义,虽然在不同的宗教或神话中其附带的意义也有着各自的特殊性,但有着神性却是一致的,可以说现存的所有四臂像乃至多臂像都能够说明这一点。

很明显,四臂像在印度的出现要远比中国早,中国的四臂像是从印度进口、仿造和演变的。印度塑造四臂神像之思想渊源表现于《吠陀》时代,那时"人们期望着充实的生活。他们祈求神祇允许用异于人类的肢体使他们长命百岁"①。这就很容易联想出具有四臂或多臂的神祇形象来作为崇拜的偶像。故尔"特别长的手臂,在印度教里早就当作出身高贵的标志,这和波斯是一样的"②。四臂像具有神性表现的依籍之一在于被历史所积淀的潜意识。就"四臂"的概念而言,臂是力量藉以使用的直观形象,那么四这个数字和传统思维有关联吗?

探其发生之本源,对于若"四"这样简单的数字本身而言,世界上任何一个早期社会来说,掌握它都很重要,但在印度文化里尤为突出。"在印度的玄学和数学中对于数字,无论其表示具物还是抽象,都认知悠久,为此教育民众通晓于此"③。于是当事物与数字相联系时,在印度人的心目中会显得格外重要。在人类早期所掌握的那些数字里,"四"作为一个数字在上古被重要起来的根由之一是以人定居后产生的一种意识。当以人所居住之村寨、城堡建立起来后,方向的指示就显得越来越重要。在纪元前的印度,这种情况非常明显,如当时城市里"四条大道把城门和市中心连了起来,把城市分为四个区域"。著名的桑奇大塔"四边有着四个布满雕像装饰的门"。寺院也是如此,"印度的寺庙

① Vishwanath Prasad Varma: *Early Buddhism and its Origins*, Munshiram Manoharlal, New Delhi, 1973, p. 115.
② A. Grunwedel: *Buddhist Art in India*, A. M. Kelle, New York, 1965, p. 162. 该书 1901 年初版。
③ Philip Rawson: *The Art of Tantra*, Thames and Huolson, London, 1973, p. 27.

被设计成和民居一样,由一个个四方院子排列组合成四边方方的区域"①。所以"四方"的概念不仅是定居点之间交通往来之必须,而且以人为中心向四方的不断延伸必然会导致无限的观念,而对无限的向往是萌生宗教哲学的根源之一。古代印度往往以四边方形作为基本元素"地"的代表形象,由此也给"四"这个数带来了神化的基因。"按吠陀神话,大神婆楼那创设了方位(和时间),方位是神的外在表现,但与神同质同体,和神一样"②。又如在《阿闼婆吠陀》的神曲中颂道:"带着吉祥的劲风吹向天空四方,使你如意",而"伴随着这风,四位女神分向空间"③。由此也标志着"四"这个数进入了与宗教相关的领域。

而四臂之具有神性还在于"产生三首四臂的形象源自于复杂的次序观念,融合着对'四'在形成单个图像中的作用的崇拜"④。所以把"四臂用来指示不同的空间方向,而多面则是为着表明经典里据信神所具有的支配力"⑤。这首先是在印度"'四'这个数字以非常多的形式与'三'相结合,使内容随之改变。陪伴着'三'的第四个实体并非偶见,会产生异常深刻的印象"⑥。所以"四"也是古代印度最常用的一个数字,如《吠陀》里唯一提到的游戏是赛车,虽不知这个游戏的细节,"但至少提到一种形式,即为此赌钱投下的数目,必须是四的倍数"⑦。佛教也

① R. C. Majumdar: *The Age of Imperial Unity*, Bharatiya Vidya Bhavan, Bombar, 1953, p.484,490,502.
② 乔荼波陀《圣教论》,巫白慧译释本,译者释言,商务印书馆 1999 年版,第 87 页。
③ Maurice Bloomfield 所译: *Hymns of the Atharva-Veda*, Motilal Banarsidass, Delhi, 1964, p.14.
④ T. S. Maxwell: *The Gods of Asia*, Oxford Univ. Press, Delhi, 1997, p.13.
⑤ T. S. Maxwell: *The Gods of Asia*, p.13,14.
⑥ J. Gonda: *Triads in the Veda*, North-Holland, Amsterdam, 1976, p.119.
⑦ E. J. Rapson: *Cambridge History of India*, Vol. I, Cambridge, London, 1935, p.102.

常以四方来合成一个世界，如"当佛陀降临人世间，即刻注视了世界的东面、西面、北面和南面"。又如巴利文的佛教经籍中所描述的八个主要地狱，"每个地狱都有四个角和四扇门，由此划分成四个相等的部分"①。等等。而密教的曼荼罗在作为代表世界或宇宙的符号时，四边和四角的配搭则成了曼荼罗图像的基本结构。如在"湿婆教派传统里，湿婆处于中心的主祭坛，四个外围祭坛分处于由柱脚支撑的大平台之四个角落，东南坛为加内塞(Ganesa)，西南为苏利亚(Surya)，西北是毗湿奴(Vishnu)，东北系杜尔伽(Durga)"②，已经明显有着曼陀罗的雏形。无论是关于婆罗门教的还是关于佛教的，因为这意味着四从一个基于方位的数字进入到宗教与神话的世界，从而为"四"进一步和神通相结合张本，这情况符合"古代印度艺术总是宗教的"③。

其次因为"四臂乃至愈来愈多的手臂带来了更多超常神力的表示"，即"多臂能展示多种武器和象征物，以及表示力量与显示各种神性的姿态。武器威胁着死亡，姿态象征维护生命促进昌盛，从而为神的力量之多重性提供证明"④。如《商枳罗奥义书》说大梵"神主四手臂，肢体西充乐"⑤。此后臂数就成了表示某种神力的标志符号，而四臂是其基础。

有意思的是，基思教授指出在《梨俱吠陀》里提到的那些作为人类敌人的恶魔，即使"当它们以人的形象出现时，也作了可怕的改变，诸如

---

① J. R. Haldar：*Early Buddhist Mythology*，Manohar，New Delhi，1977，p. 175，51.

② K. V. Soundara Rajan：*Glimpses of Indian Culture—Architecture, Art and Religion*，Sundeep Prakashan，Delhi，1981，p. 41.

③ A. Grunwedel：*Buddhist Art in India*，p. 1.

④ Heinrich Zimmer：*The Art of Indian Asia*，Bollingen Foundation Inc.，New York，1955，p. 28.

⑤ 载《五十奥义书》，徐梵澄译本，中国社会科学出版社1995年版，第902、903页。

有二张嘴、三个头、四个眼睛、五只脚等,脚生在背后且没有指头,或者头上长角和熊一样的脖子"①,但没有提到是否有多臂。看来具有显示力量的手臂数量是属于一种正面的形象,属于神而不属于魔,因为这种造型最有利于在保持基本人形的同时又表现出神性来,也最能够在展现神的亲和力之同时突出其威慑力。

<h2 style="text-align:center">二</h2>

"四臂像见诸于印度史诗的叙述中,预示着湿婆等四臂像在印度教万神殿里出现"②。现存的印度神像可以证实上述判断,如梵天"有四个头和四个手臂,头上有冠及饰物"③。后期婆罗门教主神湿婆和毗湿奴的基本形象都呈现四臂。如"带着飘带旋转舞蹈的湿婆四臂塑像有着明显的重大含义,所以必然成为非常熟悉的崇拜偶像"④。如在高哈蒂(Gauhāti)博物馆里的一座三眼湿婆像就是有着四个手臂的。又如出土在阿萨姆的"坦兹帕(Tezpur)遗址,四臂的湿婆拥抱着乌玛(Umā)"⑤。而"在库马拉斯瓦米(Coomaraswamy)引人瞩目的雕像是

---

① A. B. Keith: *The Religion and Philosophy of the Veda and Upanishads*, Harvard Univ. Press, Cambridge, Massachusetts, 1925, p. 237.

② R. Mukerjee: *The Flowering of Indian Art*, Asia Publishing House, New York, 1964, p. 37.

③ G. C. M. Birdwood: *The Arts of India*, British Book Co., Jersey, 1986, p. 55.

④ Ananda K. Coomaraswamy: *The Arts and Crafts of India & Ceylon*, T. N. Foulis, London, 1913, p. 17.

⑤ P. C. Choudhury: *The History of Civilization of the People of Assam to the Twelfth Century A. D.*, Dept. of Historical and Antiquarian Studies, Gauhati, 1959, p. 493.

一座作于公元二至三世纪的四臂湿婆站像,旁边还雕着生殖器的象征
物"①。在贵霜王朝发行的钱币中,有"双臂和四臂的湿婆像,通常手执
三叉戟",还"发现一种多面湿婆的贵霜钱币。湿婆有三个头和四个臂,
分别手执水瓶、雷电、三叉戟和棍棒"②。还如"四臂是毗湿奴像的基
础,在四个固定的位置上以四个不同物件组合出二十四种变化",而且
这"固定化的毗湿奴四臂像确切地讲并非是作为一个勇士的形象,而是
包含着一个从毁灭到再创造周而复始的甚深哲学理念"③。毗湿奴"的
四个手臂常用来象征太阳的光芒",如在图派涅(Deopānī)出土的四臂
像④,这些都体现着"婆苏提婆—毗湿奴法身之四的原则"⑤。自古以
来,毗湿奴的这个"有着成千种名号的四臂神像——在他的庙里其他神
祇常常被作为装饰陪衬着——依然是印度次大陆最深深地受到广泛尊
重之毗湿奴像"⑥。所以"在传统崇拜到达形成期的结束时,毗湿奴像
就采用了四臂(sthānaka)为标准"⑦。

以毗湿奴、湿婆等婆罗门教主神为楷模,越来越多的婆罗门教神祇
都具有四臂像。如有着四臂的"舞蹈加内塞"(Dancing-Ganesa)⑧。另

① R. C. Majumdar: *The Age of Imperial Unity*, p. 461.
② N. C. Ghosh: "The Impact of Indian Tradition on the Coins of Alien Rulers of India," *India's Contribution to World Thought and Culture*, Vivekananda Rock Memorial Com. , Triplicane, 1970, p. 143.
③ T. S. Maxwell: *The Gods of Asia*, p. 84、89.
④ P. C. Choudhury: *The History of Civilization of the People of Assam to the Twelfth Century A. D.*, p. 485.
⑤ R. C. Majumdar: *The Classical Age*, Bharatiya Vidya Bhavan, Bombar, 1954, p. 426.
⑥ T. S. Maxwell: *The Gods of Asia*, p. 95.
⑦ K. V. Soundara Rajan: "Glimpses of Indian Culture—Architecture," *Art and Religion*, Sundeep Prakashan, Delhi, 1981, p. 202.
⑧ Thomas E. Donaldson: *Hindu Temple Art of Orissa*, Vol. Ⅲ, E. J. Brill, New York, 1987, p. 1056.

一座笈多时代著名的加内塞像"在伯希泰刚(Bhitargāon)砖庙的一块陶板上,显示着罕见的在空中飞翔的姿态,它的四臂之一还拿着糖果"①。而"黄色四臂的加内塞像被视作层次最高者"②。而且"佛教不失时机地借用了这个神祇放在自己的神坛上。加内塞也就随着佛教走向异国他乡"③,其中包括它的四臂像。

三

虽然佛教造像要比婆罗门教早一些,但无论是四臂像的概念还是形象情况却与此相反。因此一如上述加内塞之像,婆罗门教里众多的四臂像当然会引起佛教的注意和反映,为了在信众中宣扬俗谛之需要,于是在许多的佛经里出现了四臂的婆罗门教神祇的形象。如三藏般若译《大方广佛华严经》卷十七云:"尔时大天,即于是时,长舒四臂,自洗其面"。也是三藏般若译的《大乘理趣六波罗蜜多经》云:"大梵身四臂,四面莲花生"。

在文化传播中,接受以后紧跟的是模仿,这不仅在于婆罗门教与佛教之间,也表现于佛教从印度向亚洲其他部分的辐射行迹里。与此相联系是属于密教图像的四臂像之出现,尤其体现在自大乘佛教至密教的发展过程中。

---

① R. C. Majumdar: *The Classical Age*, Bharatiya Vidya Bhavan, Bombar, 1954, p. 445.

② R. C. Majumdar: *The Age of Imperial Kanauj*, Bharatiya Vidya Bhavan, Bombar, 1955, p. 344.

③ M. K. Dhavalikar: "Ganesa Beyond the Indian Fronties," *India's Contribution to World Thought and Culture*, Vivekananda Rock Memorial Com., Triplicane, 1970, p. 1.

佛教甚至到了大乘时代的前期，还是比较重视对现象之本质的关注，不大在乎现象本身变化的结果，对佛像的礼敬也主要出于崇拜，所以难以见到四臂乃至多臂的佛像。但"在大约公元六世纪中叶，由无著(Asanga)为代表的密教教派在北印度创建后，第一个引进的观自在菩萨(Avalokite)的形象就以四臂替代先前的双臂"①。这是因为大乘的菩萨精神发展到后期，对救世度人的迫切需求加重了佛教对神通的讲究，而三身佛概念的发展，尤其是佛之报身作为法身的显现，打开了有关事相和造像艺术的思路。这至少是促成在佛教内部萌生密教的原因之一，从而也为四臂像的发展提供了动力和氛围。于是在佛经记载和造像中都出现了四臂像。"多臂的观音像自九世纪就开始广泛流行"，其中"四臂像是最普通的"②。如阿第瞿多译《佛说陀罗尼集经》卷一二云："第六座主名四臂观音，莲花座上作白莲花光焰围绕"。佛教中出现多臂多首像是在波罗王朝，主要是有四臂或多臂的观音，执持也有各种各样。还如不空羂索观音"右边的毗俱胝也是四臂的"③。

因为密教受到婆罗门教的重大影响，更不用说印度密教的一部分本身就是属于婆罗门教，作为对显示神性和推重神力的观念之承袭，所以在密教的崇拜对象中充斥着多臂像。其中，四臂像同样是这些多臂像的基础造型。如在"金刚界八大药叉王"中，有"三头四臂"的，也有

---

① Alice Getty：*The Gods of Northere Buddhist*，Oxford Univ. Press，London，1928，p. 65.

② Joan A. Raducha："Interpreting Narrative Art：A Gandharan Example," *Studies in Buddhist Art of South Asia*，Kanak Publication，New Delhi，1985，p. 127.

③ Joan A. Raducha："Interpreting Narrative Art：A Gandharan Example," p. 130.

"四臂三面"①的。又如"四臂观音是四臂菩萨像中的一个组合。其前面的双手作合十状,后面一手拿着念珠,一手举着莲花"。"在印度的东北部发现很多站着的四臂观音像,有时候是六臂"。而密教里的"度母被描绘成有着四臂的狰狞相。她的定姿是站在尸体上,右边两手分举剑和小斧,左边一手拿着莲花,另一手中是头骨做的杯子"。戴维(Dovi)和萨缇(Sakti)"作为女性之四臂立像在爱罗拉(Ellora)里一个岩石凿出的圣坛中被发现",与此"相类似,难近母分别有着双手、四手、六手,后来还有十与十二手的"②,四臂亦是密教诸像里呈现多臂的起始。

从上述四臂像出现和发展的情况来看,密教四臂像的出现是宗教崇拜形象化、通俗化的需要,也使对其所代表之神能有更广泛的社会认同。故从俗谛层面而言,在于从原有宗教文化中借用既成的形象,以增加其社会中的感染力,所以多臂像在密教中滋生有着存在和发展的理由。而多臂像是由四臂像发展出来的,这种由多臂及多首构成的造像成了印度宗教中最引人瞩目的特色之一,也成了印度宗教文化向亚洲各地传播的标志之一。

四

在中国的汉文文献和造像中,也有着不少有关四臂的记载和实物。值得注意的是,在中国发现的四臂像里不仅有佛教的,而且还有婆罗门教的,或是两者纠结难分的。若在 2002 年的丹丹乌里克遗址发掘中,见到一些与婆罗门教有关的图像,如有一"形象为童子相,三头四臂,手

---

① 《金刚界大三昧耶修行四十九种坛法》,载《藏外佛教文献》第十一辑,中国人民大学出版社 2008 年版,第 159 页。

② R. C. Majumdar: *The Age of Imperial Kanauj*, p. 278, 279, 283, 338, 346.

托日、月并持一鸟,座前有一孔雀回首翘望,此与经论所记鸠摩罗天,亦即散脂修摩形象一致,可以确认"①。又如斯坦因在丹丹乌里克遗址得到的木版画之一,"画的是一种典型印度风格的三头魔王。魔王的一身肌肉作暗蓝色,裸体,腰部以下围裹一条虎皮,交叉的两腿下面绘有昂首挺身的两头牛,四臂各执法器。画像的所有特点都与印度佛教密宗神道像极为相似"②。在喀拉和卓遗址的"一幢建筑物里,一幅壁画上画着印度人崇拜的凶神恶煞的马哈卡拉神,四只手,猪嘴脸,高据在他制服的众仇敌的尸体之上"③。从"安得尔(Endere)发掘出来的一幅引人注目的木版画上神祇所显现的,是长着一个象头和四臂,安坐于座的传说中的加内塞"④。还如敦煌莫高窟第 321 窟的《宝雨经变》壁画里有"四臂梵天、三头六臂大自在天、婆罗门、四天王"等⑤,虽然这里有些婆罗门教的神祇已作为佛教的附庸。据张元林统计,出自于敦煌的四臂摩醯首罗有三例,而总共十一例的"和阗摩醯首罗像是清一色的三头

---

① 新疆文物考古研究所《2002 年丹丹乌里克遗址佛寺清理简报》,载《新疆文物》2005 年第 3 期。文中还提到一些多首多臂或兽头人身的图像,可能也与婆罗门教有关。

② 奥里尔·斯坦因《沿着古代中亚的道路》第四章,中译本,广西师范大学出版社2008 年版,第 70 页。不过王嵘先生不同意斯坦因对这幅画的宗教属性判断,认为画中三头神的表情和装束"与印度湿婆神的特征相吻合","显然是印度婆罗门教的湿婆神的形象",且"至于三头魔王与伊卡瓦壁画中罗斯旦像和印度婆罗门宗教中湿婆神相关联的可能性,也没有足够理由予以推翻"。见王嵘《西域艺术史》中编第十章,云南人民出版社 2006 年版,第 204 页。

③ 费·阿·奥勃鲁切夫《荒漠寻宝》,中译本,新疆人民出版社 2010 年版,第91 页。

④ P. Banerjee:"Hindu Deities in Central Asia," *India's Contribution to World Thought and Culture*, Vivekananda Rock Memorial Com., Triplicane, 1970, p. 286.

⑤ 史苇相《敦煌莫高窟的"宝雨经变"》,载《1983 年全国敦煌学术讨论会文集》"石窟·艺术编上",甘肃人民出版社 1985 年版,第 67 页及图版 34。

四臂式"①。

当然在汉文佛经和佛教造型里出现的四臂像更多。如金刚智所译《佛说七俱胝佛母准提大明陀罗尼经》说:"若求不二法门者,应观两臂;若求四无量,当观四臂"。还如在天息灾所译的《大摩里支经》中,东、南、西、北四方菩萨均系"四臂"。又如龟兹库木吐拉79号窟右壁下面地狱变相中的地狱菩萨像,就是三首四臂②。再如建于北魏永平三年(510年)的庆阳北石窟第165窟前壁"右侧雕阿修罗天,通高3.5米,三头四臂,手持日、月、山及金刚杵"③。而在龙门石窟的宾阳中洞有一北魏时浮雕天王,也是四头四臂,"当为大梵天"④,及擂鼓台北洞西壁"北龛雕一身四臂观音"⑤。即使到了唐宋及以后,四臂神像继续颇有存在,如敦煌莫高窟148窟主室南壁龛顶"东披四臂观音一铺"⑥。在敦煌研究院收藏的元代《六字真言碑》(Z0074)的"碑中央是四臂观音坐像"⑦。又如在敦煌绢画 EO. 3579 中,"主尊下方四臂观音坐于星轮中,沿顺时针方向90度处是四臂马头明王,最上部是八臂保护神,最后为另一尊四臂不空绢索观音像"⑧。大足北山五代修造的第224窟的主像日月观音"身有四臂,上双手分托日、月,下双手各垂于体侧"。宋

① 张元林《敦煌、和阗所见摩醯首罗图像及相关问题》,载《敦煌研究》2013年第6期。

② 韩翔、朱英荣《龟兹石窟》,新疆大学出版社1990年版,所附图101。

③ 暨志远《泾州地区南、北石窟寺的比较分析》,载《2004年龙门石窟国际学术研讨会文集》,河南人民出版社2006年版。

④ 李文生《龙门石窟的新发现及其它》,载《文物》1980年第1期。

⑤ 阎文儒、常青《龙门石窟研究》第十章,书目文献出版社1995年版,第126页。该像可能是唐代的。

⑥ 敦煌文物研究所《敦煌莫高窟内容总录》,文物出版社1982年版,第50页。

⑦ 王惠民《敦煌佛教与石窟营建》第九章,甘肃教育出版社2013年版,第456页。

⑧ Henrik H. Sorensen《敦煌密教艺术的类型与图像》,载《信息与参考》第20期(2014年)。

代修造的第 130 窟左壁"左上侧金刚,单头四臂,左上手持斧,下手持索,右上手举胸前,下手持钩";第 133 窟左壁"内侧金刚单头四臂,铠甲上甲片成人字形,左上手持斧,下手持物(残);右上手握鞭,下手握剑",右壁"内侧金刚单头四臂,铠甲上甲片成菊花形,左上手举龙钵,钵中伸出一龙,左下手执戟;右上手挥刀,右下手捏索置胸前"。宝顶山第 22 窟十大明王中,大火头明王、大威德明王、大愤怒明王、马首明王、大笑金刚明王都是三头四臂,步掷金刚明王"两头四臂,左上手托翻天印,右上手举金刚杵,均有蛇缠于二手,下两手在胸前重迭交叉"①。十几年前笔者在镇江博物馆展品中见到有一些在溧阳原竹箦公社出土的北宋力士俑,其中也有一尊四臂金刚。

密教里经文记载和造像都要远远多于显教。这些也与密教在中国发展有关。如至少在藏传佛教里"神像根据头与手臂的数量可分成密教和非密教两种形式,那些单首双臂的属于非密教"②,反之则是多臂多首。其实在汉传密教里也是一样的,包括盛唐以后结合进显教寺院里的那些密像。如施护译《佛说一切如来金刚三业最上秘密大教王经》云:"大忿怒明王,现三面相,具庄严四臂"。造像也是如此,若 20 世纪 90 年代初在宁夏贺兰县宏佛塔内发现的文物中有一张佛画,"中间主尊部分绘喜金刚双身像,上部为六尊四臂金刚。"不过这画和一起发现的木雕女像一样,"具有浓郁的印度尼泊尔艺术风格"③。

---

① 刘长久、胡文和、李永翘《大足石刻内容总录》,四川社会科学院出版社 1985 年版,第 91、92、51、53、230—232 页。

② L. L. Mehrotra: "Glimpses of Indian Culture in Tibet," *India's Contribution to World Thought and Culture*, Vivekananda Rock Memorial Com., Triplicane, 1970, p. 407.

③ 参见贺兰县文物局等《宁夏贺兰县宏佛塔清理简报》,载《文物》1991 年第 7 期。在一起被发现的文物中有西夏文字,故此画当为北宋同时代的作品。

杭州飞来峰第 40、65、93 诸窟都有元代的藏密梵式"四臂观音坐像",皆"前双手合十,后左手持莲花,右手执佛珠"①。这还包括一些擦擦上的造像,"如救八难的位愤怒相观音都是四臂,不空羂索观音的造型也有四臂相"②。

　　不仅在佛教,其他在华流传的宗教中也有四臂神像的出现。如北周出土的一座墓中的墓门门楣"中央为一正面的四臂神,左侧有一位手执角杯的神,只露出半身,右侧刻怪兽和鸟首人身的神祇"。石堂南壁也"两次间分别刻有 2 个脚踏小鬼的四臂守护神"③。而这座墓的墓主是一位祆教徒。敦煌文书 P. 4518 画中"应该是被纳入祆教的粟特神祇"④的四臂神娜娜(Nana)当亦属于此范围中。道教当然更多些,如大足石门山 10 号窟道教石刻中宋代的"北极四圣"之"天猷元帅"系"肩生四臂,项长三头,身披金甲,手执长矛"。也是宋代的大足舒成岩 3 号窟中紫微大帝之"右神将为一头四臂,面黑如炭,其左上手举一法印,右上手执钺;左下手握一绢素,右下手斜持宝剑,又有一龙蹲伏其右脚旁。其造型与圣府洞护法极为相似"⑤。又如笔者于 2013 年在山西晋城玉皇庙偏殿的四座明代天神像塑上,看到有二尊神像是塑有四臂的。这二尊在道观里的四臂神像当属于道教的神祇。

---

① 高念华主编《飞来峰造像》,文物出版社 2002 年版,第 172—174 页(图版第 142—144)。

② 李翎《擦擦观音像试析》,载《中国美术史论文集》,紫禁城出版社 2006 年版,第 114 页。

③ 西安市文物保护考古所《西安北周凉州萨保史君墓发掘简报》,载《文物》2005 年第 3 期。

④ 张广达《祆教对唐代中国之影响三例》,载《法国汉学》第 1 辑(1996)。

⑤ 李远国《重庆大足圣府洞道教石刻再探》,载《人文与社会》第二卷,上海社会科学院出版社 2008 年版,第 206—210 页。

五

从四臂像在中国分布的情况看,有几点值得注意:

第一,上述事实说明在中国的习惯观念中因为是以偶数为"正",单数为"奇",且人的手臂本来就是双数,所以多臂神像的手臂都呈现为偶数,而"四"则是"二"最基本的倍数,也就是说四臂的神像同样成了多臂神像的基本型。所以偶数的四臂像在中国的观念中还是能被接受的。

第二,四臂像从印度到中国的传递是作为印度宗教艺术影响中国宗教造像的标志,而且这种影响不仅仅在于佛教,也不仅仅在于外来宗教,在道教和一些民间崇拜里都有四臂像的出现。这也是印度宗教观念中作为神通的形象表达方式之一被中国宗教普遍接受的结果。

第三,呈现四臂的神祇造像,一般并非主神。除了密教中四臂观音作为特例之外,佛教的重要佛与菩萨在造像上都无四臂的形态。佛教造像中的四臂像基本上多是来自于婆罗门教出身的神祇,或者是属于受婆罗门教影响最大的密教。

第四,从已知的资料看,四臂的造像在时间上比较集中与南北朝至宋,地域上则以西部地区出现的居多。但与印度相比,在中国内地被发现的造型为四臂像的数量和概率都少得十分可怜。

第五,相对于实物造像,除收入于《大藏经》的佛教文献外,其他各类世俗文献记载里则更难觅见有关四臂神像存在的消息。由于这些世俗文献的作者基本上属于士大夫阶层,因此也反映了这类四臂乃至多臂的神像在士大夫心目中的地位。

中国的四臂像总的来说,数量不多,有着四臂的神祇层次不高,尤其在汉传统文化地区。究其原因,一是因为中国有着人本主义的传统,神祇人格化是主流,包括在造像艺术上的完全人形化。"在人为灵,于类为正,两臂者人,一切诸佛,亦复两臂"①,成了共识。所以假如没有成熟的传说为基础的话,具有四臂的异形造像难以被普遍接受,且"四者以象阴数"②,甚至会被认为是妖形。如汉平帝元始元年长安女子生儿"两头异颈面相向,四臂共胸俱前向"③,被视作妖相。又如《后汉书》卷八《灵帝纪》说光和二年"洛阳女子生儿,两头四臂"。对人形状态进行带有观念性的判定必定会影响具有人形的宗教造像,特别是一些重要神祇。二是,内地的密教从一开始就被过滤和改造,而且盛行的高峰期也较短,因此其最具多臂多首特点的密教造像影响较小。三,即使是从表现神通的角度来看,由于"四"这个数和"多"的概念没有什么显目的联系,因此若要以臂之多的显示神格,那么六臂、八臂、甚至千臂似乎在形象上更具有神力。所以后来千手千眼观音像成了流传最广泛的多臂像。

总之,在儒家思想为主流的华土意识里,导致天下太平当以仁爱为上,智慧次之,力量再次。因此以四臂为代表的多臂之相仅是力量的显示,即使它代表的是神力,还是不能与大爱、大智之相匹敌。老子说:"大音希声,大象无形",王弼注云:"故象者非大象也"④。所以只是表现神力的四臂之相一般只能出现在一些小神的造像上就不足为奇了。

---

① 赵耆《增修大悲阁记》,载《巴蜀佛教碑文集成》,巴蜀书社2004年版,第166页。
② 王嘉《拾遗记》卷二,齐治平点校本,中华书局1981年版,第36页。
③ 《汉书》卷二七下《五行志下》。
④ 《老子》第四一章及王弼注。

图 1　K. B. Iyer：*Indian Art*（Asia Publishing House，1958）

图 2　新疆博物馆编:《新疆石窟·吐鲁番伯孜克里克石窟》
（上海人民出版社）伯孜克里克第 9 窟流失海外壁画附图 17 上

图 3 大足宝顶山 22 窟"大威德明王"(摄于 2015 年 7 月 1 日)

载《敦煌学辑刊》2015 年第 2 期

"四面像碑"与"四面佛像"

　　在现存众多的宗教造像或造像碑中,有一类被称为"四面像碑"的佛像碑刻比较特殊。它作为宗教观念的一种反映,有着更复杂的内容。本文仅就同是四面像碑名下的一般四面佛像碑和较为特殊的四面佛之像这二者间的区别作一些解析。

一

　　自从佛教作为"像教"传入中国后,图像崇拜与宗教信仰相结合,有着诸如"一者见身放光动地;二者正法如佛在世;三者像教,仿佛仪轨,仿佛仪轨,应今人情"①等宗教功能。宗教图像的这些作用,有利于佛教在魏晋以降迅速风靡东土。这中间,南北朝隋唐时整个黄河流域汇集着绝大多数的宗教造像,所以图像在十六国北朝期间的佛教传播中之作用尤为重要。这些被我们今天所看到的图像造型主要表现在两个方面:一是石窟寺的不断营造,二是造像碑的大量建造。发现于中土的所谓四面像碑是其中较为特殊的一类,并且通常是作为四面佛像碑之简称,也是佛教东传后的产物。它们有的作为历史文物被保存至今,有的则可见于文献记载中,且为数不少而历来引人注目。

---

① 《弘明集》卷一一《高明二法师答李交州淼难佛不见形事》。

182

图 1　黄梅四祖寺毗卢塔

　　不过由一块竖起来之方形石头的四面雕像之碑的出现,印度要早于华夏。"在印度,艺术从未贸然选择自然来创意,只是力求模仿它"①。先是,制作具备四面之形的碑刻,用意是以其本身为中心而向着四方的空间,这无疑是一种观念的表达。这种碑形出现在宗教里,当然也是一种与四方或四面有关的宗教观念之表达。"人类对于四方(Four quarters)之观念产生甚早,华夏与西亚及印度在远古文化史上都同样有四方风的名称"②。此风同样表现在印度,若在《阿闼婆吠陀》的神曲中颂道:"带着吉祥的劲风吹向天空四方,使你如意",而"伴随着

---

① Betty Heimenn: *Facets of Indian Thought*, Schocken Books, N. Y. , 1964, p. 91.
② 饶宗颐《四方风新义——时空散点与乐律》,载《中山大学学报》1988 年第 4 期。或曰"四面风"系神之名。

这风,四位女神分向空间"①。这种空间与神性相连的观念也体现在当地建筑上的"邑里闾阎,方城广峙"②,并且为后起的宗教所接受,如著名的桑奇大塔"四边有着四个布满雕像装饰的门"③。因此也可以说,这种碑形有着其本身被赋予的宗教性质通过其造型而向四方辐射的意义,如果该碑之四面镌刻着神像的话。

"自佛法入中国,往往建塔庙,崇像设"④。随着佛教东传,印度宗教建筑的特色也随之进入华土,"后有天竺沙门昙柯迦罗入洛","自洛中构白马寺,盛饰佛图,画迹甚妙,为四方式"⑤。显示了中国一些佛教建筑物也呈现方形而四面有图像之特色。如著名的建于隋大业七年(611)的济南青龙山四门塔,较早时期的舍利塔也多呈四面之状(附图一)。又如同时代的韩州修寂寺"有砖塔四枚,形状高伟,各有四塔镇以角隅,青瓷作之,上图本事,舍利到夜,各放光明,如焰上冲。四方众生,一时同见,数数放光"⑥。这里所谓"图本事",当是塔之四面都有佛本生画,实际上也是起着类似图像碑的作用。华土佛教中四面像碑多见于北方,归纳起来则有二大类型。

一种是四面佛像碑,这种碑的所谓"四面佛像",顾名思义就是在一个四面体的石柱上所雕之佛像,而且每一面都有像。即如王昶所言:

---

① Maurice Bloomfield 所译:*Hymns of the Atharva-Veda*,Motilal Banarsidass, Delhi,1964,p. 14.

② 《大唐西域记》卷二,芮传明译注本,贵州人民出版社 1995 年版,第 89 页。

③ R. C. Majumdar:*The Age of Imperial Unity*,Bharatiya Vidya Bhavan, Bombar,1953,p. 490.

④ 许安仁《御题寺重建唐德宗诗碑》,载《全辽金文》,山西古籍出版社 2002 年版,第 1462 页。

⑤ 《魏书》卷一一四《释老志》。

⑥ 《续高僧传》卷二八《隋京师静觉寺释法周传》。

"有四面造像,其制略如幢,亦四面刻之"①。这从北周保定四年圣母寺所"造四面像一躯"的出资邑众分南、北、东、西四组可证②。还如西魏大统十七年"艾殷敬造定光、释迦、弥勒、普贤四躯"③,这些像大约是碑的一面雕刻一个,形成四面有像或四方有佛④,此或来于"四方四佛"或"一佛四身(自性身、受用身、变化身、等流身)"等概念之影响,故亦可称为四方佛像碑,或有时混称为四面像碑。二者之间的一个区别是,后者四面所雕是单个的且是同一个佛,所呈貌相也完全一致,而前者图像往往内容丰富(附图二)。

这些方形立体的造像碑与呈扁平面状的造像碑有显著区别,造像成本和工艺要求都比一般的造像碑高。内容也从佛教造像扩展到道教造像,如陕西耀县博物馆所藏北魏《魏文朗施佛道造像碑》和《姚伯多道教造像碑》⑤等四面像碑,前者正说明在道教四面像碑中的佛教影响。这些佛教或道教的造像碑亦不类似中国传统的形制,故以"四面"描述其之特殊,而予以专称。也有称为"碑像"的,如北齐武平三年道俗四十人在兴圣寺"敬造四面石碑像"⑥。而张光洛、薛光炽"等敬造石碑像,

---

① 王昶《金石萃编》卷三九《北朝造像诸碑论》。
② 韩理洲等辑校《全北齐北周文补遗》,三秦出版社 2008 年版,第 72、73 页。该书第 113 页,载有《习□和等造四面像记》,然录文中无"四面"字样,方位也不全,特此存疑。韩理洲等辑校《全北魏东魏西魏文补遗》,三秦出版社 2008 年版,第 491 页,也有《严小洛造四面像记》,录文中亦无"四面"字样,所以标题系辑者据碑之形象而定。
③ 《艾殷造四面佛碑像记》,载《全北魏东魏西魏文补遗》,第 674 页。其实这应该是"四面像"或"四方像",即碑之四面皆刻有像,非一像而有四面。
④ 殷光明先生举了很多以"四方佛"为"四面造像"内容的例子。见其《从敦煌五方佛图像的形成看显体密用》,载《首届大兴善寺唐密文化国际学术研讨会论文集》第三编,陕西师范大学出版社 2012 年版。
⑤ 参见胡知凡《形神俱妙——道教造像艺术探索》,上海辞书出版社 2008 年版,第 60 页。
⑥ 《全北齐北周文补遗》,第 277 页。

四佛四菩萨"①,恐怕也是属于四面像一类的。如此的材质,为四面佛像碑的形成由来提供了一定线索②。

图 2　摄于上海博物馆

这种四面雕像的形态,很容易联想到克孜尔、敦煌、云岗等地石窟中一些称之为中心柱窟里之中心柱。如"龟兹中心柱洞窟与印度的支

---

① 《全北魏东魏西魏文补遗》,第 619、620 页。

② 有必要把四面造像碑和四面造像塔作一区分。二者之间的差别不仅在于内容上有区分:"造像碑受到中国石碑'刊石记功'之功能的影响,因而碑体上多刻功德主发愿文、题名以及纪年铭文;造像塔则更多地展现佛经的内容与场景,注重'籍像表真'的功用,因而塔上龛像林立,图像内容极为丰富,却少见发愿文和纪年铭文"(俄玉楠、杨富学《甘肃省博物馆收藏的一件未刊北朝残塔》,载《敦煌研究》2014 年第 4 期);而且造像碑主要是在单一质材上加工,造像塔则多有数段质材拼接而成的;造像碑都是实心的,而造像塔则有可能内含空穴,以放舍利等物。

提式洞窟有密切的渊源关系",它们"基本上集中在北朝时期修建的"①。又如在莫高窟"以 248、251、254、257 等窟为较典型的代表"②,其"中心柱式的石窟,它是敦煌北朝洞窟的主要类型"。由于有石窟中心柱和方塔形造像碑都雕有佛像,所以它们有时也被描写成四面佛像或简称四面像。以上这些关于四面佛像碑的种种特征及来龙去脉,已有很多学者讨论过,自不待言。

关于上述佛像碑的不同细节,也说明四面佛像的形制是处于不断变化的过程中,如华土石窟里的中心柱虽由印度支提窟发展而来,但由四面等同的四面佛或四方佛,演化为中心柱迎门口的一面为正面主尊。其形象与其他三面有别,兴许还增添一些附像或图饰,形成了图像叙述上的等级之差,有着和后来一些被称作四面像碑的方形造像碑几乎是一致的图像组合。这些变化正如罗宏才先生所指出,四面的"造像碑在脱胎于中心塔柱之后,除不断模拟吸收中心塔柱的衍变之外,还不断补充吸收整个石窟寺艺术相关内容以及其他各种相关的文化信息"③。

二

另一种是四面佛之像。如东魏武定八年李僧等"造四面像一躯,像身五尺"④。在北齐天保元年"僧哲等四十人"和"僧通等八十人",都是

---

① 霍旭初《克孜尔石窟艺术模式及其对外影响》,载氏著《西域佛教考论》,宗教文化出版社 2009 年版,第 375、387 页。
② 段文杰《早期的莫高窟艺术》,载氏著《敦煌石窟艺术研究》,甘肃人民出版社2007 年版,第 37 页。
③ 罗宏才《中国佛道造像碑研究》,上海大学出版社 2008 年版,第 76 页。
④ 《李僧等造四面像记》,载《全北魏东魏西魏文补遗》,第 631、632 页。

"造石四面像一躯"或"造四面石像一躯"①。这些四面像一般都是石像,往往系某佛或某菩萨的一种造型,所以其"像身"(不是"碑身")称之为"一躯",因此它们虽然也具有四面四方的基本轮廓,但和多数的四面像碑同中有异,牵涉到的是一个较为特殊的概念。这或许也是标准的四面像或四面佛在华土甚少,并且多在隋唐之前的一个原因。所谓四面佛像碑和四面佛之像碑的主要区别,在于前者系四面皆刻佛像之碑和后者为石像系一佛四面之造型的不同,虽然在一些文献上往往通称它们为四面造像碑。"法身无像,而殊形并应"②,是佛教所谓四面像出现的依据。不过若要说教义上之渊源关系,则是"一佛四身"的一种发展。

"四面佛"之称首见于《广弘明集》卷十五《佛像瑞集》:"邢州沙河县四面铜佛者,长四尺许"。这条记载后来多被转载,如《法苑珠林》曰:"隋邢州沙河县寺四面佛者,隋祖时有人入山见僧守护此佛,洞身高三尺余。便请遂许,失僧所在。诸处闻之,竞来引挽,都不得起。唯沙河寺僧引之,随手至寺。后入寺侧获金一块,上二鸟形,铭云:拟度四面佛。因度之像身上,都是鸟形"③。据此,这里所谓四面佛者,乃一佛有四面者。这种形象为华土之少见,故为笔者所录。另外,此佛应该和鸟形有一定的联系。而夹带在佛教里进入中国的婆罗门教鸟形神物,很可能出现的便是被称为"妙音鸟"的伽陵频伽(Kalavinka)了,它们往往成对地出现在佛教艺术品上④。其实到密教盛行之后,四面像的佛或

---

① 均见于《全北齐北周文补遗》,第153页。
② 释僧肇《维摩诘经序》,载《出三藏记集》卷八。
③ 《法苑珠林》卷一四,周叔迦、苏晋仁校注本,中华书局2003年版,第482页。
④ 如"克孜尔石窟227窟的伽陵频伽是一对,敦煌经变画也是二身或四身"。见霍旭初、赵莉《米兰"有翼天使"再探讨》,载《考证与辨析——西域佛教文化论稿》,新疆美术摄影出版社2002年版,第259页。

菩萨号就多了起来。如有"四面大悲观世音"等菩萨名号出现①。还如在"金刚界八大药叉王"中,有"一身八臂而四面"的,也有"六臂而四面"的,甚至在金刚菩萨中亦有"大炽盛金刚,八臂而四面"②。又如在内蒙古"阿尔寨石窟第28窟男女双身图像的明王、明妃人物形象丰富多彩,有四面三目十二臂的胜乐金刚及它的变相一面二臂、一面六臂、四面十二臂,均为展立姿式"③。佛教的这些多面或多首像,是在大乘佛教发展之后,在三身佛和一佛四身概念的基础上形成的。因为"一切佛法,缘自得乐相,是名种类俱生无行作意生身",作为法身之化佛,"除为调伏彼彼诸趋差别众生故,示现种种差别色身"④,四面或四首之造像当在其中(附图三)⑤。这种图像上的一佛四身到一佛四面,其实也体现了佛教从大乘到密教的一种发展。

值得注意的是,这些造像还保留着更多的佛教之外的印度宗教文化色彩。由此引出的,是仅现面部或头部的四面佛像之造型其实和婆罗门教也有很大的关系,"偶像崇拜之风,早在印度教产生之初就

---

① 菩提流志译《不空胃索神变真言经》卷三。在宋代士人侯溥所作《圆通三慧大斋道场仪》中也提到"四面大悲观世音菩萨"(载《藏外佛教文献》第十二辑,中国人民大学出版社2008年版,第184页),说明这种佛号在社会上的延续性。

② 《金刚界大三昧耶修行四十九种坛法》,载《藏外佛教文献》第十一辑,中国人民大学出版社2008年版,第162、181页。

③ 汤晓芳《阿尔寨石窟的密宗壁画及其年代》,载《宁夏大学学报》2006年第2期。

④ 《夹注楞伽阿跋多罗宝经》,载《藏外佛教文献》第十六辑,中国人民大学出版社2011年版,第45、51页。此经底本系敦煌文书BD14138。

⑤ 在宋元之间仍有此类图像出现于华土,如藏于The Tsui Museum of Art Collection的石质"五面佛像"(Head of a Buddha With Five Faces)。其实这是四面像的变型,因为它的第五面藏在四方四面顶上的莲花中,与其他四面不在一个空间层面,当是四面像的一种演化。该造像之图片见于香港大学艺术博物馆和艺术系合编的《法相传真》(In the Footsteps of the Buddha),1998年版,第117图。编者认为该像系毗卢遮那佛(Buddha Vairocana),在密教中被置于曼陀罗(mandala)的中心。

已形成"①,无疑是先于佛教,包括多面或多首之像。若薛克翘先生所直截了当指出:"原先,观音三十三身中有梵王身,其形象为四面八臂。后来出现了十一面观音、千手千眼观音,都是受印度教大神形象影响的产物"②。在婆罗门教中,出现四面神像的例子是很多的。最主要的,恐怕是作为婆罗门教三大主神之一的大自在天(梵天,Brahmā)了,"他的肤色是红色或粉红色的",有着"四个头,四张脸"③,可见是个四面神。这种多面或多首之像"起源于象征主义"④。其由来是因为"梵天在中央要顾及向各个空间展开,所以有四个头,面对四个方向"⑤。其实这不仅是代表着平面的四方,从印度哲学的观念上说神之梵相之四面所对的是整个时空的色界,而这个现象世界又是地、水、火、风四个基本要素所合成的,是一个全方位的世界。因此"众所周知梵天被描述为有着四个头或四张脸,虽然传统认为是与四吠陀的发展相结合,但要表现的是由此具有超常的视界"⑥。于是"印度艺术常常把他画成有四张

---

① 朱明钟《印度教》"绪论",福建教育出版社 2013 年版,第 9 页。但由于婆罗门教早期崇拜的神祇代表的是概念性的自然,若风、火、水、地之类,在造像上对艺术水平要求很高。因此反而是佛教在犍陀罗地区吸收了希腊的造型艺术,造像发展略早于婆罗门教。不过到了密教时代,由于婆罗门教之势远盛于佛教,在多面多臂的造像上也远过于佛教。

② 薛克翘《中印文学比较研究》第四篇,昆仑出版社 2003 年版,第 195 页。

③ Alain Daniélou:*The Myths and Gods of India*,Inner Traditions International,1991,p. 237.

④ 查尔斯·埃利奥特《印度教与佛教史纲》第一卷,李荣熙译本,商务印书馆 1982 年版,第 25 页。

⑤ Adrian Snodgrass:*The Symbolism of the Stupa*,SEAP,Cornell Univ.,1985,p. 39.

⑥ J. Gonda:*Eye and Gaze in the Veda*,North-Holland Publishing Co.,Amsterdam,1969,p. 72.

长满胡须的脸"①,或称之为"四面大梵"②。其"所谓有四面四臂四足者,可以说是以后梵天有四面之先驱。但其中又有将万有全体视作大人格之倾向,以此来显明万有神的思想,当为无可置疑之事实"③。在广义的西域文化中,具有四面的图像特征更符合印度的宗教观念,现存在印度新德里国立博物馆里的《四面苏利耶》(Surya Chaturmukha)和《四面金刚多罗》(Four-headed Vajratara),勒克瑙邦立博物馆里的《四面林伽》(Chaturmukha Linga)等,都是那种观念下不同时期派生的各种造型艺术表现形式。还如"在印度笈多时代以后,印度教的毗湿奴的图像中经常表现地天,特别是表现在三面毗湿奴像、四面毗湿奴像以及毗湿奴脚下的地天,和兜跋毗沙门天脚下的地他极其相近"。后者"这样的形式在中国、日本有很多范例"④。又南北朝时的扶南国之王,"本天竺婆罗门",其国"用天竺法",而"俗事天神,天神以铜为像,二面者四手,四面者八手"⑤,等等。所以在东南亚地区,如"在柬埔寨这种四面头像表示着的主宰"⑥。它的吴哥遗址,至今仍存有四面成像的方形石雕,不过却是佛教和婆罗门教的混杂形态(见附图四,附图五)。如"南蛮真腊国,尚佛道及天神。天神为大,佛道次之"⑦,说明南北朝时两教在当地是共存的,且以婆罗门教为主,并在图像上有所反映,"这些塑像

---

① 金克木《印度画家阿·泰戈尔美学思想略述》,载《外国美学》1985 年第一期。金先生在文中还指出,"在汉译佛教文献中,自在天和梵天可能是比毗湿奴出现得更多"。这就意味着如此四面像更会被中土熟悉。
② 《瑜伽真性奥义书》,载《五十奥义书》,徐梵澄译本,中国社会科学出版社 1995 年版,第 891 页。
③ 高楠顺次郎、木村泰贤《印度哲学宗教史》,明治书院昭和廿三年版,第 201 页。
④ 宫治昭《印度的地天形象及其相关内容》,载敦煌研究院《信息与参考》第 17 期(2012 年)。
⑤ 《梁书》卷五四《扶南传》。
⑥ T. S. Maxwell: *The Gods of Asia*, Oxford Univ. Press, Delhi, 1997, p.36.
⑦ 大村西崖《密教发达志》卷二,第 197 页。

具有婆罗门教和佛教众神伟大形象的特征"①。

到了密教时代,把婆罗门教和佛教的四面像结合起来的图像很多,如上述阿尔寨石窟中的"10 至 11 世纪西夏早期的汉密佛画作品"里都带有印度风格,"尤其是女性造型丰乳,为印度教湿婆艺术形象的传承和再创造,造型受印度艺术影响,体现佛教人物形象源自于印度"②。这是因为在印度密教系婆罗门教、佛教、耆那教等诸宗教所通有的一种宗教形态,它们在造像上有着很多的共同特征就不足为奇了。如密教的《何耶揭唎婆像法》中说画作阿耶揭唎婆观世音像,就是先"画作四个欢喜之面",而"其四头上各戴宝冠。其宝冠上皆化佛坐"。最有代表性的是密教的曼荼罗。而密教的"曼荼罗中,多有婆罗门教神转入于佛教者:例如胎藏界曼荼罗之外,金刚部诸神,来自婆罗门教"③。曼荼罗作为一种"场",有二维的平面和三维的立体,后者亦称之为坛城。凡是曼荼罗,无论其呈平面或立体状,都有着由中心向四面,再向四维扩展的构图,若"两部大曼荼罗之大日为本尊,列四佛于四方",而"其四方四叶四佛标四智,四隅四叶四菩萨标四摄法"等④。此和四天王守护四方的思维是一致的,可以联想为四面佛的一种发展。赖鹏举先生以敦煌莫高窟第 303、305 等隋代石窟为代表,"因'四方佛'与华严卢舍那佛'含摄十方'思想的加入,将北朝的'中心柱'改为'中心坛场'"⑤。由于密教在汉地一度盛行,促成了一些具有"四方佛"性质的四面佛像之出现,

---

① G·赛代斯《东南亚的印度化国家》第八章,中译本,商务印书馆 2008 年版,第 210 页。

② 汤晓芳《阿尔寨石窟的密宗壁画及其年代》,载《宁夏大学学报》2006 年第 2 期。

③ 蒋维乔《中国佛教史》第十四章,上海古籍出版社 2004 年版,第 176、177 页。

④ 大村西崖《密教发达志》卷二、三,日本国书刊行会昭和四十七年版,第 196、433 页。

⑤ 赖鹏举《敦煌石窟造像思想研究》,文物出版社 2009 年版,第 142 页。

也完全是有可能的。

图 3　　　　　　　　　　　　　　　图 4

图 5

　　这或许与后来佛教将婆罗门教的大自在天收为诸天之一,称之梵
天之故事相关,其四面之状也应该随之进入佛教,成为四面佛或四面天
神之原型。

这里再补充一些例子,在龙门石窟的宾阳中洞有一北魏时浮雕天王,也是四头四臂,"当为大梵天"①。位处滨海的山东地区也有类似的宗教石构件发现。如"近日,山东省邹城市文物普查人员在唐村镇前葛村发现一方柱形'四面人脸'画像石刻(附照片)"。"石刻高0.45米,长0.4米,宽0.27米,四面均刻画像,两面较宽,两面较窄,每面的形象均为人脸。整个人物形象尖帽,长耳,高鼻,深目,拱手,下部当为腿,疑为跪坐。从人物形象上看当为胡人,人物头部两侧均有二兽作跃动攀附状"②(见附图六)。其实它们在形状上和泉州遗存的一件婆罗门教石刻却很相似(见附图七)③,至少是说明了在婆罗门教的图像中有着类似的造型表示。前面说过,婆罗门教中的大梵天传说有四张脸,面向四方,时间在"笈多朝梵天的新特征是出现了四面像(caturmukha)","解释四面的意义为表示四个吠陀、四个瑜伽,四个种姓,等等"④。因此山东唐村四面人像石刻很可能是大梵天像的一个变相,而不是出于中土的传说⑤。即使被称为"佛",也当是一种特殊造型的四面佛。

而且不管这些像属于佛教的还是婆罗门教的,确实有着一神四面的造型存在,这些造像带着浓厚的印度宗教文化气息。"惟元魏、齐、周之世,印度、西域并见外道咒术极盛,乃所以其影响于佛教"⑥,图像也

---

① 李文生《龙门石窟的新发现及其它》,载《文物》1980年第1期。

② 见2009年3月18日《中国文物报》。

③ 参见吴文良《泉州宗教石刻》,科学出版社2005年版,第486页。

④ 宫治昭《涅槃和弥勒的图像学》第二部第一章,中译本,文物出版社2009年版,第183页。

⑤ 虽然曾有过"黄帝四面"的说法,但"孔子曰:'黄帝取合己者四人,使治四方,不计而耦,不约而成,此之谓四面'"(《太平御览》卷七一九引《尸子》),即至少是儒家早就把此神话人文化了,不可能再有这类形象表达。更何况黄帝不可能有着所谓"胡人"相。

⑥ 大村西崖《密教发达志》卷一,第119、120页。

一样。这种造型的神像在南北朝前后曾流传入中国,民众一般都把这些外来的神像统统称之为佛,于是出现了四面佛及其造像,并一概名之为佛像或佛像碑。不过当被注重在"四面佛"或"四面神"的身份时,它们的外在造型会因地制宜而有所变化。如这些四面像有时是四首像,而且以浮雕来作为造像的形式时,也脱离了四方的碑形,但它们在宗教意义上还是一致的。

图6

图7

由此可见上述四面佛之像和很多学者所注意的四面佛像碑有很大的不同。从图形特征上归结起来说,一是与婆罗门教有关联的四面佛像仅有头部,而佛教造像碑中的大多数所谓四面像,基本上都是全身。二是四面佛像碑往往每一面不止是主佛一个,还有协侍、力士、飞天、供养人等,构成了不同的层次,并使整个碑之造型形成了四面不等的主次结构。三是在中国发展出来的支提窟中心柱和塔形造像碑中,可以是多佛的,而四面佛之造像碑其实只是一个佛,犹如十一面观音只是一位观音之像,碑四面之像大致略同是其主要特征。

三

从以上的分析比较二种不同的四面像碑,至少可以得出四点结论:一是这些四面像碑主要分布在北方的黄河流域,时间一般为唐以前,而以北朝时期为主。二是这些四面像的造型,不管它是属于何种类型的,不管是碑形还是具像的四面,都是来自于印度,并被华土的人们视作与佛教相关。三是华土的碑四面所镌之像往往有主次之别,此或许反映了印中之间的一种观念变化。四是四面或四方佛像碑主要体现着信徒的做功德愿望,而四面佛之像碑或许仅仅是作为一个崇拜对象。或许因为如此,四面或四方佛像碑之数量要远远多于四面佛之像碑①,因为做功德是一种普遍的信仰表现,而四面佛很可能是较特殊教义里的崇拜对象。

华土在外来文化传入之前,或者说两汉之前,是没有诸如四面像这样的概念,更不要说找到实物了。因此以“四”为数,或产生“四面八方”之类概念,在华土虽早已有之,却难以找出具像之遗存。在方形石或方形柱上雕像作为崇拜物,如一些石窟里的中心柱,却是在两汉以降才出现的。很明显,这四面像不仅是外来的,而且是宗教的。这两者结合起来,或许可以说明,四面像之作为舶来品的造像形式,是和中国的宗教状况相关。更确切一些说,是和宗教观念的发展相关。所谓“非言莫能宣其旨,非像无以表其状”②,正是当时人对宗教崇拜方式的一种理解。所以上述造像中,无论是属于佛教的、道教的,还是和婆罗门教与婆罗

---

① 仅据罗宏才《中国佛道造像碑研究》里西魏和北周时期关中地区共 52 种造像碑之统计(表 5-1-2 和表 5-1-3),几乎都是石刻四面体或扁平四面体状佛像碑,但无一佛四面之造像。
② 洪宝《张法寿造像铭》,载严可均辑《全后魏文》卷六〇。

门文化有所关联的,魏晋之后这些四面碑造像的出现,是印度文化影响中国宗教艺术的表现之一。

从上述关于以北朝为主的四面像碑之解析出发,还可以作一些更多的阐释。第一,中国虽自上古时代起就有人物或人格神的造像,可从红山文化遗址出土的神像一直到秦始皇陵陪葬坑内的兵俑,自成传统。但秦末的大动乱和汉初大半个世纪以黄老之道治国方针的施行,打断了这个传统。因为前者造成物资的极度匮乏和工艺传统之中断,后者作为统治意识贯彻在文化思想上,就是重视形而上的徵象而非形而下的具像。即使是对人物,也重在神情而非状貌,因此中国的造型艺术,尤其是人物或人格神的造像,则要从作为"像教"的佛教东传后,方另启新端。

第二,不同性质的四面像碑之分布,或许与传入的路线不一相关。从本文所举的这些例子可看出,四面佛像碑和陆上丝绸之路沿途的图像发展之渊源关系十分清楚,而所谓四面佛之像碑则多分布在滨海地域,应该和海上丝绸之路有一定的关联。由于海路所经地域更接近于婆罗门教的观念,所以也似乎从婆罗门文化输入中国的角度看,可以说海上丝绸之路会带来更多些。这可能是因为在中印交通上,陆上相隔着中亚的一大块佛教信仰区,而海上经过的则是东南亚的婆罗门教信仰区域,如"从扶南发投拘利口,循海大湾中,正西北入,历湾边数国,可一年余,到天竺江口"①。何况顺风而昼夜不停的长途航船,不仅比在陆上走荒山沙漠而车马不能翻越只好靠步行的快,还有着相对封闭环境所保持的独立性,能把相对原生态的婆罗门教诸形态输送到中国来。

第三,四面像碑所含有神临四方之意,并非佛教所创,佛教既有普世救世之意有着面向四方的佛像或菩萨像,也是"像教"发展的一种必

---

① 《梁书》卷五四《中天竺国传》。

然结果。不过,当佛教具有更广阔的视野时,尤其"十方"的概念在佛教中普及后,至少在佛教经典文献上,似乎已经放弃了对"四面"的强调。另一方面,鉴于四面像碑在质材、工艺等成本要求很高,所以造像碑的形式向中国传统的平面石板之碑型靠拢,四面像碑在中土也就越来越少了。

第四,一佛或一神而有四面之造型,体现的是宗教的神秘性,体现的是在梵或大日如来作为法身的前提下,"多身共一我,身身各一我"①所呈现之相。"神秘主义意味着意识观念被亲自感受的神迹所笼罩,这种感受是直接的、即时的"②,因此所谓四面佛像就会给人以这样的感受。同时,则由此比较符合密教的观念而大行于其时。但是儒家的人本主义传统更强调神灵的人格化,一佛四面之像则有悖于此。而一般的四面像碑,展现着佛、菩萨或其他神像的各种不同组合,更多的是表现着功德与敬仰,甚至反映着世俗的等级影响。两者的意识趋向有着很大差异,后者更接近中国传统的儒家思想和看重现世功利的社会实际,恐怕这也是一佛(神)四面碑存世数量稀少的原因之一。

第五,因为从印度与中亚输入的造像艺术是宗教艺术,所以进来的不仅仅是艺术技法,还有其作为指导的宗教观念。由于在整个佛教东进时期,中亚和诸天竺的宗教不止是佛教一家,来自希腊的和印度本土的造像艺术也势必与诸多宗教及其观念结合。如在佛教的四方佛之佛名中,就有"南无南方难胜四天下因陀罗如来"③,且"为上首"。而"因陀罗"即是"天帝释",系婆罗门教之重要神祇,可见佛教的四方佛有着

---

① 真谛译《金七十论》卷上。
② R. D. Ranade: *Mysticism in Maharashtra—Indian Mysticism*, Motilal Banarsidass, Delhi, 1988, "Preface I".
③ 《佛说佛名经》卷一四,载《藏外佛教文献》第十一辑,中国人民大学出版社 2010 年版,第 261 页。

很深的婆罗门教渊源。这些作为与宗教结晶品的造像艺术，除了互相影响外，也混杂于佛教一起东进，近世以来在中土不断被发现的摩尼教与祆教的造像也足以证明。其中也应该包括婆罗门教神祇像和在婆罗门文化影响下的佛教造像，于是就有了本文所提及的，以南北朝时期为主的几种不同的四面像碑之出现。

补记：最近，作者在石家庄河北省博物馆商代文物展厅内，见到一件藁城遗址出土的四面陶像。不过此像不仅在商代遗物中为孤例，西周之后也无此类造像出现。因此后来的四面像还是受印度影响所致。

载《社会科学战线》2015 年第 9 期

瑜伽禅与生活禅

——中印佛禅的不同趋向

　　禅作为修佛的一种主要途径,衍生出很多观念与修法。这诸多禅法既是教义的发展所导致,也可以说是佛教在流传的过程中受到不同因素影响所成。这可以用所谓瑜伽禅和生活禅之比较说明之。

　　禅定是印度诸教的一种通行修法,因其关联着肉体和意念,所以也就有了瑜伽和禅之间不同程度的关系,若"所谓瑜伽即禅定是也"①。婆罗门教将禅包含在瑜伽之中,"奥义书中有关禅的思想最初是在论述瑜伽是展示出来的"②,故吾人可将其称为"瑜伽禅"③。"禅定这种修持方法来自婆罗门教和其它'外道'的'瑜伽',释迦牟尼在创教之前曾从外道学习过'四禅'、'四无色定'。释迦牟尼在创教过程中吸收了外道的一些瑜伽修持方法,并加以改造和发展,建立了自己的禅法"④,由此也形成了佛教的"瑜伽禅"。佛家很是重视禅,如将禅列为"六度"之一,并且在事实上成为佛教与婆罗门教之间关联的一个重要侧面。因此以瑜伽禅为题能很好地说明这诞生于印

---

① 梁漱溟《印度哲学概论》第一篇,上海人民出版社 2005 年版,第 41 页。

② 姚为群《婆罗门教》第八章,中国社会科学出版社 2011 年版,第 166 页。

③ 虽然这个词有点若汉译"卡车"那样重叠,但正如现代汉语中卡车可专指一类的车,瑜伽禅也应该可以专指一类的禅。

④ 杨曾文《唐五代禅宗史》第一章,中国社会科学出版社 1999 年版,第 2 页。

度的两大宗教之间的联系和区别。陈兵先生对这种关系曾有专章论述①。

　　婆罗门教与佛教之间的瑜伽禅之第一个共同点是为着排除肉欲之干扰，即由此从欲望的苦缠中得到解脱。据印度传统说法，"是梵天王于诸淫瞋已尽无余，以是故言，若有修禅净行，断除淫欲，名为行梵道"②。《大梵点奥义书》于瑜伽也说得很清楚：

　　　　意念说有二，清净非清净；非净欲望聘，净念欲望屏。

　　　　意念于人生，为因有解缚；束缚滞物境，境释名解脱。

　　　　人无念物境，乃以成解脱；故求解脱者，物境常以遏。

　　　　弃物境无执，意念息于心；时至超念处，乃登最高岑。

　　　　唯当如是止，在心逝以灭；此知、此解脱，过此皆缠结③。

　　这就是婆罗门教的瑜伽禅。所以婆罗门教认为："要乐于思考最高我，坐禅，不需要任何物品，摒弃一切肉欲，惟与灵我为伍，在期待永远解脱中活于下界。"④并经历"如此意念专注之参行，得以内视现象世界

---

① 陈兵《佛教禅学与东方文明》第四章，上海人民出版社 1992 年版，第 391—412 页。其主要观点：1. 公元二世纪之前"婆罗门教瑜伽之学已初具规模，在修习的一般法则上与佛教禅不乏相通点。但总的看来，佛教较婆罗门教更重禅定修习"；2. 自公元四世纪起，婆罗门教与大乘佛教互相吸收渗透，"大乘禅观之念佛、念真如、心性，与印度教瑜伽之念梵念神我，虽略相似，而所念对象的内涵截然不同"；3. 八世纪后，佛教密乘"以瑜伽修习统摄一切教法，比大乘更重禅定实践"，同时在"印度教中，曼陀罗瑜伽的地位也越来越重要，成为瑜伽法门之主体"，虽然两者还有"根基之差"。
② 大村西崖《密教发达志》卷一，国书刊行会昭和四十七年版，第 79 页。
③ 载《五十奥义书》，徐梵澄译本，中国社会科学出版社 1995 年版，第 835 页。
④ 《摩奴法典》第六卷，中译本，商务印书馆 1985 年版，第 138 页。

的本质"①。目的是通过瑜伽禅"以心思中心灵的权能之开放,直对一高等精神力量和存在,而将他的有体精神化;且用那高等力量,这么占有了而且发动了的,去使他的整个本性完善化"②。而佛教的圣者(arya)之"目标是要摆脱现象生命的运动而进入一种绝对安静的状态","达到这种宁静的方法是深刻的冥想(yoga),这种瑜伽技巧是在非常早期的印度传统中发展起来的"③。

此类的禅通行于佛教,并能在石窟造像上也能得到一些印证,因为"佛教石窟最早的空间形制属于静态空间。静态空间是最适合于佛徒修习禅定的空间"④。起源于犍陀罗的"帝释窟禅定"的图像,是叙述"佛陀在窟中入禅定时,帝释天和执乐人(乾闼婆)的般遮翼及忉利天诸神来拜访佛陀",听佛陀说法后皈依了佛,并"由此产生了禅定的图像形式"。佛教传入中国后,瑜伽禅同样得到发展,如新疆"克孜尔第一期的山岳构图发展了犍陀罗'帝释天禅定'的洞窟形象"⑤。因此这个图像既说明佛陀通过禅定抵制了诸魔的干扰和诱惑,亦是表明婆罗门教诸神皈依佛教与禅的关系,同时也隐喻着瑜伽禅的婆罗门文化渊源。

婆罗门教与佛教之瑜伽禅的另一个主要一致地方,是强调肉体和意识之间的关系,正确的体姿和正确的意念之间的关联。因为这两者之间是互相作用的,即婆罗门教与佛教共同讲禅的基础在于将观想作

① Hirakawa Akira: *A History of Indian Buddhism*, Motilal Banarsidass Publishers Private Limited, Delhi, 2007, p. 302.
② 室利·阿罗频多《瑜伽论》第一章,中译本,商务印书馆 1987 年版,第 4 页。
③ 舍尔巴茨基《大乘佛学》第二章,中译本,中国社会科学出版社 1994 年版,第 6 页。
④ 黄河涛《早期禅学与中国石窟艺术》,载《禅与东方文化》,商务印书馆 1996 年版,第 93 页。
⑤ 宫治昭《涅槃和弥勒的图像学》第三部第二章,中译本,文物出版社 2009 年版,第 368、369、397 页。

为一种主要的修持方法。"瑜伽把个人的思维活动完全引向自身内部，用于控制意念和身体器官"①，进一步"把气息与精神性的'我'同一起来"②。如坐禅与瑜伽有着相似的功夫。如"调息是诃陀瑜伽中一项主要的技术"，其"调息法主要有三种：入息（pūraka）、出息（recaka）和持气（kumbhaka）；入息就是把气息吸入身体；出息就是呼气；持气就是蓄气不呼或闭气不吸"③。而最早传入中国的禅经就是安世高所译《安般守意经》，其所述禅之数息观，也是在出入息上下功夫。又求那跋陀罗所译《杂阿含经》卷十七云四禅："初禅正受时，语言止息；二禅正受时，觉观止息；三禅正受时，喜心止息；四禅正受时，出入息止息。"可见调息法也正是佛教行禅的基本功，而调息的过程正是意念控制肉体的过程，所以佛教如此之行禅便是一种瑜伽禅。广义地说，禅与戒结合的"禅戒"，也是以对肉体行为，包括一些对身体姿态的严格规范，来保持思想之清净纯洁。而此禅也是最先传入中国的禅法而且因为这种联系可以被广泛地感知，其影响很广，信奉者甚众。

婆罗门教与佛教共同所讲的瑜伽禅还在于有着相近的目标追求。"禅之用在洞悉人之本原"④，问题是如何来理解"人之本原"？如果从"一阐提皆有佛性"、"木石有情"这些观念出发，很容易看出"佛性"与"梵"之间的联系，或者说看到人与本源之间的关联。那种对"法身便是本性，报身是其德业，化身是其肉身"⑤的认识，也会导致"以生天为

① 尚会鹏《比较文化传统研究》第五章，北京大学出版社2004年版，第120页。
② 乔荼波陀《圣教论》，商务印书馆1999年版，第25页，巫白慧注语。
③ 李建欣《印度古典瑜伽哲学思想研究》第一章，北京大学出版社2000年版，第22页。其说当来自《甘露滴奥义书》："唯在光明中，呼气又吸入，导引说三种，吐、纳、与停息。"
④ 汤用彤《汉魏两晋南北朝佛教史》第六章，中华书局1983年版，第98页。
⑤ 《朱子语类》卷一二六"释氏"。

目的"①而对"肉身成就"的追求和所谓"肉身菩萨"之崇拜②。

目标确立以后就是实践修持。以印度宗教文化角度视之,佛家的瑜伽禅与婆罗门教的禅之修持结果也几乎是等同的。其中最明显的宗教效果在于"禅用为显,属在神通"③。但这是佛教禅的观念向婆罗门教瑜伽禅靠拢的结果,因为瑜伽禅在于通过身姿与意想的契合来对意念的强化,神通正是意念强化的表现。"一切瑜伽修持者,调伏意识得无畏,断除痛苦成正觉,安住寂静恒不坏"④。由此发展出来所谓"神通禅"在中国也颇为流行,如北魏时僧玄高"有徒三百",其中"有玄绍者,秦州陇西人。学究诸禅,神力自主。手指出水,供高洗漱,其水香净,倍异于常"⑤。此当是玄绍所练"诸禅"中包含瑜伽禅,才使其手指有如此之神力。因此佛教中少林武功等,也"可能是佛教瑜伽与我国传统气功和民间武术相结合的产物"⑥。

在六朝"神通禅还是密宗与禅学结合的粘结剂"⑦,因此密教无论在印度还是在中土,走的都是瑜伽禅的路子,可谓殊途同归。不过即使是仅就神通而言,佛禅与婆罗门教的瑜伽禅也是有区别的。如吉藏《百论疏》卷上云:"外道修禅得五神通,前后各知八万劫内事,自八万劫外不能了知,故云冥"。而参佛禅以"禅思静默,通达三昧"⑧,故能得"六

① 镰田茂雄《简明中国佛教史》第十一章,中译本,上海译文出版社 1986 年版,第243 页。
② 参见严耀中《中国佛教世俗化的一个标识——关于唐宋文献中"肉身菩萨"的若干分析》,载《华林》第二卷,中华书局 2002 年版。
③ 《高僧传》卷一一《习禅传论》。
④ 乔荼波陀《圣教论》,第 137 页。
⑤ 《高僧传》卷一一《宋伪魏平城释玄高传》。
⑥ 黄心川《印度瑜伽与中国佛教、道教、民间气功等关系》,载《东方佛教论》,中国社会科学出版社 2002 年版,第 94 页。
⑦ 严耀中《论六朝的神通禅》,载《中国哲学史》1999 年第 2 期。
⑧ 《比丘尼传》卷三,王孺童校注本,中华书局 2006 年版。

通",如智者大师的《誓愿文》里有"誓于此生作,长寿五通仙;修习诸禅定,学第六神通"①之说。据菩提流支所译《佛说法集经》卷三云:"何者是六通?所谓天眼、天耳、他心智、宿命智、如意通智、漏尽智,是名六通"。于是具六通者"观身与佛不差别"②,因此首先在功能上,佛教认为它的瑜伽禅比婆罗门教的更胜一筹。还如两者的观想方式是有所差异的,尤其是后来的中国禅,不同之处就更大了。

不管五通还是六通,都是禅在意念上的功夫和瑜伽在肉体上的功夫相结合之结果,"瑜伽行者所以能够发挥超自然力,不外本来具有底能力,由修行开展"③。其趋向是肉身成佛,也是瑜伽禅和其他的禅相区别之要点。不过在中国,瑜伽禅的发展是有限度的。随着密教的衰微和溶解,以及似与道教的神仙形象重复和混淆,所以两宋以降禅僧们所显示的神通未曾有超越前代者。而在印度,密教在公元七世纪以后,完全成为佛教发展的主流,瑜伽禅也就有了充分的发展。然而随着印度密教中婆罗门教的因子越来越多,佛教也就一步步地失去了本身的宗教特色,其瑜伽禅也几乎混同于婆罗门教中的瑜伽禅了。当印度的佛教在十三世纪遭到伊斯兰教的打击后而被摧毁,瑜伽禅就只存在于婆罗门教中,并被简称为瑜伽,在修炼上从此也难以与其他瑜伽有明显差别。

更重要的是,瑜伽既然是意念与肉体的高度结合,促成其结合之身心两方面长期修炼的趋向虽然是回归本体,却与众生有别,而非与众生无别,故多有禅窟禅房以为隔离专修之境。如此就与中国大乘佛教的主流教义发生了脱节,因为中国佛教在佛性论的基础上,关于众生是

---

① 《续高僧传》卷一七《隋国师智者天台山国清寺释智颛传》。
② 《景德传灯录》卷三《向居士》。
③ 黄忏华《印度哲学史纲》第二篇第二章,商务印书馆1935年版,第66页。

佛，佛是众生的论断很容易产生佛似众生，众生似佛的想法。如果着意于肉身成佛，岂不拉开此肉身与一般肉身之间的差距？这两个观念之间显然有些不大对头，"道不离众生，岂别更有佛"①？故通过瑜伽禅来肉身成佛，似有违"大悲平等，物我一均"②之嫌，何况专心致此则易沉溺于神通追求而坠入魔障。

为解决这样的矛盾，于是中国佛教在禅修上演化出不少新意来，虽然佛禅中包含着多重意向之内涵。鉴于佛教和婆罗门教都讲禅，但又有着对禅的不同理解和禅法，而这种不同又和对禅和瑜伽之间关系的理解不一相关，因此在禅学中，也可以萌生出以慧为主的禅法。由此则有"出家之人心不依佛"③之无念禅产生，即一种以否定之否定的关系体现意念的禅，一种以无所追求为追求的禅。即是"闻说菩提，不作意取菩提；闻说涅槃，不作意取涅槃；闻说净，不作意取净；闻说空，不作意取空；闻说定，不作意取定。如是用心，即寂静涅槃"④，以达到"无畏自在，直见佛性，中无缁磷"⑤之境界。据说达摩与梁武帝话不投机，就是因为"梁武帝问有为之事，达磨贵传径门心要，机教相乖，若水投石"⑥。不求有为，当然在于无念，因为无念才能无为。或云无为而无不为，所以"出家者为无为法，天上人间无有胜者"⑦。这虽是不求神通而具备神通者，但高出了瑜伽禅的神通一层境界。由此行禅，舍念清净，即是无念禅了。神会阐明其所依之理："但自知本体寂静，空无所有，亦无住

---

① 《宋高僧传》卷一一《唐汾州开元寺无业传》。
② 《宋高僧传》卷八《唐金陵天保寺智威传》。
③ 《宋高僧传》卷一二《唐洪州洞山良价传》。
④ 《神会和尚禅话录》，杨曾文编校本，中华书局1996年版，第8页。
⑤ 《宋高僧传》卷一〇《唐荆州天皇寺道悟传》。
⑥ 《宋高僧传》卷八《唐荆州当阳山度门寺神秀传》。
⑦ 《宋高僧传》卷九《唐南岳观音台怀让传》。

著,等同虚空,无处不遍,即是诸佛真如身,真如是无念之体。以是义故,立无念为宗。若见无念者,虽具见闻觉知,而常空寂,即戒定慧学,一时齐等,万行俱备,即同如来知见,广大深远。"①

这种禅符合一个中国化的概念叫做"任其自然",即"一无执着,任运自然,便是真心之朗现"②。如此修道不仅是在"盖薜荔,荐落叶而尸居;饮山流,饭木实而充虚"③那样纯自然生活中萌生禅意,而且还因为人是处在社会生活之中的,在生活中按其本身的节奏吃饭拉尿,挑水劈柴,随和父老乡亲,也是一种自然的生活状态,或者说任其自然地生活中亦寓生禅机。因为"平常心是道",而平常正是蕴于生活之中。这也就是在生活中不刻意追求什么,可"称其为无修之修,以无修为修"④,做到"一心不生,万法无咎"⑤,乃至无我。此亦即无任何具体的欲望显示,却"不以情忘情,故情真;不以道求道,故道直"⑥。这样子一来,"禅者的心性乃从逻辑或理性的思维限制解放出来,自由自在,绝待透脱"⑦,当然也是从肉体的关联中解脱出来。即任肉体在日常生活中若无拘无束般的行动自然,而让思想得到解脱,能凌驾于现象界之上而享有着最大的自由。所以说"唯有任其自然方是顿悟"⑧。如此看似容易,其实极难,所谓"画面布局重神似而忽略形态"的中国禅画特征⑨之

① 《神会和尚禅话录》,杨曾文编校本,第10页。
② 何国铨《中国禅学思想研究》第五章,文津出版社1987年版,第120页。
③ 《宋高僧传》卷一〇《唐天台山佛窟岩遗则传》。
④ 董群《禅宗伦理》第六章,浙江人民出版社2000年版,第187页。
⑤ 《赵州录》卷中,中州古籍出版社2001年版,第55页。
⑥ 《宋高僧传》卷一三《晋会稽清化院全付传》。
⑦ 傅伟勋《从西方哲学到禅佛教》,三联书店1989年版,第315页。
⑧ 顾伟康《禅宗:文化交融与历史选择》第五章,知识出版社1990年版,第218页。
⑨ 参见叶伟夫、叶芃《中国禅宗绘画及流派研究》,载《中国禅学》第五卷,中国社会科学出版社2010年版。

产生,就是因为如何是"触情念而无念,终日修而无修"①?是难以用具体形象来表现的。如此之禅也是需要大定力大智慧将所遇一切置于"平常心"之下的,因此以日常生活的处处场合为禅境,要比在深山禅窟中独修艰难得多。

行禅到了这个份上就已经和瑜伽没有什么关系了,因为瑜伽禅的"这种孤立状态是通过进行某些身体上和精神上的锻炼而产生的,并使人获得神通,作为究竟和圆满解脱的前奏"②。"无念禅"和"生活禅"意味着和瑜伽禅的差距进一步扩大,而且是成了两个不同的层面。瑜伽的观想基本上是有意念的,即中国佛禅则倾向于对意念的消解,"佛教禅定的目的是空——此乃如潮水般思维之中断"③。瑜伽禅是离开众生的修行,其禅功越高,就离得人间越远,虽然可以把瑜伽行看作是一条联系两者的"天路"。然而"法元在世间,于世出世间,勿离世间上,外求出世间",如此天路是否能导向涅槃之境还是有疑问的④。无念禅是以人间社会为禅境之禅,处生活如流水行云方是禅功到家,即"悟无念法者,万法尽通,悟无念法者,见诸佛境界"⑤。华土禅宗的流派虽多其实都离不开《坛经》主张的这个基本点。这确实是一种境界非常高的禅,是一种趋向于涅槃境界的禅,禅之参行在修佛的同时又消解了与众生有别之"佛"。因为如此则将人间日常生活和涅槃圣境相连,完成了佛教由俗谛向真谛的衔接。

---

① 《宋高僧传》卷一三《习禅篇论》。
② 查尔斯·埃利奥特《印度教与佛教史纲》第一卷,中译本,商务印书馆1982年版,第411页。
③ 赫尔穆特·吴黎熙《佛像解说》,中译本,社会科学文献出版社2003年版,第27页。
④ 《六祖坛经》,邓文宽校注本,辽宁教育出版社2005年版,第83页。
⑤ 《六祖坛经》,邓文宽校注本,第67、68页。

无念禅、生活禅的形成,应该与中国的社会文化环境之影响分不开,至少可以找到与道家崇尚自然与儒家入世精神相关的成分出来。如印顺法师指出:"南方佛法,本来受到玄学的影响,而把禅学看作玄学"①。阿部肇一也说石头希迁和马祖道一"两个法系其思想基础,都是采行'天地'思想,那是接受了儒家和道教的格义和融合的理论所致"②。这些说法都可归纳成与所谓"三教合一"有关,这正是使以南宗为代表的中国禅走上与印度不同的发展之路。

对于禅的不同发展方向,胡适先生有个比较简单的说法:"印度禅是要专心,不受外界的任何影响;中国禅是要运用智慧,从无办法中想出办法来,打破障碍,超脱一切。印度禅重在'定',中国禅重在'慧'"③。阐释一下胡先生的话就是:定力的增长需要意念和肉体的一齐努力,这实际上就是所谓瑜伽禅的特点。而生活禅却是使禅融于生活又高于生活,此必得对个体与社会,生命与本体之间的关系有极深的理解,也就是要有极高的智慧。由此也分解出中印之间禅学发展的不同走向。

上述禅的不同发展方向也标志着中国佛教的特征充分显露和印度佛教向婆罗门教的复合。从而显示出中印文化的差异及其对宗教发展造成的影响。

载《生活禅研究》,大象出版社 2012 年版

---

① 印顺《中国禅宗史》第九章,台中广益印书局 1971 年版,第 407 页。
② 阿部肇一《中国禅宗史》,中译本,东大图书公司 1988 年版,第 147、148 页。
③ 《中国禅学的发展》,载《胡适学术文集·中国佛学史》,中华书局 1997 年版,第 69 页。

关于念佛净土、禅念和
无念禅之间的联系

　　参禅时该不该有"念"，若有念，该当是如何之念？这个问题在中国佛教中也是一个较大的问题。正如赖永海先生所说，修禅与念佛在"几乎所有的佛教宗派都是两者兼而有之"，但"分别为禅宗和净土宗所特别提倡"①。因此顺应佛业前进的需要，两者在佛理上如何磨合就显得至关重要。其中，念佛、禅念与无念禅之间的关系涉及到禅学分合和禅与净土关系之发展。无念禅为中土禅法之一，系慧能大师所提倡，渐成修禅或禅学之干流；而一心念佛，"日加礼诵，修诸净业"②，则是阿弥陀净土信仰的一个重要特征，甚至因此有念佛净土之称。所以理清无念与念佛关系上的思路，对理解两宗的自身发展和彼此之结合都是很要紧的，唐宋以降于此进步不断，如"对禅宗而言，融摄净土念佛法门的同时也就要作一番新的诠释和改造"③。近来再读《藕益大师净土集》④并检讨念佛净土、禅念和无念禅之间的联系，从中多有启发，故作文汇报如下。

---

①　赖永海《中国佛性论》第八章，上海人民出版社 1988 年版，第 282 页。
②　《续高僧传》卷一〇《隋彭城崇圣道场释靖嵩传》。
③　龚隽《禅史钩沉——以问题为中心的思想史论述》第六章，三联书店 2006 年版，第 264 页。
④　会性法师摘编，上海佛学书局 1995 年印本。

　　回顾一下,净土宗作为"寓宗",故能与中国佛教其他诸宗和融共处,相得益彰①。这当然也包括汉代就已经传入中国的禅学。"禅之种类中,特别发达,而与后世以绝大之影响者,念佛观是也。此念佛观,始存于小乘五停心观之中;任何禅经,无不说之者。其区别有多种。举凡观佛三昧、生身观、法身观、十方诸佛观法、观无量寿佛法、如上所述者,莫非念佛观也"②。因为修禅中之很多观法意味着心念,当然也可以口中喃喃,以念助定。另一方面,中土至少自东晋起就流行念阿弥陀净土,如梁失译《阿弥陀鼓音声王陀罗尼经》云:"是阿弥陀鼓音声王陀罗尼时。无量众生皆悉发愿。志求生彼极乐世界。"刘长东先生认为,"慧远归信弥陀尚有他素重禅法且又修习般舟三昧的外因起了相当的作用"③。而把二者联系在一起的经常用词是"禅诵"和"禅念",它们在很多佛经里都出现过,如慧觉所译《贤愚经》卷四《摩诃斯那优婆夷品第二十一》云:"其精勤者,坐禅诵经"。又如《杂譬喻经》云:"昔佛在世时,有五百力士俱为沙门,共在一处坐禅诵经"。也有用"禅念"一词的,如迦留陀伽所译《十二游经》云:菩萨受"瞿昙姓,洁志入于深山林薮崄阻坐禅念道"④。由此,通过"如此意念专注之参行,得以内视现象世界的本质"⑤,以求达到"念灭尽,是为断生死罪"⑥。

　　"禅诵"或"禅念"作为一个重要观念,很多高僧都曾努力实行之,四

---

① 参见望月信亨《中国净土教理史》,中译本,台北慧日讲堂 1974 年版,第 258 页。
② 蒋维乔《中国佛教史》第九章,上海古籍出版社 2004 年版,第 80 页。
③ 刘长东《晋唐弥陀净土信仰研究》第一章,巴蜀书社 2000 年版,第 39 页。
④ 迦留陀伽所译经之正文。《法苑珠林》卷八所引(周叔迦、苏晋仁校注本,中华书局 2003 年版,第 284 页),字句略有异。
⑤ Hirakawa Akira: *A History of Indian Buddhism*, Motilal Banarsidass Publishers Private Limited, Delhi, 2007, p. 302.
⑥ 《三十七品经》,载《藏外佛教文献》第十四辑,中国人民大学出版社 2010 年版,第 171 页。

祖道信甚至还倡导过"念佛禅"。如南朝释智严"坐禅诵经,力精修学"①。另一位释慧约"惟以静漠自娱,禅诵为乐"②。北魏的佛陀禅师"别设禅林,凿石为龛,结徒定念"③。唐代开元三大士之一善无畏则"密修禅诵,口放白光"④,以显示禅定与念佛相结合所产生的神通。比丘尼也一样,如尼业首"弥好禅诵,造次无怠"⑤等等。这里的"诵"或"念"虽然有时指的是诵经念道,其实和诵念佛号是一样的,佛经中本来就有《佛名经》,在《大藏经》里各种《佛名经》有十余种之多,故念经也可以说就是在口诵佛号,如同念佛,当然亦适用于包括修禅在内的多种场合⑥。如此禅诵或禅念的结合修行也被一般信佛者所遵奉,如南朝陆庆"鄱阳、晋安王俱以记室征,并不就。乃筑室屏居,以禅诵为事"⑦。还如唐代王维"退朝之后,焚香独坐,以禅诵为事"⑧等。关于"禅念"的,如郑道子《与禅师书论踞食》云:"今禅念化心,而守迹不变"⑨。又如释慧初"才有所识好习禅念"⑩等等,实际上大多数僧众或信众都是以此为日常功课的。

在修行过程中念佛和修禅普遍地被结合起来,无疑是因为专心致

① 《高僧传》卷三《宋京师枳园寺释智严》。
② 《续高僧传》卷六《梁国师草堂寺智者释慧约传》。
③ 《续高僧传》卷一六《魏嵩岳少林寺天竺僧佛陀传》。
④ 《宋高僧传》卷三《唐洛京圣善寺善无畏传》。
⑤ 《比丘尼传》卷二《东青园寺业首尼传》。
⑥ 如道宣《释迦方志》"通局篇第六",说魏晋南北朝时"自晋、宋、梁、陈、魏、燕、秦、赵,国分十六,时经四百,观音、地藏、弥勒、弥陀,称名念诵,获其将救者,不可胜纪"。说明当时称名念佛很普遍,当然也会在修禅时念诵,如同观想。
⑦ 《陈书》卷三三《陆庆传》。
⑧ 《旧唐书》卷一九〇下《王维传》。
⑨ 文载《弘明集》卷一二。
⑩ 《续高僧传》卷一六《梁钟山延贤寺释慧胜传附慧初传》。

志地诵经念佛,"其中所有世尊法化,弟子诵习,无遽不见,无声不闻"①,会使诵念者达到心无旁骛的境界,增强了禅定之力。"冥思在佛教里担当着重要的角色,引导人们以自身的能力得到真理"②。上述事例也表明,不管是观想念佛还是称名念佛,符合"道难即易,道易即难"③之理,都能得到如此的效果。不过禅学和净土信仰的这些关联,对一般的修禅而言虽然是正确的,但在慧能大师所开创的中国禅学里,如此联系却产生了一些问题。因为在慧能大师的禅学里,为避免"依一切众生以有妄心,念念分别"④,提倡一种叫做无念禅的禅法,即"于一切境上不染,名为无念。于自念上离境,不于法上生念",于是"故此教门,立无念为宗"⑤。

关于上述无念禅,神会和尚进一步解释道:"但自知本体寂静,空无所有,亦无住著,等同虚空,无处不遍,即是诸佛真如身,真如是无念之体。以是义故,立无念为宗"⑥。其中"出家之人心不依佛"⑦是该禅法的要点,但念佛似乎是一种"法上生念",愿依佛之他力,"建斋立誓,共期西方"⑧。如此念佛所体现的"愿"和"行"正是净土信仰之二大要点,表现了往生净土之强烈意念。这是无念禅所要批判的,"何者是妄?所作意在心,取空取净,乃至起心求证菩提涅槃,皆属虚妄"⑨。如是,"参

---

① 《出三藏记集》卷六,康僧会《安般守意经序第二》。
② Alex Wayman: *Buddhist Insight*, Motilal Banarsidass, Delhi, 1984, p. 69.
③ 《赵州录》,张子开点校本,中州古籍出版社 2001 年版,第 23 页。
④ 《大乘起信论》,夏振农校释本,中华书局 1992 年版,第 22 页。
⑤ 《坛经》,郭朋校释本,中华书局 1983 年版,第 32 页。
⑥ 《神会和尚禅话录》,杨曾文编校本,中华书局 1996 年版,第 10 页。
⑦ 《宋高僧传》卷一二《唐洪州洞山良价传》。
⑧ 《出三藏记集》卷一五《慧远法师传》。
⑨ 《神会和尚禅语录》,杨曾文编校本,中华书局 1996 年版,第 119 页。

禅要离想,念佛专在想"①,无念禅岂不与作为以念佛为依佛的净土法门形成了矛盾?

当然,会有人提出异议:此"念"不是那"念",念佛之念和无念之念不是一个概念。前者发之口内,属于体行的层面,对象是客体他方;后者隐于脑中,在于思想的层面,始终在主体自身;所以二者不可并相混和比较。不过如果进一步推问,在二者中间之关系还是可以深究的,因为念佛毕竟是一个有思想愿望的意志表达,是一个由自心所起的念头而实行之,故"依荷泽,所谓'无念'者,即不作意也。彼以为凡有起心动念,尽皆是妄"②。通过念佛而往生西土,算不算起心动念有所实行③?更不用说诸如"一条直路超三界,但念弥陀归去来"④那般普通的称名念佛了。否则若有口无心般地无思无念,那就谈不上信仰与功德了,因此念佛也是思维之用,心意之动,"其所由来,全以世间乐欲诸愿成就为志"⑤。因此其目的明显,涉及生灭,"以念相应不断故"⑥。而且这样子容易"念念生灭,变变常新,不识乱念,翻怀见网"⑦,因此还是和"无念"之间存在矛盾的。

因此如何解决这个矛盾,非常重要,关系到禅、净两宗之关联和中国佛学的深入发展。其实从唐代开始,一些高僧和居士学者已经在

---

① 望月信亨《中国净土教理史》,释海印译本,台北慧日讲堂 1974 年版,第 323 页。

② 何国铨《中国禅学思想研究》第八章,文津出版社 1987 年版,第 215 页。

③ 即使是观想念佛,也是一种语言行为,一种将"语言成分有关的各神经路中的各个位置点,或各丛位置点,都由脑中的联合路线连接起来"(爱德华·萨丕尔《语言论》第一章,中译本,商务印书馆 1985 年版,第 9 页)之心理物理联合运动。更不用说净土宗之称名念佛了。

④ "销释金刚经科仪",载方广錩主编《藏外佛教文献》第六辑,宗教文化出版社 1998 年版,第 325 页。

⑤ 大村西崖《密教发达志》卷一,日本国书刊行会昭和四十七年版,第 40 页。

⑥ 《大乘起信论》,夏振农校释本,第 54 页。

⑦ 《续高僧传》卷二一《习禅篇论》。

为此寻找各种答案。如弘忍门下的宣什"正授法时,先说法门道理修
行意趣,然后令一字念佛。初引声由念,后渐渐没声,微声乃至无声。
送佛至意,意念犹粗,又送至心,念念存想,有佛恒在心中,乃至无想,
盖得道"。宗密称此为"南山念佛门禅宗"①。忽滑谷快天先生认为,
当时实践解决如何由念佛至无念的还有牛头宗门下的法持等人②。
但存想于心,便是有念,还不是在根本上解决问题。又永明延寿提出
"心佛是一,是故可以两亡,不必争论"③,但不争论也并不等于问题的
解决。道宣等则提出诵经念佛能做到"我读持无心悟入"④。这是因
为"梵语禅那,华言念修也。以其触情念而无念,终日修而无修"。修
禅时"俱离静幻故,始云菩萨不住此岸,不住彼岸,而度众生令登彼岸
也"⑤。龚隽先生指出憨山德清把念佛在想"代之以观想之法,净除心
念,则可以看作是以毒攻毒的简易行法"⑥。上述这些努力表明就是
念佛也能起过渡作用,其逻辑即是将无念禅使之成为一种以否定之
否定的关系体现意念的禅,一种以无所追求为追求的禅。如此的
"念",好比是默读数字来催眠一般,数目字本身不含目的,只是作为
帮助禅定的工具,所以也是一种"念定",即以念力来实现禅定。这样

---

① 宗密《圆觉经大疏钞》卷三之下。
② 忽滑谷快天《中国禅学思想史》第三编第五章,中译本,上海古籍出版社 1994
年版,第 138 页。洪修平先生认为"念佛禅"创自于东晋慧远,"他所倾心的是
大乘念佛禅","慧远的念佛属于观想念佛,这与后世净土宗提倡的称名念佛
是不一样的"。见氏著《中国禅学思想史纲》第二章,南京大学出版社 1994 年
版,第 30—32 页。因此这不在本文的讨论范围内,何况东晋时也没有"念佛
禅"之概念。
③ 参见冉云华《永明延寿》第四章,东大图书公司 1999 年版,第 198 页。
④ 《续高僧传》卷二九《读诵篇论》。
⑤ 《宋高僧传》卷一三《习禅篇论》。
⑥ 龚隽《禅史钩沉——以问题为中心的思想史论述》第六章,三联书店 2006 年
版,第 294 页。

子来理解的禅法是能够与念佛法门一致的，按照莲池大师的说法，就是"由思而入无思，即念佛者由念而入无念也"①，以做到"念中无念，心中无心"②。净慧法师讲得更具体："念佛的时候不要有所希求，要'只问耕耘，莫问收获'，这就是念无所念"③。这样子的念佛，是从追求有限之目标，到体现追求本身之无限④，而在诸行无我之川流不息中，实现诸法无我之境界。

于此，蕅益大师在佛理上有更精细的诠释。先是指出净土法门所念之佛当有讲究，彼此有别："念佛法门有念自佛、他佛、自他佛之不同。若单念自佛，与参禅止观全同。若单念他佛，与参禅止观亦异亦同。若双念自、他佛，与参禅止观非异非同"。蕅益赞同的是最后一法，"夫双念自、他佛者，了知心、佛、众生三无差别。乃托他佛，助显本性。由悟本性，故与禅观非异。由托他佛，故与禅观非同。是谓胜异方便，无上法门"⑤。

虽然也可以说，蕅益大师这番见解，系"是心作佛，是心是佛"⑥观点的一种发挥，但毕竟明确地把无念与念自佛统一，念自佛与念他佛统

① 株宏《竹窗随笔》，莆田广化寺 1990 年印本，第 23 页。
② 敦煌文书 S.1631。译文见郝春文《英藏敦煌社会历史文献释录》第七卷，社会科学文献出版社 2010 年版，第 397 页。
③ 净慧《生活禅钥》，三联书店 2008 年版，第 46 页。
④ 印顺法师认为"念是众生本性现成的，自性所起的用"。见氏著《中国禅宗史》第八章，上海书店 1992 年版，第 369 页。但"念"虽蕴于本性中，但其之呈现，还得需意念来作为导火索。这是内因与外因的关系，缺一不行。
⑤ 《蕅益大师净土集》卷下，上海佛学书局 1995 年印本，第 136、137 页。陈扬炯先生认为这是"把禅宗的观点引入净土，使'信心'打上了禅宗的烙印，具体表现了禅净的融合"。见氏著《中国净土宗通史》第九章，江苏古籍出版社 2000 年版，第 513 页。但两者之结合还有另外的层面，见本文。
⑥ 见置良耶舍译《观无量寿经》。如果要联系更远的思想渊源，可以注意到这样的话："应该借心念的帮助解救自己，不要因心念而坠落"（《博伽梵歌》第六章，嘉娜娃译本，陕西师范大学出版社 2007 年版，第 123 页）。

一起来,以念佛来净化心中诸念,并将它们都视为了悟真谛的方便之用。这些道理自他才说得充分明白。蕅益大师的这种诠释无念禅与念佛关系之思路十分精妙,在一个新的角度上展示了由俗谛到真谛之道①。

蕅益大师所说之要点,在于其消除了无念与念佛之间的主、客体差别。方法上犹如古文注音中的反切法,念到极致处,心口佛,合二为一,通体清净无杂,"从非想非非想处定起入灭尽定"②。如此则似易行而实不易,而与参禅顿悟之道相契合。不过以此是二是一,不着一边,从而消解了理论上的冲突。其说还有一个妙处,即如此虽作为真谛上的诠释,但丝毫不妨害在俗谛的层面上口念佛号,心想往生。即如去游一名山,已从山脚渐渐登顶,对于后山深处一个胜景,有意者可去享受完美。不去亦可满足,因为就一般而言,登顶即算游山事成,能一览众山小就已经很够了。故可视此登山为一心路历程,二者之行,境随心止,皆是圆满,无有高下。

鉴于从印度禅到中国禅③,念佛法门与之相结合实际上可分成二个阶段,并处于二个层面,所以不妨再对蕅益大师的净禅观作一些解释。他所提倡的念佛非为呼求感应以得佛助,而是为了使"心、佛、众生

---

① 关于对蕅益大师有关观念的解读,参见严耀中《从俗谛到真谛——读"蕅益大师净土集"》,载《灵峰蕅益大师研究》,宗教文化出版社 2011 年版。更何况"阿弥陀佛的大'愿',西方'极乐世界'的描绘,'持名'(念佛)来源的印度宗教习俗"(见金克木《关于汉译佛教文献的编目、分类和解题》,载《南开学报》1983 年第 3 期),非佛教之真谛,故念佛与无念也体现着佛家俗谛与真谛的差别。

② 玄奘译《大般若波罗蜜多经》卷八《初分转生品第四之二》。

③ 关于这二种禅,胡适先生说:"印度禅是要专心,不受外界的任何影响;中国禅是要运用智慧,从无办法中想出办法来,打破障碍,超脱一切"。见氏著《中国禅学的发展》,载《胡适学术文集·中国佛学史》,中华书局 1997 年版,第 69 页。可以说,蕅益大师对念佛与禅的结合提出新见解,正是体现了"想出办法来,打破障碍,超脱一切"。

三无差别"。因为若专致念佛,唯佛无他,从而物我两忘,即心即佛,则应了"心不执有,依义不依语,依智不依识"①之甚深佛法。如此念佛至无念或以无念之智念佛,则与不立文字,转识成智之义相合。故与禅门之"无念"一样,都是趋向于无差别之臻境。即"将话语、意念和愿望归于平静",甚至"无闻精神之自白"②,就可以达到无差别境界,这就是涅槃。若是,则无念与念佛,是二是一,亦无禅净之分。而且如此一来,以念佛而达化境,成净土于自心,则是依自力而非他力,此亦与禅门无二,"道从禅智,得近泥洹"③,则成就了新的净禅观。如此也使净土法门更符合儒家士大夫"君子自强"的传统心理和正心诚意的自修之道,进一步扩大了佛教的社会接受面。这不能不说是在净土信仰理论上的一大飞跃,同时也为以念力助定的禅法在理论上作了进一步的阐明。蕅益大师于此之功莫大焉。

上述也说明,明代的佛学较之唐代,更注重于对诸说的圆融一致,"云栖袾宏、憨山德清,灵峰智旭等学者相继出。或唱禅净一致,或说性相融会,或论儒佛合一,而一以净土为归"④,从而使佛教有潜力对中国社会继续保持着强大的影响力。其中灵峰蕅益大师致力佛学之"宗旨在调和各派,著述极多"⑤,是当时一位最具代表性之高僧。"道由人弘,法待缘显"⑥,他对宋以后社会上最有影响力的禅宗和净土宗二家要领进行如此融合互补,造就"事理双融真净业"⑦,无愧被后人称为净

---

① 康僧铠译《大宝积经》卷八二《郁伽长者会第十九》。
② S. G. Deodikar: *Upanisads and Early Buddhism*, Eastern Book Linkers, Delhi, 1992, p. 163.
③ 竺佛念译《出曜经》卷二九《沙门品第三十三》。
④ 黄忏华《中国佛教史》第四章,东方出版社 2008 年版,第 281 页。
⑤ 汤用彤《隋唐佛教史稿》"附录二",中华书局 1982 年版,第 306 页。
⑥ 《出三藏记集》卷一,僧祐《序》。
⑦ 《蕅益大师净土集》卷下,第 179 页。

土九祖和明代四大高僧之一。

载《第四届三禅会议论文集》，宗教文化出版社 2015 年版

综说隋文帝广建舍利塔的意义

隋文帝于各地大兴舍利塔之举,相关论著多以此为杨坚崇信佛教的一个例证,然此举在当时政治上意义及与中国佛教发展之各种关联,似尚未被充分注意,故本文在综合已有诸说的基础上拟进一步说明之。

一 隋文帝的意图

佛舍利为佛涅槃后所遗存,为佛教信徒所尊崇,并建塔以供之。相关的佛教文献于此多有记载,"若夫舍利者,金人之遗骨,坚刚不坏,变化自然,西天敬之,立为塔庙"①。而"强调舍利之重要是因为见此即如目睹佛陀之现身"②。不仅如此,佛教的造型艺术是从建筑石质的舍利塔开始的,它"第一次作为自阿育王时代开始,而在北印度普通民众中发展起来的佛教文化之形象表现"③。即"舍利塔在考古学上的重要

---

① 崔鹏《吴县邓蔚山光福讲寺舍利塔记》,载《全唐文》卷八〇四,上海古籍出版社1990年印本,第3750页。
② Reginald A. Ray:*Buddhist Saints in India*,Oxford Univ. Press,Oxford,1994,p. 329.
③ S. Dutt:*Buddhist Monks and Monasteries of India*,Motilal Banarsidass,Delhi,1962,p. 119.

是其显示着对佛陀的崇拜仪式,它是识别佛教在这个区域传播的证据"[1]。所以这在佛教史上是崇拜与图像相结合的一个里程碑,也可看作佛教具有"像教"特征的起始点。

佛教东传中土,对舍利之崇拜也随之带入,有着印度佛教为榜样的舍利塔之筑建亦势在必行。如"东林寺上坊舍利塔者,有宋佛驮跋陀罗禅师所立"[2],此亦系宗教传播中之通常现象,然其作为佛教象征意义之突出并发生全国性的重要影响,关键在于隋文帝颁下的《隋国立佛舍利塔诏》[3]。其诏书颁布后,即分送舍利在各地建塔以供之,"帝昔在潜龙,得舍利一裹。仁寿元年(601)令于三十一州立舍利塔藏之。二年又于五十余州立塔。四年又下敕造塔,送舍利往博、绛等三十余州。盖前后共立塔百余州。发送舍利者,均选名僧"[4]。其中仅仁寿年间总数,所建的"舍利塔在 111 座以上"[5],为前所未有。而且这使崇拜舍利成为官方意旨,意义重大,"舍利塔的建造使佛教在隋代具有了'替国行道'的色彩"[6],并由此"最后完善了文帝的佛教政策"[7]。

关于文帝广建舍利塔之举,学者多以隋文帝信仰背景着眼。"隋文帝代周自立,其开国首政即为恢复佛教。此固别有政治上之作用,而其家世及本身幼时之信仰,要为一重要之原因,则无疑也"[8]。而文帝"特

[1] Jason Neelis: *Early Buddhist Transmission and Trade Networks*, Brill, Leiden, 2011, p. 55.

[2] 李讷《东林寺舍利塔铭》,载《全唐文》卷四三八,第 1979 页。

[3] 文载《广弘明集》卷一七,上海古籍出版社 1991 年印本,第 220 页。

[4] 汤用彤《隋唐佛教史稿》第一章,中华书局 1982 年版,第 9 页。

[5] 冉万里《中国古代舍利瘗埋制度研究》第二章,文物出版社 2013 年版,第 79 页。

[6] 张国刚《佛学与隋唐社会》第四章,河北人民出版社 2002 年版,第 133 页。

[7] 镰田茂雄《简明中国佛教史》第八章,郑彭年译本,上海译文出版社 1986 年版,第 157 页。

[8] 陈寅恪《武曌与佛教》,载《金明馆丛稿二编》,上海古籍出版社 1980 年版,第 142 页。

别炫耀舍利的灵威,其目的在于显示隋代之为天子,是得到佛所加被的"①。然当时可能另有一些情况影响着隋文帝的考虑,这在杨雄率百官所上《庆舍利感应表》中略见端倪,可以作为证明此举在当时政治作用的一个切入点。

《庆舍利感应表》全文很长,但是它的中心,或者说它的主要内容,是放在"感应"上。在该《表》所举先后建塔供养的51(一作53)个州中②,据说绝大部分都出现了各种奇迹,以示感应。在另一份王劭所作的《舍利感应记》③里列举了相似的内容,重复了对分建舍利塔所引发感应现象之重视。因此这恐怕不仅仅是一个官方恢复与振兴佛教的举动,所以对此举是如何"别有政治上之作用",作一些发掘和展开。

首先,这是隋文帝通过宗教手段来帮助树立其一统天下后的政治权威④。当时建灵塔之州几乎遍及隋之全境,即所谓"四海之内"。诏令"总管、刺史已下,县尉已上,自非军机,停常务七日,专检校行道及打刹等事"⑤。舍利入诸州境时,须"先令家家洒扫,覆诸秽恶。道俗士女,倾城远迎,总管刺史诸官人夹路"⑥。这样的架势,远远超出了一般

---

① 《中国佛教史》第四章,载《周叔迦佛学论著集》,中华书局1991年版,第161页。
② 《法苑珠林》卷四〇云:"右总五十三州,四十州已来皆有灵瑞"。又同书卷一百"隋高祖文皇帝"条云:"一百余州,立舍利塔"(分见周叔迦、苏晋仁校注本,中华书局2003年版,第1282、2893页)。
③ 文载《广弘明集》卷一七。
④ 关于这一点,以往多有学者提及。如刘淑芬说"隋文帝命令各地修建舍利塔",是有着"做'转轮圣王'的政治意图"(《中古的佛教与社会》,上海古籍出版社2008年版,第321页);又如韩昇说此"激起宗教精神的亢奋是为了加强政治的统制"(《隋文帝传》,人民出版社1998年版,第477页);再如孙英刚说"它也是隋文帝利用佛教将中央权威通过佛教仪式、祥瑞、宣传等手段渗透到地方各州的手段"(《唐研究》第十九卷,北京大学出版社2013年版,第36页);等等。但这些观点往往还没有充分展开或仅强调一个侧面。
⑤ 《立佛舍利塔诏》,载《广弘明集》卷一七,第220页。
⑥ 王劭《舍利感应记》,载《广弘明集》卷一七,第220页。

的官方宗教活动,而是一场涉及几乎隋朝全体官民的大动员。毫无疑义,这是一个对所有地域显示行政权力自上至下的贯彻过程,也是皇帝和朝廷中央权威的强化过程。对于经过数百年分裂①而新近统一的中国来说,这种统治力量的张扬自然是十分必要的,而建塔于诸州是一个漂亮的借口。

其次,隋文帝大张旗鼓,以供奉舍利建立佛塔等形式来崇尚佛教,是对受战乱后社会创伤的一种安抚,也是为了减轻其在政治斗争中所采取的手段所形成的心理压力。如《法苑珠林》卷六〇叙述了文帝建相州大慈寺舍利塔的由头:"初以隋运创临,天下未附。吴国公蔚迥,周之柱臣,镇守河北,作牧旧都。闻杨氏御图,心所未允。即日聚结,举兵抗诏。官军一临,大阵摧解。收拥俘虏,将百万人,总集寺北游豫园中,明旦斩决。围墙有孔,出者纵之。至晓使断,犹有六十万人,并于漳河岸斩之。流尸水中,水为不流,血河一月。夜夜鬼哭,哀怨切人。以事闻,帝曰:此段一诛,深有枉滥。贼止蔚迥,余并被驱。当时恻隐,咸知此事。国初机候,不获纵之,可于游豫园南、葛蓬山上立大慈寺,拆三爵台以营之。"②所以要分建舍利塔于各地,以福佑"太祖武元皇帝、元明皇后、皇帝、皇后、皇太子、诸王子孙等"③。这既是通过宗教途径给死难者亲属的一个安慰,指望"贼将义夫齐指,俱润法雨,同乘大辕,回向菩提",使各方消退怨恨④,其实也是给他自己来一次心理上的解脱。诸州之建塔,都是在仁寿年间,此时杨坚已年过花甲。这在古代帝王里可

---

① 自公元 221 年曹魏建至 589 年隋灭陈,中间只有西晋不到三十年的统一。其实东汉自黄巾起义后,已在事实上走向分裂。

② 中华书局 2003 年版,第 2009 页。

③ 《隋仁寿元年舍利塔下铭石刻拓片》,引自李森《青州龙兴寺历史与窖藏佛教造像研究》,山东大学出版社 2012 年版,第 262 页。

④ 朱子奢《昭仁寺碑铭》,载《全唐文》卷一三五,第 600 页。

属高龄的一类,既知来日无多,又期盼更长的寿命,是出于这样一个年龄段君王必然会有的心绪,"仁寿"的年号本身就反映出杨坚"以仁求寿"之心,建塔之举也可以说是落实其心思的措施。

"隋仁寿二年,置舍利塔于群岳,以抚天下"①。可见这举措的政治意义唐代人是明白的,也被唐太宗所模仿。如贞观三年十二月一日诏云:"可于建义以来交兵之处,为义士凶徒陨身戎阵者,各建寺刹,招延胜侣。法鼓所振,变炎火于青莲;清梵所闻,易苦海于甘露"②。太宗此举规模虽不大,仅建于战场交兵处,建的也是佛寺而非塔,但性质是差不多的,反映出当时新朝统治者的心理和消除战争后遗症的对策。至于更后来的宋太宗"诏作开宝寺舍利塔成"③等,可谓此举之流觞。

再次,在《庆舍利感应表》内所列举诸州由于奉舍利入塔引起的种种感应,都可称之为嘉瑞或祥瑞。"帝王创业,史臣记述,例有符瑞附会之语,杨隋之兴,何得独异"? 不过隋文帝采用了一个新形式,即把重头戏落实到广修舍利塔上,在这个过程中"天祥下降,地瑞上腾,前后灵感,将有百数"④,而每"以瑞闻,帝大嗟赏"⑤,因为正是其所盼。由此说其"目的在于显示隋代之为天子,是得到佛所加被的",固然不错。但还可能符合一个契机,即与隋文帝严禁谶纬,有一定的联系。因为谶纬兼有吉、凶二兆的双重性,已经打下了江山的隋文帝要防止的是会动摇他皇座的谶纬中的恶兆功能,而作为吉兆的祥瑞,因为能够表示这个新皇朝的正统合法,所以要通过不同途径来渲染,建立舍利塔所"感应"出

---

① 李邕《嵩岳寺碑》,载《全唐文》卷二六二,第1181页。
② 《唐会要》卷四八"寺",上海古籍出版社1991年版,第994、995页。
③ 《宋史》卷五《太宗本纪二》,中华书局1985年版,第84页。
④ 《续高僧传》卷二八《隋京师经藏寺释智隐传》,上海古籍出版社1991年《高僧传合集》本,第344页。
⑤ 《续高僧传》卷一〇《隋西京宝刹道场释净愿传》,第184页。

来的种种奇迹,以此作为谶纬之外所表现出吉兆的新途径,无疑给隋皇朝增添了一个五彩缤纷的大光环。

最后,在阿育王时代,"大型舍利塔在他的帝国的好几个要地修筑起来,以供公共拜祭,舍利塔崇拜作为现行制度得到普及"①。阿育王作为古代印度强有力的国王和最崇兴佛教的君主的事迹通过佛教在中国广为晓知。阿育王第四女修建舍利塔在华显现的传说也颇为流传。这些隋文帝当然知道,因此也可以说他在全国广建舍利塔之举也颇有成为中国之阿育王的味道。在曾二次送舍利造塔的名僧彦琮策动下,"有王舍城沙门远来谒帝,事如后传,将还本国,请舍利瑞图经,及国家祥瑞录敕。又令琮翻隋为梵,合成十卷,赐诸西域"②。隋文帝如此追随阿育王,可谓惟肖惟妙。

中国古代政权的合法化和神圣化,在于其是否符合天命和天道。由于"天道虽无声无臭,然而应若影响"③。即通过自然界或社会中的一些异象,如凤鸟河图之类,把它们和人事联系起来,即所谓"天不言,以行与事示之而已"④,从而构成一种特殊的天人关系。因此在对天道的探索过程中,能觉察到"至微者,理也;至著者,象也。体用一原,显微无间"⑤。这种联系的思维方式,应用到佛教,也是很容易被接受的。

以梁武帝为代表的南北朝诸帝的崇佛,为佛教与政治的结合开创了先河。隋文帝当然看到了这种结合的好处而乐于继承。分送舍利并

---

① S. Dutt:*Buddhist Monks and Monasteries of India*,Motilal Banarsidass,Delhi,1962,p. 183.冉万里认为"隋文帝掩埋舍利时采用同一时间、统一制度的做法,应当是受了《阿育王传》和《阿育王经》中有关记载的影响",见氏著《中国古代舍利瘗埋制度研究》第二章,第40页。

② 《续高僧传》卷二《隋东都上林园翻经馆沙门彦琮传》,第118页。

③ 《宋书》卷三〇《五行志序》,中华书局1974年版,第879页。

④ 《孟子·万章章句上》。

⑤ 《朱子语类》卷六七,中华书局1986年版,第1652页。

且建塔的措施不仅具有开创性,而且强化了佛教的神圣性,进而也增加了政权的神圣性。

二 舍利崇拜之风行

除了政治意义外,当然也有巨大的宗教意义。"隋分舍利,唐瘗真身"①,隋文帝此举,可以说是标志着中国佛教中掀起了舍利崇拜的高峰。供养舍利的塔是由地面伸向天空,和焚烧遗体时升起的火焰和青烟相呼应,显示出一种生命的最后趋向。其底蕴是印度古老的观念,"地面上躯体的燃烧是奉献概念的一种新的转化",这"袅袅上升的烟气献于诸神和上天"②,最后一边转化为新的存在,一边显示着神格的永垂不朽。由此产生的宗教情节当然会引出持续的信仰热忱。

舍利塔在印度"无论是功用和意识都有着宗教含义,并作为观念的象征和仪轨的组成,如其作为舍利的容器象征着涅槃,作为葬地的纪念碑又象征着世界和曼荼罗的中心轴"③。这样子一来,"舍利塔不仅是对世尊肉身的纪念,而且是对佛法的敬重"④。

受隋文帝崇奉舍利的影响,从此,舍利在中土也被作为除佛像以外

---

① 《宋高僧传》卷二三《遗身篇论》,范祥雍校本,中华书局1987年版,第606页。
② A. B. Keith: *The Religion and Philosophy of the Veda and Upanishads*, Harvard Univ. Press, Cambridge, Massachusetts, 1925, p. 575.
③ Dietrich Seckel: *Stupa Elements Surviving in East Asian Pagodas*, *The Stupa: its Religious, Historical and Architectural Significance*, Franz Steiner Verlag, Wiesbaden, 1980, p. 252. 更重要的是隋文帝此举推动了僧舍利塔替代佛舍利塔在中国更广泛地出现。其中关键的一点是作为宗教实践的舍利崇拜与佛性论在华土之发展结合了起来。
④ S. Dutt: *Buddhist Monks and Monasteries of India*, Motilal Banarsidass, Delhi, 1962, p. 185.

佛陀最重要的代表物。由于佛像在铸造和携带上不及舍利方便,因此在此后由印度向中国传送佛法的过程中,舍利成了除佛经以外被携带最多的宗教物品,促成了对舍利的巨大需求。无论是从印度西来之僧,还是返华的中国取经僧,只要是提及他们的携带物品的,其中舍利几乎是不可或缺的,若唐初玄奘从印度"请得如来肉舍利一百五十粒"[1],义净就一次带回"舍利三百粒"[2]。东来或西去回归的僧侣们将来自印度的佛舍利建塔院而供奉之事例很多,不过在隋代之前,僧史所具载的事例,最多也不过十来个。

其更深层次的宗教意义在于,如此一来舍利塔本身也就具备神圣性,"般涅槃在印度的发展似乎恰好有利于它的这种可能性"[3],所以"舍利塔一如佛像之显然成为佛存在的象征"[4]。但由于这种神性原于其所藏之舍利,隋文帝遣诸僧护送舍利到诸州并建塔的过程中,无一不出现祥瑞奇迹的记载表明,当时人们深信舍利是具有莫大神性的。

自隋代起,舍利崇拜和舍利塔的修建蔚然成风,经久不息。隋文帝时代舍利塔内所藏舍利被称为"仁寿舍利",在唐代已成佛家珍品,如建永泰寺决定寺址的就在于该处有仁寿二年所立之舍利塔[5]。还如吴兴

---

[1] 辩机《大唐西域记赞》,载《全唐文》卷九〇七,第 4196 页。

[2] 《宋高僧传》卷一《唐京兆大荐福寺义净传》,第 1 页。

[3] Jorinde Ebert：*Parinirvāna and Stūpa*,载《*The Stupa：its Religious，Historical and Architectural Significance*》,Franz Steiner Verlag, Wiesbaden, 1980, p. 221. 涅槃非为佛教专有概念,如菩提流支译《提婆菩萨楞伽经中外道小乘涅槃论》云:"外道说涅槃有二十种"。尽管外道的涅槃不同于佛教,而且它们之间也颇有差异,但是着眼并消除生灭因是一个主要方向,所以诸外道之涅槃在与佛家对立的同时也促进了对本性之追求。

[4] S. Dutt：*Buddhist Monks and Monasteries of India*,Motial Banarsidass, Delhi, 1962, p. 185.

[5] 参见南叙《悯忠寺重藏舍利记》、靖彰《永泰寺碑》,分载《全唐文》卷九二〇、卷九一五,第 4252、4225 页。

飞英寺有舍利院,系"僧云皎,咸通中,飞锡长安,僧伽受以舍利七粒及阿育王饲虎面像,遂归建塔"①。又若唐太宗贞观年间僧昙荣"尝往韩州乡邑县延圣寺立忏悔法。刺史风同仁素奉释门,家传供养,选舍利三粒遗行道众。荣年垂八十,亲率道俗三千人步野迎,路由二十余里。傧从之盛,誉满当时"②。如此之隋文帝送舍利在唐代地方上的翻版,显示着它的长远影响,并在中土留下了许多精美的舍利塔,若"就中国佛教美术史上言之,则摄山之千佛岩及隋舍利塔,其可珍异"③。

三 僧舍利塔之普及

在仁寿年间之前,虽有少数为僧建塔的个案,作为对该僧的一种纪念和崇拜。若西晋一些少数族为帛远"各起塔庙"④,又如安阳出土的隋开皇十四年的《故静证法师碎身塔》碑⑤。但这类塔里或塔旁所葬,并不含有舍利。如南齐的法凝焚身后"至身尽,唯有聚灰,众共埋之,于上起塔"。又如北周僧崖火化,"及薪尽火灭,骨肉皆化,唯心尚存"后被"收取葬于塔下"。也是北周的普圆死后,"诸村哀其苦行,争欲收葬,乃分其尸为数段,各修塔焉"⑥。

明确以舍利为此类塔名,不能不说是仁寿年间所开的风气。在隋

① 《吴兴续志》"寺",载《永乐大典方志辑佚》第二册,中华书局 2004 年版,第831 页。
② 《续高僧传》卷二〇《唐潞州法住寺释昙荣传》,第 268 页。
③ 向达《摄山佛教石刻小纪》,载《唐代长安与西域文明》,三联书店 1957 年版,第443 页。
④ 《高僧传》卷一《晋长安帛远》,汤用彤校注本,中华书局 1992 年版,第 27 页。
⑤ 见赵万里《汉魏两晋南北朝墓志集释》,科学出版社 1956 年版,图版 600。
⑥ 分见《续高僧传》卷二九《南齐蜀部会州寺沙门释法凝传·周益州沙门释僧崖传·周雍州逸沙门释普圆传》,第 353、354、356 页。

文帝广建舍利塔前后的氛围中,为得道高僧圆寂后修筑舍利塔之风已起于青萍。如"持涅槃、十地,皆一闻无坠"的释静渊死后,其弟子"于散骸之地,为建佛舍利塔一所,用津灵德,立铭表志云"①,其时在炀帝大业年间。建佛舍利塔来表示高僧个人之"灵德",不仅是此前各地兴修舍利塔的余绪,更是将舍利塔与僧侣个人相结合的一个重要例证,虽然那时的舍利塔还是佛舍利塔。

舍利对中国佛教最大的影响,先是在于舍利作为"佛"的象征,进而作为佛性的象征,更进一步成为高僧修佛成果之证明。而佛陀之舍利是成就佛之结果,因而可以推理舍利可以作为成佛道路上的一种标志,于是佛舍利塔也相应衍生出僧舍利塔。后者的普及可以说也是中国佛教的一大创举,因为"按照一些最古老的佛教典籍,为僧侣建塔的风气及对僧之崇拜是不被允许的,也禁止在寺院领地范围内出现这样的建筑"②。

上述为僧侣修塔的风气带出了另一个风气,即将高僧遗体荼毗后出现的结晶物亦称之为舍利,与纪念塔放在一起。如唐代僧邕"终于化度寺,春秋八十有九,圣上崇敬,赠帛追福,即以其月廿二奉送灵塔于终南山下……徒众收其舍利,起塔于信行禅师灵塔之左"③。又若密宗祖师之一不空逝后荼毗,"火灭,收舍利数百粒。八十粒进内。其顶骨不然,中有舍利一颗,半隐半现,敕于本院起塔焉"④。由于不空被在中国

① 《续高僧传》卷一一《隋终南山至相道场释静渊传》,第195页。
② Jorinde Ebert: *Parinirvāna and Stūpa*,载《*The Stupa: its Religious, Historical and Architectural Significance*》,Franz Steiner Verlag, Wiesbaden, 1980, p. 219.《经律异相》卷四还提到:"佛言有四种人应为起塔:一如来;二辟支佛;三声闻;四转轮王"(上海古籍出版社2011年印本,第18页)。为死者起塔就意味着承认他具有这四种人的身份。
③ 李百药《化度寺故僧邕禅师舍利塔铭》,载《全唐文》卷一四三,第636页。
④ 《宋高僧传》卷一《唐京兆大兴善寺不空传》,第11页。

被尊为"大士",身份等同菩萨,为其舍利起塔供奉又出于朝廷敕令,大大促进后世僧舍利塔的兴起,所以这也是主要由对佛舍利的崇拜转向僧舍利塔的一个显要标志。这一类的塔,在隋末至整个唐代十分风行。从中,一如隋文帝广修佛舍利塔。"上凭天旨,争开舍利之坛"①,可以看出在中国朝廷帝王的意旨对宗教崇拜起伏的指向作用。

此风流行的一个明显事实是以盛唐至北宋僧人传记为主的《宋高僧传》里有关为僧人修建舍利塔的记载要远远超过《续高僧传》,如僧瑗死后"如法阇维,收其舍利,于寺建塔,勒铭于所";智藏"无疾而终,报令七十九,焚后舍利圆净者,建塔于院北峰焉";令諲"徇西域法火葬,获舍利,学人檀越共建塔焉";恒超"具茶毗礼,收舍利二百余颗分施之。外缄五十颗,于本院起塔以葬之"等等②。

自此之后,凡被称为高僧在其圆寂之后而没有得到舍利的,就几乎难以想象了,"此梵语所谓'死建窣堵波'者"③。辽代僧行柔等为其师圆寂茶毗后所得舍利,以文帝所修弘业寺塔为例"并兴塔供养"④。宋代临汀僧了证"趺坐而逝。三日茶毗,五色舍利粲迸如雨,塔在灵洞院"。当地另外一位僧文雅也是"及茶毗,五色舍利灿然"⑤。明代僧绍宗"茶毗日,送者数千人,徒众奉收舍利遗骨,塔于安国寺"⑥。诸如此

---

① 王勃《梓州飞鸟县白鹤寺碑》,载《全唐文》卷一八五,第827页。
② 分见《宋高僧传》卷四《周虎丘山寺僧瑗传》,卷六《唐越州暨阳杭山乌山智藏传》,卷七《后唐洛阳长水令諲传》、《汉棣州开元寺恒超传》,第82、121、145、153页。
③ 赵大瑞《平遥县冀郭村慈相寺僧众塔记铭》,载《全辽金文》,山西古籍出版社第2002年版,第2089页。
④ 普瓖《藏掩感应舍利记》,载《全辽金文》,山西古籍出版社第2002年版,第432页。
⑤ 《临汀志》"仙佛",载《永乐大典方志辑佚》第二册,中华书局2004年版,第1453、1454页。
⑥ 《明高僧传》卷三《明松江上海安国寺沙门释绍宗传》,上海古籍出版社1991年《高僧传合集》本,第582页。

类,不胜枚举。

不仅仅是比丘和比丘尼,至少自唐代开始,一些优婆塞和优婆夷死后也有为其建筑舍利塔的。舍利是荼毗,即火葬的产物。中国的传统是土葬,与此相联的礼仪成了社会文化乃至政治制度的一部分。这种居于正统的意识形态反而使与火葬结合在一起的舍利塔成了佛教所专有①。

四 涅槃学之影响

中国舍利崇拜的风行,特别是僧舍利塔的普及化,自始至终和涅槃学在华土之影响分不开。

涅槃学在隋唐时期其实也很盛行,是诸宗思想的共同基础之一,隋初达到发展高峰的"天台宗确从研究《涅槃经》,受绝大之影响"②。被隋文帝分遣至各地督造舍利塔的都是当时的高僧,若彦琮、法彦、僧朗等,其中不乏义学大德,尤其是其中精通涅槃学的论师。如释法总"少以颂涅槃为业,既通全部,……开皇年中,召为涅槃众主"。另一位释童真也被文帝"别诏以为涅槃众主,披解文义,允惬众心"③。他们之所以欣然前往诸州建塔,尽心尽力,固然其中可能有摄于帝威,讨好君王的

---

① 在印度,亦有安放俗人骨灰的塔,如《新唐书》卷二二一上《天竺国》所云:"死者燔骸取灰,建窣堵。"不过所取的是骨灰而非舍利。Gustav Roth 注意到这个现象,没有提及塔内是否有"舍利",见氏著 *Symbolism of the Buddhist Stupa*,载《*The Stupa: its Religious, Historical and Architectural Significance*》,Franz Steiner Verlag, Wiesbaden, 1980. 因而有学者认为这种石质塔"是佛教信仰影响下通俗意识的反映",见 S. Dutt: *Buddhist Monks and Monasteries of India*,Motilal Banarsidass, Delhi, 1962, p. 119.

② 蒋维乔《中国佛教史》第十章,上海古籍出版社 2004 年版,第 104 页。

③ 《续高僧传》卷一〇《隋西京海觉道场释法总传》,卷一二《隋西京大禅定道场释童真传》,第 185、198 页。

成分,但更主要是因为此举无疑能大大地宣传佛法,弘扬教义,其中也包括了涅槃思想的传播。

《涅槃经》所含的佛性论在竺道生等高僧推动下,成了中国佛教中的一门显学。它"开出一种自由发展的途径,然后把人性提升到神圣状态。这人性的神圣状态,最后叫做佛性"。而"在那一种情形之下,每一个人都分享了成全的最高境界,亦即佛的法身"①。这样子一来,不要说是属于佛家三宝之一的僧人,即使是普通人,只要其功德完满,荼毗后产生舍利而被起塔供奉,也是理所当然的事情。前文所述仁寿年间遣送舍利诸僧多有精通涅槃学者,恐怕也不是偶然的巧合。

舍利塔在中国佛教中的泛化,虽然在形式上近似对印度前期佛教的一种回复,但其直接由头却是西晋以后涅槃学发展和隋文帝广修舍利塔结合起来的产物。"佛教理想涅槃的实现,窣堵波是最好的象征"②。所以舍利佛塔的修建与阐释涅槃之学有着固然的联系,"浮图教有荼毗,威仪事具《涅槃经》"③,体现着宗教理论和宗教实践的互动。昙无谶译《大般涅槃经》卷五《如来性品第四之二》云:"舍诸有者,即真解脱。真解脱者,即是如来"。是故一切有情皆含佛性,"众生佛性,莫非宿植"④。因为"按释典十念成往生,又云得佛慧者殁有舍利"⑤,故可以"以此身为

---

① 方东美《中国大乘佛学》,中华书局 2012 年版,第 97、119 页。

② 宫治昭《涅槃和弥勒的图像学》第一部第四章,李萍、张清涛译本,文物出版社 2009 年版,第 127 页。

③ 白居易《东都十律大德长圣善寺钵塔院主智如和尚荼毗幢记》,载《全唐文》卷六七六,第 3058 页。

④ 独孤及《舒州山谷寺觉寂塔隋故镜智禅师碑铭》,载《全唐文》卷三九〇,第 1758 页。

⑤ 韦皋《西川鹦鹉舍利塔记》,载《全唐文》卷四五三,第 2051 页。该文意图说明"此鸟名载梵经,智殊常类,意佛身所化",故其遗体火化后"果有舍利十余粒"。其说可与涅槃学之"一阐提皆有佛性"相通。

法身"①,甚至还可以肉身成佛,"爪甲皃尽,悉成菩提"②,更何况舍利。是故若能解脱,则皆有舍利,更何况具有"三宝平等相"的僧侣。曾"凡一十年讲涅槃、唯识经论"的大达法师据说其"母张夫人梦梵僧谓当生贵子,即出囊中舍利使吞之"而诞生该僧。大达本人"复梦梵僧以舍利满琉璃器使之,且曰:'三藏大教尽贮汝腹矣'。自是经律论无敌于天下"。他圆寂后,"遗命荼毗,得舍利三百余粒"③。把大达和尚的这些事迹串联起来可以看出舍利在其中不仅是佛性的象征,而且成了佛法的载体。支持这些故事的,尤其那二个梦肯定是大达和尚的自叙,不难看出其思想依据正是出于涅槃、唯识之学。

可以这样说,隋文帝在中国全境普遍建造舍利塔后所形成的崇拜意识,却与《涅槃经》所含佛性论在中国的发展结合了起来,由此将佛陀舍利与众僧舍利等同,成了寺院高级僧侣修佛的一种追求,形成了舍利塔修建在华土的第二次普及。

不过和荼毗相结合的舍利崇拜是和中国传统的土葬所内含的观念是格格不入的。后者全身埋入,乃至玉衣棺椁保存之,是认为生命可以在黄泉之下的世界中继续存在,后世的道教还将此作为生命实体复活的一个途径。不过佛教里的舍利塔也随之作了相应的发展,不仅也筑起所谓"碎身舍利塔"④,并更多地出现肉身塔葬的"真身舍利塔"。

无论是属于那一种舍利塔,一般也可称为"僧塔",从而成为僧侣们修佛道路上的一个归宿,是属于他们的一种哀荣,因为这并非是每一个僧人都能得到的。但尽管如此,舍利塔依然普及到各地大大小小的寺院。

---

① 李华《杭州余姚县龙泉寺故大律师碑》,载《全唐文》卷三一九,第1429页。
② 李峤《洛州昭觉寺释迦牟尼佛金铜瑞像碑》,载《全唐文》卷二四八,第1109页。
③ 裴休《唐故左街僧录内供奉三教谈论引驾大德安国寺上座赐紫方袍大达法师元秘塔碑铭》,载《全唐文》卷七四三,第3410页。
④ 参见严耀中《跋隋"故静证法师碎身塔"》,载《文物》2003年第8期,第60—63页。

五 余 论

从隋文帝广建舍利塔作为一个切入点来看,它的政治意义里包含着宗教意义,此举使佛教在一个统一的中国范围内,显示出作为第一官方宗教的地位。这对佛教来说是空前的,因为以往梁武帝等崇佛,只是在半壁江山里施行。同时,它的宗教意义也包含着超越朝代的长远政治意义,因为文帝此举为以后的统治者树立起一个巧妙利用宗教达到其政治目的之成功范例,它包含着一个利用宗教仪式来落实皇帝威权的行政操作过程。此举可以作为一个例子来证明中国统治者"依赖外来的宗教增加他们权力的可信度和威严"[1],但远非达到"非常"的程度,因为只是当作一个用起来顺手的工具而已。而僧舍利塔超过佛舍利塔在中国的广泛存在不仅表明了佛教中国化的一个侧面,而且为佛教道德的社会实践提供到处可见的实例。更重要的是,僧舍利塔趁隋文帝广建舍利塔之势后继推出,为中国佛教中的"圣物"崇拜提供了用之不竭的资源。因为佛舍利必须要宣称来自印度,即使要造假,也十分不易,因此数量毕竟很有限,而"高僧"圆寂后的舍利可以源源不绝地取得。至今我们仍然能在穷乡僻壤之处,不时能发现一些僧舍利塔。它们在经过历次破旧灭法的劫难后,依然矗立不倒,更不用说新僧舍利塔追随佛寺修建的步伐到处出现,实证着它们对佛教在中国普及的作用。这也是本文为何要将隋文帝在全国各地修建舍利塔一事的二个意义放在一起写之原因所在。

载《唐研究》第二十卷(2014年),发表时用繁体字

---

[1] 芮沃寿《中国历史中的佛教》第四章,常蕾译本,北京大学出版社2009年版,第53页。

王阳明和"佛寺诗"

  王阳明在历史上不以诗著名,不过和当时的许多士大夫一样,喜欢吟诗,所以也做了不少诗,其中竟有相当一部分与佛教寺院相关,姑且称这类诗为他的"佛寺诗"。有一些评述王阳明诗的论著,亦有叙说他关于九华山或庐山的佛寺之诗篇的①,但系统地多角度地综说王阳明佛寺诗的尚未见之,故试于评说,或能由此对他了解得更多一些。

一

  诗言志,歌咏情,以诗歌作为自己情怀之寄托,是士大夫们的传统习惯,且"诗篇的内容多多少少能反映出诗人们的兴趣和注意力之所在,而这种兴趣和注意力应该是当时社会存在的一种折射"②。就王阳明的佛寺诗而言,"王阳明以为心之本体原廓然大公,情之本然,亦是

---

① 如最近有华建新《王阳明诗歌研究》,安徽人民出版社 2008 年版。该书中第一章第四节"九华山诗:诗与佛道的对话",说诗人与僧人交往和"向往佛、道世界的思想感情"(第 32 页);第五节"西湖诗:诗与佛道的碰撞",主要谈及王阳明"对佛、道教义由崇尚转向分道"(第 40 页)。此外,若论说明代文学者,离不开说王学之影响,如黄卓越《佛教与晚明文学思潮》(东方出版社 1997 年版)等。

② 严耀中《试释全唐诗中的"天台"》,载《中日韩天台学术对话》,人民出版社 2011 年版。

善"①。由此推理,放歌做诗更是作者心情的自然暴露。黄宗羲在《明儒学案・姚江学案》里说到王阳明:"先生之学,始泛滥于词章",其实擅长以诗句来进行表达,对王阳明而言是经常如此,虽然并不是他所有的诗都如此,尤其是他的佛寺诗。那么我们能否在他的佛寺诗中发现一些新的东西,或为阳明学乃至其本人的另一种阐释?

在王阳明的诗中②,至少提到过这些佛寺:牛峰寺(浮峰寺)、无相寺、化城寺、胜果寺、泗州寺、龙兴寺、德山寺、香社寺、功德寺、杖锡寺、清凉寺、栖禅寺、净寺、金山寺、开先寺、东林寺、灵山寺、齐山寺、落星寺、云门僧舍、雪窦寺、龙泉寺、白云僧舍、南庵、延寿寺、玉芝庵等二十多座,其中不少是名刹大寺。

上述寺院的佛教性质当然无可置疑,还有一些诗中的祠庙表面上似乎与佛教不相干,但实际上却有所关联。如作为佛教四大名山之一的九华山里不仅佛寺众多,就是山中的"李白祠"亦具佛寺性质,因王阳明在此祠中碰到"老僧殊未解,犹自索题诗",该僧以祠之主人自居向王阳明索题诗,表明此李白祠实由僧人住持。诗之作者称此僧为"寺僧"③,也说明王阳明心目中是将李白祠等同于佛寺的。这或许是因为该祠在九华佛山,环境使其然吧④。其实从元代起至少在江南"各处宫观、庙宇、学舍、书院、民户房屋、田土、山林、池荡及系官产业,十余年间尽为僧人等争夺占据"⑤,即为僧人主持之宗教场所,地处九华山之李

① 张岱年《中国哲学大纲》第二部分,三联书店 2005 年版,第 434 页。
② 这些诗都见于《王阳明全集》,上海古籍出版社 1992 年版,下同。
③ 《王阳明全集》卷一九《李白祠二首》,第 667、668 页。
④ 亦在该山之芙蓉阁也是"惟许山僧住",可作辅证。见《王阳明全集》卷一九《芙蓉阁二首》,第 669 页。
⑤ 《庙学典礼》卷三《郭签省咨复扬总摄元占学院产业》,浙江古籍出版社 1992 年版。

白祠恐怕也早已列入其中。当然李白祠毕竟与一般寺院有区别,所以没有将其列入"佛寺"中。再加上一些诗中泛称的寺,其中有些很可能在上述佛寺之外,如"共言山外有佳寺,劝予往游争愿随"①中之"佳寺",就当在九华山诸寺之外。如此一来,王阳明的佛寺诗所联系的范围就应该更大了。

还与这些佛寺诗相关联的,是王阳明所作这些诗或在题目上,或在句子中都有明确见示其与佛教有关的诗,如与僧人应酬或提及僧人之类。包括佛寺诗在内,这样的诗就更多了。据对《全集》中的如此有关佛教的诗进行粗略统计,有 102 首之多,约占其所作总数的五分之一,这并不是一个很小的比例。而且这些诗之所作,在时间上贯穿于他的一生,在地域上与其足迹相随,所以能代表他在各个时空段的思想所寄和寻思之路。

二

从上述关于佛寺诗的统计看,王阳明与佛教寺院及僧人的关系是比较密切的,即如他自己所说:"年来踪迹半僧房","到处看山复寻寺",及"修程动百里,往往饷僧居"等②。那么是什么东西在吸引着这位大儒者的脚步常常走向佛寺呢?

首先,天下名山僧占多,寺院往往与美景相连而成为地方胜迹。山水寓仁寓智,王阳明一向喜"纵观山川形胜"③,由此信步走入僧寺

---

① 《王阳明全集》卷二〇《江施二生与医官陶野冒雨登山人多笑之戏作歌》,第768 页。
② 《王阳明全集》卷二九《次张体仁联句韵之二》,卷二〇《重游开先寺复题壁》、《午憩香社寺》,第 1066、776、721 页。
③ 《明史》卷一九五《王守仁传》。

则极其自然。他也自况:"中丞不解了公事,到处看山复寻寺"①,在佛寺触景生情而诗兴大发也是意料中事。从王阳明诗的内容看,很大一部分是与风景相关,尤其是在咏及庐山、九华山等名山上的佛寺时所作,这与一般士大夫无异。王阳明的这些诗中也出现不少佳句,如"坐望九华碧,浮云生晓寒";"半空虚阁有云住,六月深松无暑来";"橘洲僧寺浮江流,鸣钟出延立沙际";"岩寺藏春长不夏,江花映日艳于桃";"古寺共怜春草没,远山偏与夕阳宜"等句②。这些诗句符合如此评语:"触物而兴的情犹如一石击水,激起审美联想与想象的涟漪"③。这些诗句当然也说明王阳明有着士大夫传统的意境与情感,而且完全可以在佛家色彩的背景中表达出来。由于"吾人生活于识境中,见识闻声,皆知觉性之妙用也"④,所以这些佛寺诗中也往往透露出深一层的含意。如"人间酷暑避不得,清风都在深山中";"寻山到山寺,得意却忘山";"台上久无狮子吼,野狐时复听经来";"随处看山随处乐,莫将踪迹叹萍逢"等句⑤,将道家的自然,佛家的禅机,儒家的忧世都交融在诗境中。所以后来钱谦益说王阳明"居夷以后,讲道有得,遂不复措意工拙,然其俊爽之气,往往涌出于行墨之间"⑥,上述句子多可为此言确实之证。另外,"虎穴相邻多异境,鸟飞不到有僧家",是令人羡慕和向往的。欣赏"南寺春月夜,风泉闲竹房",以及"晚投岩

① 《王阳明全集》卷二〇《重游开先寺戏题壁》,第 776 页。
② 分见《王阳明全集》卷一九《无相寺三首》、《移居胜果寺二首》、《游岳麓书事》、《徐都宪同游南庵次韵》,卷二〇《游清凉寺三首》第 666、683、690、711、741 页。
③ 萧华荣《中国诗学思想史》第六章,华东师范大学出版社 1996 年版,第 259 页。
④ 《蓬屋说诗》,载《徐梵澄集》,中国社会科学出版社 2001 年版,第 153 页。
⑤ 《王阳明全集》卷一九《游牛峰寺四首又四绝句》,卷二〇《香山次韵》、《远公讲经台》、《江边阻风散步至灵山寺》,第 664、723、765、767 页。
⑥ 钱谦益《列朝诗集小传》丙集"王新建守仁"条,上海古籍出版社 1959 年版,第 269 页。

寺依云宿,静爱枫林送雨声"①,更是一种意境上的享受。王阳明早年结诗社于龙泉山寺,寺院的优美环境当是首要原因。爱屋及乌,佛寺与山水在诗人的心目中是和谐成一片的。由此也反映着王阳明"既有儒家为善的伦理之乐,又有摆脱世俗的洒落之乐,还有在济世成物中获得的自我成就之乐,同时也有超俗而不绝俗的超功利审美之乐"②,虽然这里的审美情趣和求乐意识只是表现在有关佛寺的风景上。

　　其次,王阳明之频频造访佛寺,并非仅仅因为这些佛寺都处于风景之中,与僧人关系密切也是一大原因。这种关系在他诗中经常表露,如云:"老僧熟认直呼姓,笑我清癯只似前";"山僧对我笑,长见说归山。如何十年别,依旧不曾闲?";"但过金山便一登,鸣钟出迓每劳僧"等等③。所以也有《归途有僧自望华亭来迎且请诗》等应酬之作。如此往来,恐怕一来是由于僧人对其热忱,"山僧出延客,经营设酒醴"的招待,当然会有欣然如归、乐于留住的感觉,"尽日僧斋不厌闲,独余春睡得相关"④。狄德罗说:"一切能在我们心里引起对关系的知觉的,就是美的"⑤。僧人的情谊在王阳明心中所激发的,就是上述那些读来亲切的诗句。二来王阳明作为一代名望,且身居高官,地位显赫,能与僧侣折节相交,后者必有使其敬佩的地方,"颇羡高僧独闭关",甚至于"有僧坐岩中已三年诗以励吾党",当是为"莲花顶上老僧居,脚踏莲花不染泥"。故对青原行思这样的禅宗高僧深表景仰之情,认为"千古自同调,岂必

①　《王阳明全集》卷二〇《重游无相寺次旧韵》、《别湛甘泉二首》、《又用曰仁韵》,第770、724、726 页。

②　左东岭《王学与中晚明士人心态》第二章,人民文学出版社 2000 年版,第 235 页。

③　《王阳明全集》卷一九《泗州寺》,卷二〇《宿净寺四首》、《泊金山寺二首》,第718、755、756 页。

④　《王阳明全集》卷二九《雪岩次苏颖滨韵》,卷十九《僧斋》,第 1968、716 页。

⑤　见《西方美学家论美和美感》,商务印书馆 1980 年版,第 129 页。

时代偕"①，可谓惺惺相惜。或者是有向往之处"我爱龙泉寺，寺僧颇疏野。尽日坐井栏，有时卧松下"②，在官场中都是不容易做到的，这在感到政事累人、宦途失意时尤有吸引力。无论是于人于地，情感上的亲近和信仰上的对立在同一个人心里能和平共处，正是三教之间的冲突与和合在一些士大夫身上的具体反映，王阳明也不例外。

再次，王阳明所努力的是心性之学，"良知即是独知时"③。在心上求得良知的努力是与参禅差不多的，佛寺及其周围山川林木所提供的参禅之境同样能成为心学的开意之境，使之"一无执着，任运自然，便是真心之朗现"④。因为人与自然的关系和人与人的关系一样，都是人性之善激发之境，自然山水的优美风景能陶冶性情，予人以智以仁。于此很多学者已经指出，这在王阳明的佛寺诗里也有流露。如"绝境自余麋鹿伴，况闻休远悟禅机"、"雨霁斋堂钟磬清，春溪月色特分明"等，正是因为佛寺提供了清静开悟的好环境，"最爱山僧能好事，夜堂灯火伴孤吟"⑤。所以要经常去"幽壑来寻物外情"，以便"幽谷时常思豹隐，深更犹自愧蛟潜"，或清明如"一卧禅房隔岁心，五峰烟月听猿鸣"⑥。甚至对其学生说："莫道先生学禅语，此言端的为君陈"⑦。正如韦政通先生指出，其诗之所寄是"阳明和象山一样，对禅并不避讳，因他们深知禅学

---

① 《王阳明全集》卷二〇《青原山次黄山谷韵》，第780页。
② 《王阳明全集》卷二〇《栖禅寺雨中与惟乾同登》、《登莲花峰》，卷一九《忆龙泉山》，第750、770、672、776页。
③ 《王阳明全集》卷二〇《答人问良知二首》，第790页。
④ 何国铨《中国禅学思想研究》第五章，文津出版社1987年版，第120页。
⑤ 《王阳明全集》卷一九《化城寺六首》、《霁夜》，第666、716页。
⑥ 《王阳明全集》卷二〇《夜宿香山林宗师房次韵二首》，卷三二《游雪窦》，卷十九《游牛峰寺四首》，第723、1217、664页。
⑦ 《王阳明全集》卷二〇《示诸生三首》，第790页。

与圣人之道确有其相通而不悖者"①。当然,王阳明这样做犹如借锅烧饭,饭菜还是自己做的香。所以他也在诗中说:"夜来拾得遇寒山,翠竹黄花好共看。同来问我安心法,还解将心与汝安"。所以在王阳明的思想观念里,对于作为实际存在的佛教,无论是对佛寺还是对僧众,已全然无排斥之意。他在诗中甚至还这样说:"浮屠观阁摩青霄,盘据名区遍寰宇。其徒素为儒所摈,以此方之反多愧"②。这种深感在矢志事业上儒子不若佛徒之不渝,至少表明王阳明对佛教已说不上有什么恶感了。类似的情感流露还如他入住泗州寺后说:"开轩扫榻还相慰,惭愧维摩世外缘"③。王阳明把自己与维摩诘居士相比,并感到歉愧,其立场所在,不是一目了然吗? 宋明之间"滔滔天下,学士大夫,无不修禅学带禅味。故诸老先生多以佛、老底见解说明孔、孟之道,这是当代思潮之大势"④。他的佛寺诗也是如此思潮的一个体现,并且可以类比为将新酒灌入一个被多次利用过的旧瓶,自有值得品味之处。

最后,王阳明游佛寺做诗,和他援佛入儒是有关联的。如此作为"一种意向性体验",表明"其本质正在于在自身内包含某种像'意义'或多重意义的东西"⑤。此既是世人所评,其实他自己恐怕也心知肚明,而且对此心头没有什么障碍。然而正如马一浮先生所说:"圣人始教以《诗》为先,《诗》以感为体,令人感发兴起,必假言说,故一起言语足以感人者,皆诗也。此心之所以能感者,便是仁,故《诗》教主仁",佛说《华

---

① 韦政通《中国思想史》第三十九章,上海书店出版社 2003 年版,第 858 页。

② 《王阳明全集》卷一九《游岳麓书事》,第 690 页。

③ 《王阳明全集》卷一九《泗州寺》,第 718 页。

④ 儿岛献吉郎《中国文学通论》下卷第六编,孙俍工译本,商务印书馆 1935 年版,第 243 页。

⑤ 胡塞尔《纯粹现象学通论》第三编第三章,李幼蒸译本,商务印书馆 1992 年版,第 223 页。

严》"亦《诗》教义也"①。所以作为面对佛教的儒家士大夫,王阳明看来
还有一种使命感,以追踪圣人跨越两家,即是如其所称:"邈矣西方教,
流传遍中核。如何皇极化,反使吾人猜。"所以他要在诗中声称"远公学
佛却援儒"②,以明儒、佛两家在义理上本来就是可互相借鉴,早有先
例。由此,王阳明从诗的意境中体会佛家的智慧,因"佛教的历史就是
在精神、智慧和道德生活上获得自由的历史"③。此亦不失为"他山之
石,可以攻玉",所以即使是以儒家的卫道者自居,也一点儿不避讳自己
在佛寺寻诗觅理的行径。由此可见,王阳明实际上和韩愈、朱熹的思路
类似,即作为治国治世之理念的儒学,必须和佛家划清界限,要泾渭分
明;而对个人修身养性来说,佛、道两家的意境和思路又是值得欣赏与
借鉴的,两者可以并行不悖,甚至可以互相交错。此正若有的学者所
言:"王阳明对非儒家传统的有容乃大的态度为佛教能融于儒教的观念
形式开辟了道路"④。因此王阳明的佛寺诗也应该是这种"观念形式"
之一,即若本文所证明。

三

"语言本身就是思想的载体"⑤,诗作为一种表现体验和感受的精
炼语言,表达起来是肯定会与诗人的其他观念联系在一起的,因为"体
验仍能包含着意向性关系","一个成为了某一自我目光对象的,因而具

---

① 马一浮《复性书院讲录》,山东人民出版社 1998 年版,第 57 页。

② 《王阳明全集》卷二〇《青原山次黄山谷韵》、《庐山东林寺次韵》,第 780、765 页。

③ D. T. Suzuki: *Essays in Zen Buddhism*, Grove Press, New York, 1961, p. 75.

④ 卜正民《为权力祈祷——佛教与晚明中国士绅社会的形成》第二章,中译本,江
苏人民出版社 2005 年版,第 69 页。

⑤ 维特根斯坦《哲学研究》,陈嘉映译本,上海人民出版社 2001 年版,第 163 页。

有注视对象的式样的体验,具有其未被注视的体验的边缘域"①。因此王阳明的佛寺诗是和他的思想和情感相交织的,是将诗意与理念在一个境内互相激发而成的。

由于"明代学术,自当以王学为中心"②,且"守仁弟子盈天下"③。所以王阳明以诗来寻找思维,表达理念的形式不仅影响着有明一代的学术风气,于后世影响亦甚巨。而知行合一,体用一致是王学的一大要点。在他的诗里,做到了"内容的真理和实值主要地乃建筑在内容自身与形式之合一上面"④。这或许是王阳明作为诗人时和当时其他一些诗人不一样的地方。也因为如此,明诗和宋诗一样,虽然比不得唐诗,但并非全然没有发展,而是在意识形态的发展中,成为新内容的载体之一。语言的模式规范着思想的模式,文以载道也是一种早已有之的认识,故明人"好讲'心声',即诗是心灵的声音,感情的波动必然发为不同的声音,形于诗歌"⑤。而"大凡人之感于事,则必动于情,发于叹,兴于咏,而后形于诗歌焉。故闻《蓼萧》之咏,则知德泽被物也;闻《北风》之刺,则知威虐及人也;闻广袖、高髻之谣,则知风俗之奢荡也。古之君人者,采之以补察其政,经纬其人焉"⑥。所以白居易的这段话也可以放到后世来阐释王阳明的佛寺诗。王学主张心即性即理,"所谓汝心,却是那能视听言动的,这个便是性,便是天理"⑦。诗歌正是"视听言动"出来的。所以作为心声的诗也是理念的一种表达,因此自觉地以情载

① 胡塞尔《纯粹现象学通论》第三编第二章,第 211、208 页。
② 杨东莼《中国学术史讲话》第八讲,江苏教育出版社 2005 年版,第 177 页。
③ 《明史》卷一九五《王守仁传》。
④ 黑格尔《小逻辑》,贺麟译本,三联书店 1954 年版,第 288 页。
⑤ 萧华荣《中国诗学思想史》第六章,第 239 页。
⑥ 元和二年《进士策问五道》之三,载《白氏长庆集》卷四七,上海古籍出版社 1994 年印本,第 514、515 页。
⑦ 《王阳明全集》卷一《语录一》,第 36 页。

理而通过诗的形式将王学的理念之传播紧密相连,王阳明佛寺诗也成了当时学术风尚的一大标本。

"文学家的一切表达效果都是通过他自己的语言的形式'天赋'筹划过的,或是直觉体会到的"①,所以王阳明的这些佛寺诗,不仅是他本人融通儒佛两家的表征,且为其心与万象相通之自证。佛寺所具有的宗教神秘性,是体会人天关系的一个好场所,"阳明虽不以此种神秘体验为宗旨,但认为由此入手,也是圣贤功夫"②。因为此符合"自在的思之规定,以及这一普遍性中被规定者的扬弃,亦即其具体性中的纯粹的思,则是理性"③。诗歌是"自在的思"表达的形式之一,所以在王阳明的佛寺诗中,也"传达了原本无法言说的真理,而真理就是自我之本然。这是阳明的'心即理'说"④。这是因为诗歌是能将逻辑和形象综合起来的表达方式,能够藉此以有限的文字符号来显示无限之思绪意念,诗中的一个概念或折射出的一个画面"作为一个符号所蕴含的内容远过于即时而直接的含义",这是因为"在我们意识中的每一个概念,简言之都由自己心理上综合而成,从而有很强的倾向能使那个概念具有'普遍'的特征"⑤。这使诗歌因为具有如此之思想功能而成为中国哲学的传统之一,当然也为王阳明所乐于继承。至宋明,佛学所蕴涵的思想之

---

① 爱德华·萨丕尔《语言论》第十一章,陆卓元译本,商务印书馆 2007 年版,第 199 页。

② 陈平原《宋明儒学与神秘主义》,载氏著《宋明儒学论》,复旦大学出版社 2010 年版,第 105 页。

③ 黑格尔《宗教哲学》"宗教哲学讲演录"第二部分第一编,魏庆征译本,中国社会出版社 1999 年版,第 300 页。

④ 柴田笃《王阳明思想中的'语言'与'心'的关系》,载《阳明学研究》,上海古籍出版社 2000 年版。

⑤ Carl G. Jung: *Man and his Symbols*, Doubleday & Company Inc., New York, 1964, p. 20, 41, 43.

广度和深度,早已被儒家学者所知晓,故在像刹梵呗的氛围里,或有灵感萌发时,用诗来表达是最合适不过了,两者合乎文质彬彬,可以说一起与时俱进。王阳明喜在佛寺做诗,恐怕与此不无关系。

王阳明的诗不仅能使我们更好地认识王阳明本人,如上所述,还有助于我们了解明代的佛教。其一是反映了当时佛寺僧众将力田自耕作为解决经济来源之一,如"化城天上寺,石磴八星躔。云外开丹井,峰头耕石田",所以寺院里"饭带石田砂"①。其二是王阳明的"'三教一致论',在诗中尤多见"②。这样的大儒所作的佛寺诗可以作为"三教合一"概念的真正流行是从明代才开始的证明之一③。王阳明在其诗文中所表露出来的儒佛合一,从而大大地强化了当时已经十分盛行的三教合一思想,其"立三教合一之说而阴诋程朱为异端,万历中年,群然崇尚,浸淫入于制艺"④。这当然和作为社会主导学说的王学不无关系。

王阳明的佛寺诗也从另一方面证明"佛教具有一种调和性和包容性,它能渐渐地同任何思潮或倾向都'融通无碍'"⑤。不过佛教的这种性质早已有之,但其在明代得到飞跃性的发挥,此虽然和明太祖朱元璋招聘"儒僧"并使佛教进一步儒化的国策有关,但也显然和当时代表儒家主流的王阳明作用分不开。"晚明丛林对阳明良知心学的好感,普遍倾向于佛教心法与良知心学的结合"⑥,从这个意义上说,他的佛寺诗也是如此作用一种例证,表明"空非色外,天地自同指马;名不义理,肝

① 《王阳明全集》卷十九《化城寺六首》,第667页。
② 秦家懿《王阳明》第七章,三联书店2011年版,第159页。
③ 参见严耀中《论"三教"到"三教合一"》,载《历史教学》2002年第11期。
④ 沈佳《明儒言行录》卷八。
⑤ 中村元《比较思想论》第二章,浙江人民出版社1987年版,第31页。
⑥ 陈永革《晚明心学的流变与居士佛教》,载《阳明学研究》,上海古籍出版社2000年版。

胆可如楚越"①。另外，由于佛寺诗在客观上能张扬佛教文化，扩大佛教的社会影响，尤其是在士大夫中间，从而在实际上表明"阳明心学的广泛流行，使得禅儒融通的风潮更有利于佛教的发展"②，虽然这并不符合王阳明做佛寺诗时的本意。

自两宋以降，中国传统文化的各个层面都表现出一种合流的倾向，王阳明的佛寺诗也是其中的表征之一。对于传统的士大夫而言，朝堂上的为社稷效力和生活场景里的闲情逸致是人生可以结合的两个方面，王阳明虽然是个大儒，但同样有着这双重的人生取向和情感寄托，佛寺诗正好反映出王阳明在政治上一心济世之外的另一面。如果把意义说得更开一些，那就像谭中等先生所说的那样，王阳明的这些和佛教有关的诗虽然"外表已经脱掉了印度形态，内容却蕴藏着印度气质，这是把印度文明影响内化了的现象"③。如是，则王阳明之佛寺诗不仅是其内心深处已经实行儒佛结合的一种形式，而且也是中印文化交流的一种表现。

如果我们再回过头来读王阳明的佛寺诗，对当时儒、佛二家思想在士大夫心目中的混杂与产生共鸣就会有更多的认识，对观察中国哲学思想的发展和诗文之间的关联也会采取一种新的眼光。

载《中华国学研究》第一卷，上海人民出版社 2015 年版

---

① 彦琮《通极论》，载《广弘明集》卷四。
② 陈玉女《明华严宗派遍融和尚入狱考》，载氏著《明代的佛教与社会》，北京大学出版社 2011 年版，第 165 页。
③ 谭中、耿引曾《印度与中国》第十章，商务印书馆 2006 年版，第 434 页。

关于嘉定曹王庙与普慧禅寺的一段事缘

　　嘉定之曹王庙建于宋孝宗淳熙十三年(1186)，普慧寺建于元文宗天历元年(1328)，两者发生关系始于明代万历年间。一方《重修普慧寺记》①的碑铭记载了它们之间的一段事缘。

　　据明代人唐时升所撰《重修普慧寺记》说该寺到了明代已经"墙屋倾颓，僧徒散去"。于是在"万历间，有比丘法永者，生十二而出家，十八而从其师智峻，居南岳十年。已而遍历四方，至嘉定，简修多罗藏于白鹤南翔寺。后峻公驻锡五台，为福王所供养。而永公至广福之曹王庙，垣壁不完，中无坐卧处，意且归老南岳，此中好善者挽而留之。于是谋复广福普慧之旧，因买地筑室。方欲大兴法事，丙辰之岁(1616)，一病示寂。其徒性逊感众缘之方结，悲师志之未酬，经营十载，不怠益勤，癸(1623)甲(1624)之间，克成胜事。山门列二金刚，正殿供释迦、文殊师利、普贤，后供地藏。东为城隍之神，藉其威灵以福善祸淫也；西为曹王，土地之神，一方所庇，且不忘始也"。

　　根据以上录文，可以明白一些情况。第一，普慧禅寺和曹王庙都地处嘉定之广福镇，且至明万历年间，彼此都已残破无人。第二，南岳来的僧人法永是坐镇于曹王庙来重建普慧寺的，他的"买地筑室"当在曹

①　载潘明权、柴志光编《上海佛教碑刻资料集》(上)，复旦大学出版社 2014 年版，第 281、282 页。据编者说，该文"录自清《石冈广福合志》"。

王庙及其周围。第三,待法永的弟子性逊完成建寺后,将曹王神供奉在新寺之东殿。这不仅是因为曹王能庇护一方,而且是因为"不忘始也"。后面一句话说明新修之普慧禅寺是在曹王庙的原地兴建的,把老土地依旧供奉在新寺里,可以名副其实地表白其之"不忘始也"。第四,这段文字证明:在明代中叶,无论在地址上还是祭祀对象上,普慧寺和曹王庙两者已经合二为一。不过到了清代情况有了变化,在闻在上所修《康熙嘉定县续志》卷二里出现"曹王土地祠……基地四分五厘"字样。似乎反客为主的"普慧禅寺"之名消失了,"曹王土地"恢复主位。但前者并非没有留下痕迹,第一,称曹王土地祠而没有若以前那般称"曹王庙",恐怕是因为祠与寺音近而有所混淆①;第二,该土地祠占地近半亩,此等规模在江南的土地庙中是很少见的,却与一个小寺差不多,可以说是普慧寺的一种遗留吧。明末,嘉定遭受清兵三次屠杀,战火与死亡会造成很多变动,所以普慧寺的消失是可以理解的。在这种情况下积淀越多的东西越容易复苏,于是旧地上的香火还是归于不可或缺的土地神曹王。

在《重修普慧寺记》里还有二个值得注意的地方,其一,由于僧法永来自"大鉴禅师道成之场",因此明代重修的普慧寺是禅寺,可说与现在的曹王禅寺有着一脉相承的关系。其二,就是文中指明"曹王,乃土地之神"。关于当今曹王寺名中的"曹王"究竟指的是那位神灵,有多种版本的传说。夏金华先生在其《曹王禅寺的曹王究竟是谁》一文里列举了三位:1. 西汉初丞相曹参;2. 曹魏时陈思王曹植;3. 唐太宗的儿子曹王李明。此外,北宋初曾领兵南下的大将曹彬也是与此相关的一个

---

① 在程其珏修《光绪嘉定县志》卷三一里简称为"曹王祠",还注云:"祀曹植或云祀唐太宗第十四子苏州刺史李明"。但此前几部县志都没有如此记载,可见这种说法是在清后期出现的。

传说中人物。由于除嘉定外,南京、江都、南昌、嘉兴、奉化等地都有名
为"曹王"的寺庙,所以传说纷纭,莫衷一是,但都没有明确可靠的文献
记载。唯一能够肯定的,是嘉定的曹王是个土地神。吴泽先生指出,
"土地神和土地祠或土地庙的记载,实始见于三国东吴孙权为土地神蒋
子文立庙事"①。以此为先例,有德有功之杰出人物死后被尊为土地神
是一般的规则,尤其在长江中下游和江浙沿海,"相传诸庙皆古名将之
灵以镇江防;又先是疫疠盛行,疑有邪祟,故立诸忠臣义士之庙以压
之"②,所以看起来和当地不相干的历史人物在吴楚故地被请来做本处
之土地神,就可以解释其原因了。且"曹王"之被称为"王",并不一定因
他在生前曾被封过王,而是因为"吴俗祀土地神多称为王"③。由是观
之,曹参或曹彬被称为"曹王",也是说得过去的。

　"普慧禅寺"后来又被复称为"曹王禅寺",也是一件使人颇感兴趣
的事。当明代普慧禅寺重建后,在寺之东西两殿各自供奉着城隍和土
地,其实也体现着佛教和民间宗教,或者佛教和道教之间的一种结合。
明代佛教的世俗社会化和民间化,以及与儒、道合流达到了新的高峰,
"三教合一"这个词和"三一教"之类的宗教都是在明代首先出现的④。
因此,普慧禅寺里的那种神祇布局可以说是那时大潮流里卷起的小浪
花。在如此的结合里,"藉其威灵以福善祸淫"的城隍和能使"一方所
庇"的土地神,和当地老百姓的关系甚至比"释迦大佛"来得更为密切,
更加重要。更何况地名有着旧称延续的个性,因此虽然在老土地庙原

① 吴泽《汉唐间土地、城隍神崇拜与神权研究》,载《魏晋南北朝史论集》(《华东师
　范大学学报》丛刊),1986 年版,第 259 页。
② 姚承绪《吴趋访古录》卷七,姜小青点校本,江苏古籍出版社 1999 年版,第 158 页。
③ 钱大昕《纪王庙碑》,载《潜研堂文集》卷四十一,上海古籍出版社 1989 年版,第
　732 页。
④ 参见严耀中《论"三教"到"三教合一"》,载《历史教学》2002 年第 11 期。

址上盖起了佛家新普慧禅寺,但恐怕在当地民众口里依然习惯以"曹王庙"称呼之,后来甚至由此将该庙所在地称之为"曹王乡"①。如此一来,久而久之也就混合叫成了"曹王禅寺"。

唐末以降中国佛教的世俗化和民间化是和地方经济的发展有所关联。地方经济发展了,一方面民众就有更多的余钱来兴建寺庙,使"宋元时期的民间俗神祭祀有进一步的发展,上海地区相继兴起颇多祠祀"②,而"吴俗畏鬼,每州县必有城隍神"③,土地神则更普及,这当然包括嘉定的曹王庙。另一方面,也在心理上更需要神灵为他们的努力奋斗予以保护和鼓励,而具有地方性的土地、城隍、龙王诸神及财神、火神等与民众的这种需求之关系较为密切,于是正统的佛教寺院为了吸引香火,也逐渐向这些民间崇拜的神祇开放,一体供奉。由于自从唐宋之际经济重心的南移,东南沿海一带不仅地方崇拜的场所若雨后春笋般地出现,佛教寺院对民间所崇拜的神祇之吸纳也越来越广泛。其中佛寺与土地庙之共存或合二为一的现象则是最普遍的了,可谓"十室之邑,必有梵刹;而土谷之神为一方保障者,亦必建祠以祀之"④,至明、清两代尤甚。这些情况也可作为嘉定之曹王庙和普慧禅寺发生事缘的一个大背景。

《上海佛教》2016 年第 1 期

---

① 参见范钟湖、陈传德修《民国嘉定县续志》附图"曹王乡图"。图中"曹王庙"赫然可见。
② 范荧《上海民间信仰研究》第一章,上海人民出版社 2006 年版,第 74 页。
③ 《太平广记》卷三百三"宣州司户"条。
④ 周郁滨《珠里小志》卷六"寺庙",戴扬本点校本,上海古籍出版社 2000 年版,第 106 页。

试说乡村社会与中国佛教寺院
和僧人的互相影响

　　古代中国佛教寺院所处的环境主要可分乡村、名山、城市三个类型，这也构成了寺院存在的环境差异，从而影响了寺院佛教的发展，并构成寺院与社会关系的不同类型。这里仅就乡村社会的环境对寺院与僧人，也就是给佛教在乡村的存在与发展带来了新的形态和各种影响，构成中国佛教史的一个不能忽视的侧面。试说如下：

一

　　不同的社会环境之间的差异会不会对僧侣和寺院发生影响？答案是肯定的，因为僧侣是生活在寺院里的，寺院就是僧人的生存环境，而寺院又是其所在地之社会的一个组成单元，所以环境的变化应该会影响到寺院和僧侣。"佛教的传播实际上就是正规的僧团——寺院（Vihāra）的传播"。① 而寺院功能的发挥和它们所处的位置环境大有关系，环境有自然与人文之分，对宗教来说，更重要的是人文环境。这是因为社会中的宗教是以人为基础，并是处于人际关系结构中的宗教，

---

① 　许理和《汉代佛教与西域》，载任继愈主编《国际汉学》第 2 辑，大象出版社 1998 年版，第 299 页。

而影响社会形态和人际关系的二个最基本要素,便是人口数量和人口素质,后者包括对佛教的信仰程度,因为信众是寺院香火的基础。他们在地域分布上是非常不均匀的,于是在这二点上构成了社会中乡村和城市之间的主要背景差异。因此,当寺院处于社会结构中的不同环境位置时,它们必然会产生不同的外在和内在社会适应性。

由于至少到东晋十六国起,中国的寺院才接收了大量出家的汉人,①寺院数量也大大增加,广泛分布在乡村、名山和城市。"天下名山僧占多",自东晋起,庐山、虎丘山等就有高僧前后相继筑寺修行,至南北朝摄山、天台山等更是成为一宗之名山。这些佛教名山由此成了寺院和僧侣的集中地,而与城市和乡村寺院不大一样。② 在这些佛教名山上,寺院之间彼此相邻,有数十乃至上百。如此密集的寺院和僧众群,既是互衬和互补,也起着相互监督和制约的作用,而且包括僧官在内的官府对名山诸寺的管理一般也比较严密,有时候还受到朝廷的特别关注。另一方面,由于仰慕名山,流动前来挂单的僧众多,四方蜂拥而来的拜佛香客则更多,还有随之而来的不少小商小贩。因此少数名山上寺院的社会环境反而与城市里的差不多,不同的只是自然环境,从而和一般的乡村寺院有所区别,应该另当别论。

至于城市寺院,由于中国古代城市相对山区乡村有着二个主要特

---

① 因为佛教在两汉间传入中土,此后诸朝虽不禁止信佛,也允许佛教建寺立像,但不允许汉人剃度出家,直至西晋犹"时禁晋人在沙门"(《法苑珠林》卷五四《惰慢篇·引证部》)。正如任继愈先生所说,汉魏时的佛教"一般广大群众只是被作为特权贵族施舍的对象才接触到它",参见任继愈《中国佛教史·序》,中国社会科学出版社1981年版,第9页。因此只有在永嘉之乱以后,原先禁令失效,大量汉人方能出家进佛寺。

② 不过五代以前的"名山"主要是有着一宗之"祖庭"而扬名天下,如国清寺之于天台山。唐以后如九华、普陀等山皆以围绕某一菩萨或佛的崇拜,在这些名山上分属诸宗的寺院几乎都有。

色。第一,城市是政治(有时包括军事)中心,除京师外,绝大多数为州、郡、县各级地方长官的驻地,军政吏员及其家族和依附者构成了城市人口中很重要的部分,甚至是居住者中的多数。第二,城市中包括服务业在内的商业手工业远要比农村集中发达,至于山区林地更是远离商业,至少是因为城市的交通比较发达从而为商业流通提供了有利条件。工商业发展还带动产生出相当的市民阶层,尤其在唐、宋以后,市民阶层成了城市佛教徒中间不容忽视的一部分,这使得城市与名山这二类寺院的周围信众在社会阶层的构成中有着很大的不同。

存在于广大农村里佛教寺庙之环境,包括自然条件和信众社会,都与前二类寺院有着颇大的区别。

二

存在于乡村中的寺院由于和本地社会俗众打成一片,相互的影响程度比城市和名山中的寺院大得多,给乡村寺院及其僧侣所造成的利弊也就更为显目。归纳起来,大致有以下各点:

第一,乡村地域环境之限制对寺院僧众和信众关系构成的影响。中国古代的寺院虽然有着十方寺、子孙寺等差别,但因为出于官府对控制僧侣流动的需要和地理交通条件的限制,寺院里的僧人有着很强的区域性。于是产生了对僧人来源的影响。此外,众多寺院的集中有利于僧人的寺间流动和佛学上的交流,于是产生了僧人的素质问题。① 因为僧众

---

① 如张弓先生对《高僧传》中高僧所在的隋代寺院统计:"见于隋僧行止的佛寺262所",大部分是在城市里,仅京兆郡(长安)就有64所。(参见张弓《汉唐佛寺文化史》上册"寻兰篇",中国社会科学出版社1997年版,第93页)。"高僧"应该是僧众里得到僧众和社会公认的精英,却主要在城市,甚至是在都市里,至少从一个侧面反映了城市僧众素质要高于乡村里的僧众。

的素质决定着寺院的作用,而寺院的环境等等客观条件又影响着僧众的素质,两者是互联的。并且由此关联出寺院的功能和形象,以及这两者合起来的社会作用。在农村寺院出家的僧众,一般都来自附近的地域,不若城市和名山的寺众往往来自四方各地。他们之间,以及他们与附近信众之间彼此有着相近的生活习惯,操着相同的方言,容易形成较为紧密的关系。如苏州一带流传的夏至谚语中有"六九五十四,乘凉入佛寺"①等。这些俚语民谚至少表明佛教与民众日常生活关系密切所留下来的记印。至于在一些特定的地域,如在3—9世纪的高昌,几乎一大半寺院都以族姓或家族代表冠名,如麹寺、粟末义寺、都郎中寺等,甚至起着与家庙族庙类似的作用。② 而城里的寺院或名山大刹则多为十方寺,挂单的僧众多来自四面八方,信众也多为外地朝拜进香而来,有很大流动性。

第二,乡村寺院以地方经济为依托,互相荣衰与共。由于寺院在农村地区成了难得的公共场所,也就此往往成了乡村集市的所在地,更不用说每逢佛教节日所举行的大规模庙会了。这些集市或庙会对乡村经济和佛教双方都起着促进的作用,其实佛寺的修造和存在本身也是对地区经济的一个促动,因为修造需工匠材料,有寺就有香客和香烛消费等等,都会或多或少带动商品经济发展。不过乡村寺院的经济状况一般要远比城里的寺院差,僧众的生活条件当然也会差得多。如果地方上碰到一些天灾人祸,收成欠佳,经济萧条时,情况就更糟糕。在如此经济的生存压力之下,一种结果是僧人亡失,"满山残雪满山风,野寺无门院院空"③成了常见的景象。即使僧众不流失,在这样物质条件很差

① 参见《吴下田家志》等,转引自杜文澜辑:《古谣谚》卷四八"夏至冬至谚"条,中华书局1958年版,第618页。
② 严耀中《麹氏高昌王国寺院研究》,《文史》第34辑,中华书局1992年版。
③ 元稹《雪后宿同轨店上法护寺钟楼望月》,载《元稹集》卷一七,中华书局1982年版,第191页。

的寺院,香火不会很旺,寺院为主的集市或庙会就难成规模甚至难以举行。而且由于乡村的经济实力有限,人口密集度不高,所以乡村寺院规模一般并不很大。此外一个副作用是,如果没有高僧前来,缺乏物质条件的寺庙对外地的僧人和信众缺乏吸引力,由本地乡民出身的僧人和信众无论是宗教素质和文化素质的平均水平都会低于城里寺院的,宗教的社会影响就会减弱,这也是乡村缺少名寺的一个原因。

第三,乡村寺院与信众之联系有别于城市和名山上的寺院。因为在中国寺院不仅仅是僧人苦修之地,而且还是一般在家信徒朝拜的场所,它周围总有着多寡不一的信徒群。他们是寺院的存在基础,寺院同他们的关系就是寺院的主要社会关系,并在这样的关系中凸显寺院的社会性。因此乡村寺院的信众群就相对固定。这些地域性很强的信众群体在给寺院带来稳定的香火同时也给寺僧带来特有的约束。这是因为中国古代的农村由于多以家族聚居的形态生活,乡约族规和人情习俗是社会的主要纽带。由于在封建体制内,维持秩序的"伦理刑法扩展到民事领域并将不重要的民事关系的调整委之于风俗习惯和家法族规"。① 身处其中的寺院及僧侣也不得不受其强烈的制约。这些制约和戒律结合起来往往成为乡村寺院明文或俗成的僧制寺规,尤其在地方大族头面人物成为寺院主要施主的情况下。因为当施主交给寺院的财富数量较大时,内律允许其对"施舍出去的财物是还有很大的说话权的"。② 这种说话权其实也就是关于财物使用的某种附加条件,于是这种条件也就成了加在僧团或僧侣身上的一些特殊约束。如宋太宗淳化年间莆田郑氏舍田于崇圣庵诸刹,"付与寺僧充柴薪之用,递年计该产钱二百三十四贯。入庵而后,子孙不许侵渔,寺僧

---

① 任喜荣《伦理刑法及其终结》第四章,吉林人民出版社 2005 年版,第 129 页。

② 何兹全《佛教经律关于寺院财产的规定》,《中国史研究》1982 年第 1 期。

亦不许盗献豪门"。① 这后面一句话就是对寺僧行为的一种约束。其实这种情况早已有之,如吐鲁番出土的《宁朔将军麹斌造寺碑》中,麹氏对"寺主不良,费用非理"规定了处置办法,②此类不得有违施主意愿的约束在南北朝至隋唐期间不少寺院都有。③ 由于这些施主乃至一般村民与寺院僧人朝夕相处,因此当地民众对僧侣的约束要比其他地方来得更为贴近和严格。如清代广东顺德县《文海林氏家谱·家规》云:"凡僧尼道士三姑六婆,毋许入门,不惟远嫌疑,亦以端风化也。"浙江山阴《项里钱氏宗谱·族规》中也禁止僧道尼姑等"穿门入户",要"杜其往来,以免后悔,此是齐家最要紧事"。这些家规族戒虽然是直接针对本族族人,但对位于这些宗族居住地区的寺院僧侣当然会感到压力而迫使他们更加小心谨慎。因此历史上乡村寺僧不良行为记载很少,换言之农村地区寺院的戒律维护要好过城市的,社会环境也是一大因素。另外,筑造乡村寺庙的工匠由于建筑视野和技术水平的限制,总是会将寺院的布局和房屋风格按本地传统式样靠拢,促成了寺院外观的进一步地方化,寺内所塑佛像的造型及附加装饰也更与本乡本镇的观念和环境接近④。

　　第四,乡村佛教与地方民间信仰有更多的结合,在很大程度上导致

---

① 参见《广化寺檀越郑氏舍田碑记》,载丁荷生、郑振满编《福建宗教碑铭汇编》兴化府分册,福建人民出版社1995年版,第6、7页。

② 参见《麹斌造寺碑》,摹本载黄文弼《吐鲁番考古记》,中国科学院出版1954年版,第52页。

③ 参见何兹全《佛教经律关于寺院财产的规定》,《中国史研究》1982年第1期。

④ 太史文(Stephen Teiser)先生在对一些西部石窟中所塑生死轮图像研究后指出,"石窟的创始人也被雕刻在生死轮的中央,这些都是地方特征的表现"。参见太史文《地方方式和经典式:甘肃和四川生死轮回图》,载胡素馨主编《佛教物质文化,寺院财富与世俗供养国际学术研讨会论文集》,上海书画出版社2003年版,第237页。

了佛教的民间化。这一方面是因为乡村往往迎合民众的信仰需求,重视做法事等宗教服务功能,偏于宗教的形式而轻义理,于是对和其他地方崇拜的区分就不大讲究。另一方面,由于佛教有着作为全国性宗教的优势,一般会把具有地方特色的崇拜变为佛教信仰或染上佛教色彩。如唐初,"研精律藏二十余年"的"襄部法门寺沙门惠普"在当地移风易俗,即"楚俗信巫杀为淫祀。普因孚化,比屋崇仁。又修明因道场三十所"。①又如敦煌文书中有名"四分戒"(P. 3135)者,系敦煌佛弟子索清儿在病中为求治愈抄录《四分戒》所写之序,其云:"乙卯年四月十五日,弟子索清儿为己身忽染热疾,非常困重,遂发愿写此《四分戒》一卷。上为一切诸佛、诸大菩萨、摩诃萨及太山府君、平等大王、五道大神、天曹地府、司命司录、土府水官、行病鬼王、疫使知文籍官、院长押门官、专使可官、并一切幽冥官典等,伏愿慈悲救护"等等。其中"太山府君、平等大王、五道大神、天曹地府、司命司录、土府水官"等其实都是中土的民间神祇,现在都列入了佛教的神灵中了。还如在浙江遂昌县,"本地称所有神的塑像,画像等为'老佛'",②即成佛门中的了。再如流传在民间的《土地宝卷》说土地神被佛祖制服后,被佛祖遣使遍游天下。③ 甚至也把关羽列为伽蓝神之一,此说首先始于荆南玉泉寺,董侹《重修玉泉关庙记》云关羽在该寺显灵,被自天台赶来的智者大师所济度,遂成为佛教神祇。④ 除此之外,佛教还将自身原有的一些神祇具备民间信仰的功能,以此来作为渗入中土民间崇拜的一个方面。这中间也可分为二类,之一是将佛经中的一些神祇形象化、本土化,在民间成为新的崇拜对象,如"树神"、"狮子大

---

① 《续高僧传》卷二一《唐荆州神山寺释玄爽传》。
② 参见吴真:《遂昌庙祀神考析》,载上海民间文艺家协会、上海民俗学会编《中国民间文化——地方神信仰》,学林出版社1995年版,第9—15页。
③ 参见车锡伦《中国宝卷概论》,《中国民间文化》1995年第2期,第335页。
④ 文载《全唐文》卷六八四。

王"、"五通神"，①及所谓"肉身菩萨"②等。之二是一些有民间影响的高僧死后演化为地方崇拜对象。如在江浙一带有宝志、杯度、济公，后来还有"修炼成佛，俗名罗佛"③的罗佛真人等，在福建则有真济三公、行端和尚、佛姑娘、三平祖师、定光古佛、清水祖师等等④。这些新的来自佛教的民间崇拜分流了民间的信徒，在佛教与原地方信仰的影响消长中，起着可观的作用。在这个过程中由地方僧人管理民间崇拜的场所往往起着重要的作用，如明代"僧人李师、王如千、杨满湖"参与了阳城县汤王庙的重建，他们至少是管理该庙的人员之一，到了清康熙二十八年，该庙则明确有"住持僧本源"⑤。这种结合的结果使得我们在叙述中国佛教时多了一个名词："民间佛教"。乡村寺院是表现民间佛教的重要场所，也是"三教合一"最坚实的社会基础。因为三教合流是佛教最早表现出来，也是历来最主动的，这种倾向同样反映在民间佛教里。

三

当然乡村佛教寺院既然与当地社会保持密切的关系，在受到地方上影响的同时，也一定会有反向的影响。这些影响除了佛教对社会一

---

① 参见严耀中《汉传密教》第十八、十九、二十诸章，学林出版社 1999 年版，第 270—316 页。

② 参见严耀中《中国佛教世俗化的一个标识——关于唐宋文献中"肉身菩萨"的若干分析》，北京大学东方研究院华林编辑部编《华林》第二卷，中华书局 2002 年版。

③ 杨守仁修《万历严州府志》卷六"分水县罗佛庵"条。

④ 福建的佛教俗神情况，可参见林国平、彭文宇《福建民间信仰》第六章，福建人民出版社 1993 年版，第 263—322 页。

⑤ 分见冯俊杰编《山西戏曲碑刻辑考》卷六《重修汤王庙记》，卷八《成汤庙化源里增修什物碑记》，中华书局 2002 年版，第 299、388 页。

般的影响外,还发挥了一些独特的社会作用。如侯旭东先生通过对北朝并州乐平郡艾县安鹿交村"合村邑子"所造之佛像碑进行分析后指出:"通过造像,特别是题记位置的设计与内容吸引过往行人,尤其是皇帝、官吏的注意不无联系",并表现为一种国家认同①。其实造像碑往往就是乡村寺院的一个组成部分,造像碑对帝王官吏的吸引,也就是乡村寺院政治作用的一个侧面。

除了上文说及的佛教与地方民间信仰之间的互相融合外,佛教对地方上其他文化也作用颇大。这是因为乡村寺院与所在地的关系更为紧密,使佛教在地方上所起社会作用也往往更为显目。与城市相比较,乡村是文化教育相对落后的地方,这使得村寺或所谓"野寺"成了其中文化上的闪亮点。因为寺庙里总会有僧人能识字读经的。如果有高僧在此的话,那寺院绝对是这个区域里的文化制高点。这个制高点的作用是非常广泛,有戒律和因果报应等道德说教作用,有修桥铺路等示范义举,有医药赈灾等慈善功德,有推动文化教育的影响,有保护寺院四周林木山水之功劳等等,等于成了一个个地域的文化和慈善中心。于此记载论述的文字已有非常之多,这里就不再一一列举②。当然城里的寺院也有这些功能,但城市里寺院多,各种与文化有关的如学校、医生等教外影响更多,还有官府在直接笼罩着,其寺院文化对该佛寺周围居民社会的辐射作用反而没有乡村孤寺来得重要。此外乡村的寺院往往带有戏台,且从唐宋以降的诗词中我们可以看到,有相当大的一部分诗词是文人墨客在住或游地方上寺庙时即兴所做。这其实也是佛寺在乡村的文化作用之一。

---

① 侯旭东《北朝村民的生活世界-朝廷、州县与村里》,商务印书馆 2005 年版,第264 页。
② 如其中一些例子可参见全汉昇《中古佛教寺院的慈善事业》(《食货》第四期第一卷,1935 年)等论著。

佛寺对乡村的丧葬影响很大。由于中国人的坟墓主要修筑在乡村，即使是城市居民死后也会回原籍下葬，至少是要葬在郊外，乡村佛寺一般都要参与丧事，更不用说专门的"坟寺"了，所以对民间丧葬风俗产生各种影响。首先，佛教对丧葬仪式影响之一在于随葬品中。陪葬物里有着佛教内容的端倪已见诸于魏晋南北朝。三国两晋时江南已有不少装饰有佛教内容的所谓"魂瓶"被考古工作者陆续发现。又如南齐时张融在其遗嘱中关照他死后下葬时要"左手执《孝经》、《老子》，右手执小品《法华经》"①。再如在浙江温州的一座有"永和八年(352)九月十□余□氏"铭文砖的东晋墓陪葬品里，还有一个石质藏经盒，其盒盖正中阴刻楷书"无垢净光陀罗尼经函"九个字②，可见此佛经也是随葬品之一。在唐代的墓葬中以天王像来避邪驱魔十分流行。如洛阳龙门及花园村、润西谷水、关林、西安狄寨、羊头镇、灞桥、韩森寨、礼县兴隆、新寨，凤翔南郊和南关村东等地唐墓都有天王俑出土，且与文官俑等"组合已成定制"③。1983年河南临汝发掘的一座唐代小墓中也有天王俑一件④；另外，甘肃秦安杨家沟、敦煌老爷庙一号、长安郭家滩十二号等唐墓中足踏鬼怪的

---

① 《南史》卷三二《张邵传附张融传》，中华书局1975年版，第837页。

② 参见吴明哲《浙江温州市瓯海区出土东晋铭文砖》，《文物》1998年第11期。

③ 参见洛阳文物工作队《洛阳龙门唐安菩夫妇墓》，《中原文物》1982年第3期；洛阳文物工作队《唐睿宗贵妃豆卢氏墓发掘简报》，《文物》1995年第8期；洛阳文物工作队《河南洛阳润西谷水唐墓清理简报》，《考古》1983年第5期；洛阳博物馆《洛阳关林59号唐墓》，《考古》1972年第3期；马咏钟《西安狄寨出土唐三彩》，《文博》1994年第1期；陕西文管会《西安羊头镇唐李爽墓的发掘》，《文物》1959年第3期；西安市文管会：《西安唐金乡县主墓清理简报》，《文物》1997年第1期；张正岭《西安韩森寨唐墓清理记》，《考古通讯》1957年第5期；昭陵文管所《唐越王李贞墓发掘简报》、《唐临川公主墓出土的墓志与诏书》，《文物》1977年第10期；赵丛苍《凤翔出土一批唐三彩和陶俑》，《文博》1989年第3期等。

④ 参见临汝县博物馆《河南临汝县发现一座唐墓》，《考古》1988年第2期。

所谓"武士俑",其实也都是天王俑①。这些在隋唐墓葬的发掘清理报告里几乎不胜枚举,说明佛教随葬品自魏晋起已成为广大农村墓葬中的一个重要内容。

为死者祈祷而举行法事,愈来愈成为寺院的一项重要活动。如当今所谓梁皇忏(即慈悲道场忏),用以超度亡灵,企求冥福。不过其中也有与恶鬼受戒相连的成分,如宗磐述供天忏仪时云:"此番恶贼,盖是鬼子母未受戒时,食王城男女,居人怨之,故作此目。"②如此法会忏仪在中国民间社会中有着极为广泛的势力,不过性质上乃属于大乘佛教。此外,葬法是又一大影响。火葬,佛教中称荼毗,或作阇维、阇毗、阇鼻多等,本为僧侣之葬法,"火焚水沉,西戎之俗"③,而在中国"自释氏火葬之说起,于是死而焚尸者,所在皆然"④。此在江南民间尤成时尚,据宋人周煇言:"浙右水乡风俗,人死,虽富有力者,不办蕞尔之土以安厝,亦致焚如。"骨灰也葬于寺院的池塘内⑤。当时一些寺院专设有"化人亭",以火化尸体。如南宋吴县城外通济寺"久为焚人空亭,约十间,以罔利。合城愚民,悉为所诱,亲死即举而付之烈焰"⑥。再如四川凉山地区出土的一个唐末宋初的火葬罐,"上面书写有红色的梵文文字和贴有小块的金箔",随葬品还有密宗法事所用的"铜金刚杵一

① 参见甘肃省博物馆《甘肃秦安县唐墓清理简报》,《文物》1975 年第 4 期;夏鼐《敦煌考古漫记(二)——老爷庙唐代墓葬的清理》、考古所陕西考古队《宝鸡和西安附近考古发掘简报》,《考古通讯》1955 年第 2 期。
② 《佛祖统纪》卷三四《法门光显志·供天》。
③ 《南史》卷七五《隐逸顾欢传》所载《夷夏论》,第 1876 页。
④ 永亨《搜采异闻录》卷三,载《笔记小说大观》第九册,江苏广陵古籍刻印社 1984 年版,第 365 页。
⑤ 参见周煇《清波杂志》卷一二,载戴建国编《全宋笔记》第五编第九册,大众出版社 2012 年版,第 127 页。
⑥ 顾炎武《日知录》卷一五"火葬"条,上海商务印书馆 1933 年版,第 19、20 页。

件"①。说明了地区性火葬与佛教间的关系。此外如唐代太原一度"俗为浮屠法者,死不葬,以尸弃郊饲鸟兽,号其地曰'黄阬'。有狗数百头,习食胔,颇为人患,吏不敢禁"②。这些城市里面少见的丧葬现象当然是佛教寺院在乡村存在的结果,说明佛教面临不同地区也是入乡随俗而使其本身发展呈现多样化。如此变化在城市和名山的寺院中就不大容易见到。

以上种种表明,虽然大多数著名的佛教寺院不是在名山就是在城市,但寺院的多数却是在广大乡村,它们通过在与乡村社会的相互融合,联系着百分之九十几的中国民众,成为佛教在中国最重要的生存基础。除了宗族的祠堂之外,寺庙可以说是乡村最重要的公共建筑了。而且祠堂只为一姓一族所有,而寺庙却对当地所有百姓开放③,因此寺庙往往成了乡村居民最大的公共场所。正因为有着这样的因素,寺庙殿塔也成了地方上的标志性建筑。我们在一些碑文上可以看到地方上一些寺庙虽然迭经兵火之灾,却能毁了重修,再毁再修,绵延数百年而长存不衰。所以上述乡村佛寺与其周边社会的那种互动关系,也是中国佛教史里不可或缺的一部分。由于佛教寺庙在乡村起着如此的社会文化中心的作用,实际上它也替代朝廷在农村基层的一些社会功能。如宋辽时燕山云居寺所在乡民"同德经营,协力唱和,结一千人之社,合一千人之心。春不妨耕,秋不废获。立其信,导其教,无贫富后先,无贵贱老少,施有定例,纳有常期,贮于库司,补兹寺缺"。④ 又如唐代白鹿乡佛教邑社组织的宗旨说得很明确,"此邑耆宿长幼士女等知身觉悟,

---

① 四川凉山博物馆《四川发现古代火葬墓》,《考古》1984 年第 9 期。
② 《新唐书》卷七八《宗室李暠传》,中华书局 1975 年版,第 3531 页。
③ 一些大族的家庙、坟寺除外。但这些寺庙毕竟是少数,有的也向一般信众开放。
④ 王正《重修范阳白带山云居寺碑》,载《全辽文》卷四,陈述辑校本,中华书局1982 年版,第 81 页。

共发齐心。且好人恶煞，蠲弊崇善，所以贤达君子多爱法焉，於是矻矻勤心，孜孜不怠"。① 因此可以说乡村的佛教寺院通过和民众结社互动，往往在广大的农村社会中起着稳定和凝聚力的作用。所以长期以来在中国古代，朝廷任命的行政官员能够只下延到县一级，把社会管理让地方自行解决，从而节约了不少行政成本，寺庙在其中所发挥的那些功能也功不可没。不过从另一方面说，乡村佛教寺院的这种社会政治功能之获得，也是其官方化的一个侧面。而在这样子的过程中，宗教的神圣性也渐渐地减去它的光辉。而作为这种演化的另一方面，则是其一成不变地受到包括僧官衙门在内的官府控制。因此自唐宋以降，只要是体制内的佛教寺院，无论其是否在乡村，对朝廷至地方各级政治之影响是微不足道的。

总之，鉴于在古代中国，农村人口占着全国人口中的绝大多数，乡村民众的信仰成了宗教在社会存在的基础，所以乡村寺院对佛教的社会作用至关重要。而乡村寺院与当地社会民众之间的互相影响是全方位的，或多或少牵涉到社会生活的各个方面。乡村地区的这些寺庙在时间和空间上的广泛分布也足以说明佛教寺院和中国古代农村社会的紧密结合。文献中如此的例子是大量的，不过由于篇幅关系，本文不能一一枚举。

载《史学集刊》2015 年第 4 期

---

① 董诰等编《全唐文》卷七五七石文素《白鹿乡井谷村佛堂碑铭》，上海古籍出版社1990 年版，第 3485 页。

解析《元和郡县图志》所载祠庙

撰于中唐的李吉甫《元和郡县图志》(本文或简称《志》)作为正史地理志的扩充,"为我国现存最早又较完整的地方总志"①,史料价值是很大的。其中所涉及宗教者,主要在于其所载之祠庙。该书所载祠庙等各类宗教场所并不多,肯定和当时这类场所实际存在状况数量上非常悬殊。那么这种情况说明什么? 仅仅记载这些有限的宗教场所,是因为当时人对这些数目有限的祠庙有着特别的重视? 还是仅出于李吉甫个人的某种观念? 本文试图作一些解析。

一

先按今本《元和郡县图志》各卷顺序列出其所载之祠庙:

集灵台:关内道,京兆府,昭应县,祀神也,原清华宫;

通天台:关内道,京兆府,云阳县,甘泉宫中,祭鬼神;

白起祠:关内道,京兆府,咸阳县县城中;

蒙恬祠:关内道,京兆府,咸阳县西北十五里;

汉龙泉庙:关内道,京兆府,兴平县,庙名系"武帝庙号";

---

① 贺次君"前言",李吉甫《元和郡县图志》,贺次君点校本,中华书局1983年版,第1页。

马祖坛:关内道,京兆府,鄠县东北三十二里龙台泽中,祭马神;

楼观:关内道,京兆府,盩厔县东三十七里,道院;

昭仁寺:关内道,邠州,宜禄县西浅水原,唐太宗平薛仁杲处诏立,"碑,谏议大夫朱子奢之词也";

玉华寺:关内道,坊州,宜君县北四里,原玉华宫,玄奘译经处;

黄帝祠:关内道,延州,肤施县;

拂云堆神祠:关内道,丰州,西受降城,"突厥将入寇,必先诣祠祭酹求福";

启母祠:河南道,河南府,登封县东北七里;

等慈寺:河南道,河南府,汜水县东七里,唐太宗平窦建德处诏建;

魏文帝祠:河南道,亳州,谯县东五里,曹操父子旧宅;

玄元皇帝祠:河南道,亳州,永城县东十四里;

李母祠:河南道,亳州,永城县东十四里,李即"先天太后,今谓之洞霄宫";

邓艾庙:河南道,颍州,下蔡县西一百二十步,其"营屯田,后人赖其利,因为立祠";

河侯祠:河南道,滑州,白马县南一里,纪念汉东郡太守王尊;

子产庙:河南道,郑州,新郑县西南三十里,子产墓旁;

鲁恭祠:河南道,郑州,中牟县,恭系东汉时县宰,"有善政,人为立祠";

孔子庙:河南道,陈州,宛丘县城内弩台上;

八卦台及坛:河南道,陈州,宛丘县北一里,"古伏羲画八卦于此";

鲁肃庙:河南道,泗州,宿迁县东南一里;

贾君祠:河南道,蔡州,新息县北一里,纪念东汉县长贾彪;

孙叔敖祠:河南道,光州,固始县西北七十五里;

尧祠:河南道,兖州,瑕丘县东南七里;

泰山府君祠:河南道,兖州,鱼台县西十二里;

青石山祠:河南道,兖州,龚丘县西三十里,自北魏始,因山奇而"祈雨辄应,故古今祀之";

岳庙:河南道,兖州,乾封县北三十里,泰山南麓,玄宗"封泰山神为天齐王";

女娲庙:河南道,兖州,任城县东南七十六里承注山下;

神通寺:河南道,齐州,历城县东七十里琨瑞山郎公谷;

尧母庙:河南道,濮州,雷泽县西南四里;

海神庙:河南道,莱州,掖县西北十七里;

海渎祠:河南道,登州,黄县北二十四里大人城上;

舜庙(祠)及二妃坛:河东道,河中府,河东县蒲坂城,庙在城内坛在外;

五老仙人祠:河东道,河中府,虞乡县西十七里;

后土祠:河东道,河中府,宝鼎县西北十一里;

赵盾祠:河东道,绛州,太平县西南十八里;

李牧祠:河东道,绛州,太平县东北十三里;

台骀神祠:河东道,绛州,曲沃县西南三十六里,台骀为汾神;

稷祠:河东道,绛州,稷山县南五十里稷山上;

大禹祠:河东道,绛州,龙门县西二十五里龙门山;

唐高祖庙:河东道,绛州,龙门县西二十五里龙门山之顶;

尧庙:河东道,晋州,临汾县东八里;

姑射神祠:河东道,晋州,临汾县北十三里姑射山上,武德元年敕置;

龙子庙:河东道,晋州,临汾县姑射山东;

老君祠:河东道,晋州,神山县东南二十里,武德三年置;

师旷祠:河东道,晋州,洪洞县东南二十五里;

普济寺：河东道，晋州，霍山县，"贞观八年奉诏，以破宋老生，于此置寺"；

霍山庙：河东道，晋州，赵城县东南三十里霍山上；

禹庙：河东道，慈州，昌宁县西南一百五里龙门东岸；

受瑞坛：河东道：太原府，晋阳县，唐高祖"受瑞石于此坛"；

晋祠：河东道：太原府，晋阳县西南十二里，"一名王祠，周唐叔虞祠"；

介之推祠：河东道：太原府，晋阳县东五十里；

原过祠：河东道，太原府，榆次县东九里，"俗名原公祠"；

麓台山祠：河东道，太原府，榆次县东南三十五里麓台山上，"俗名智伯祠"；

妒女祠：河东道，太原府，广阳县东北九十里妒女泉，"土人祀之，妇人祢服靓妆，必兴雷电，故曰妒女"；

卜商祠：河东道，汾州，西河县北四十里；

祝融祠：河东道，仪州，辽山县北二里；

天池祠：河东道，岚州，宜芳县北燕京山上；

河神祠：河东道，代州，雁门县南，"开元九年，并州刺史张说奏置"；

火井祠：河东道，云州，云中县西五里火山，山有火井；

昭福寺：河东道，洺州，永年县西南十里，为"皇家平刘黑闼垒"置；

七贤祠：河北道，怀州，获嘉县西北四十二里，"嵇、阮祠也"；

狄仁杰祠：河北道，魏州，贵乡县东南四里，狄"为魏州刺史，百姓为立生祠"；

西门豹祠：河北道，相州，邺县西十五里；

比干庙：河北道，卫州，汲县北十里；

太公庙：河北道，卫州，汲县西北二十五里，"太公，即河内汲人也"；

开业寺：河北道，赵州，元氏县西北十五里，北魏"赵郡李徽伯之

旧宅";

汉世祖庙:河北道,赵州,柏乡县北十四里,一名坛亭,"世祖即位之千秋亭";

管辂祠:河北道,德州,平原县西南一里;

尧祠:河北道,定州,望都县南四十里;

郊坛:河北道,定州,恒阳县东南十二里;

恒岳观:河北道,定州,恒阳县南百余步;

真君庙:河北道,定州,恒阳县东北十里嘉禾山下;

恒岳下庙:河北道,定州,恒阳县西四十步;

淮渎庙:山南道,唐州,桐柏县西六十里桐柏山东北;

季梁庙:山南道,随州,随县南门外道西三十二步;

杨君神祠:山南道,兴州,顺政县西南二里,"即杨难当神也,土人祠之";

钳川神祠:山南道,扶州,钳川县西北十里,"水、旱,人祈请焉";

头陀寺:江南道,鄂州,江夏县东南二里;

鲁肃神祠:江南道,沔州,汉阳县鲁山上;

官亭湖神庙:江南道,江州,浔阳县东南九十里;

衡岳庙:江南道,衡州,衡山县西三十里;

义帝祠:江南道,郴州,郴县南一里;

淮南王子庙:江南道,道州,江华县南七十二里,"今名东塘神";

江渎祠:剑南道,成都府,成都县南八里;

先主庙:剑南道,成都府,成都县南二十里;

邓艾庙:剑南道,成都府,成都县西二里;

望帝祠:剑南道,彭州,导江县灌口镇;

李冰祠:剑南道,彭州,导江县西三十三里;

青神祠:剑南道,眉州,青神县,即青衣神;

石新妇神①:剑南道,剑州,普安县东北四十九里;

邓艾祠:剑南道,剑州,梓潼县南百步;

张道陵祠:剑南道,陵州,仁寿县西南百步;

北庙:岭南道,广州,南海县北三里,"即尉佗之庙";

虞翻庙:岭南道,广州,南海县西北三里;

海庙:岭南道,广州,南海县东八十一里;

石九子母祠:岭南道,交州,龙编县东十四里;

汉高祖庙:陇右道,秦州,上邽县东北五里;

朱邑祠:淮南道,舒州,桐城县西南,"邑为桐乡啬夫,廉平有恩,县人思之,为立生祠"②;

赤松子祠:岭南道,泷州,建水县③;

二

以上摘录李吉甫在书中所载这些祠庙,是依据:1. 无论是祠、庙、坛、观或寺,一般都系当时还存在与崇拜对象相关的建筑或场地,哪怕是"生祠";2. 作为一个有着当时宗教作用或具有宗教性质的场点介绍的,如用作祭祀之类。反之,若书中提到兖州一些县里孔子墓、孔子故居等遗迹很多,但不说有孔庙,这也许说明作者的一种态度,所以在这份祠庙名单中,兖州无孔庙;3. 因此不包括已废的,或作为其他场所之附名的,尤其是非唐代所建之祠庙名称。

据此三个原则所列的祠庙,上述统计为 102 处,应当是中唐时代在

---

① 此系"望夫石"之类而被尊为神,按体例,"神"字之后恐有佚字。

② 该条为佚文,据王象之《舆地纪胜》补,《元和郡县图志》,第 1080 页。

③ 该条为佚文,据《太平寰宇记》补,《元和郡县图志》,第 1089 页。

李吉甫笔下反映的一种宗教场所存在状况,其中很多可以补《唐书》之缺。虽然今本《元和郡县图志》有一些缺失,但经前人校补辑佚,所遗失部分对上述统计总数不会有太大的影响。这些带宗教性质的场所大致可归属为四类:1. 佛教;2. 道教;3. 民间崇拜;4. 官府祭祀场所。其中以第四类数目为最多,有中央朝廷奉旨所立的,也有地方官府请立的。当然其中有一定程度的交叉,佛寺、道观、民间祠庙都可以具有官方性质。

佛教的寺院在今本《元和郡县图志》里只有 8 所,和实际情况相差很大,因为在此前之隋代,有籍可统计的就"寺有三千九百八十五所,僧尼二十三万六千二百",而"皇唐启运,弘敞释门,功业崇繁,未可胜纪"①。《唐六典》卷四"祠部郎中"条更明确说:"凡天下寺,总五千三百五十八所"。只是零头的这 8 所寺院大体可分二类:其一是有 4 所奉太宗旨意所建,如等慈寺,唐太宗平窦建德处诏立。太宗此诏颁于贞观三年十二月,次年五月建造毕,皆由虞世南、李百药、朱之奢等"为碑记铭功业"。但在《唐会要》里没有朱子奢撰碑铭之昭仁寺,所以《志》可补《会要》之缺②,至于其他同类寺院而未见于《志》,可能是佚文的缘故。其他四所列名的寺院都有特殊处,玉华寺原系王宫;头陀寺为《昭明文选》唯一载有碑文的佛寺③;唐代开业寺有二个,一个在长安系官寺,

---

① 道宣《释迦方志》卷下"教相篇",范祥雍点校本,中华书局 1983 年版,第 122 页。又:李芳民《唐五代佛寺辑考》(商务印书馆 2006 年版),在各种现存文献中,"爬梳检择,积千有奇",可供参考。张弓先生在所著《汉唐佛寺文化史》(中国社会科学出版社 1997 年版)统算"《方志》汇计累积显示的东汉至唐佛寺 5335 所"(第 147 页),不过其中很多寺院已不可考。

② 《唐会要》卷四八"寺",上海古籍出版社 1991 年版,第 989—995 页。

③ 王简栖《头陀寺碑》,载《文选》卷五九。李善云其"文词巧丽,为世所重",中华书局 1977 年版,第 810 页。

《志》所载者与赵郡李氏关系密切,可为门阀与佛教之典型结合①;在历城郎公谷的神通寺,所在地因"符秦时沙门竺僧朗隐居"而得名②。不过后三个寺虽各有特殊之处,但毕竟和太宗诏立等官寺有别,《志》为何载之还有待探讨。

关于道教的祠观就更复杂些,除张道陵祠、真君庙、老君祠等明显属于道教的外,地方崇拜祠庙一般也被收入道教系列。这样子一来,《志》中所载的道教场所就大大多于佛教的了。这或许是与李唐皇朝尊奉老子为李氏始祖,建"玄元皇帝祠"相关,从而也影响到官方道观的存在数量和曾任宰相的李吉甫之注意力。另一方面,道教作为土生土长的宗教,和地域风土人情有着更多的联系,地方神祇后来也都被收入进道教的万神殿,《志》作为"郡县图志",当然会更多地注意到那些与地方文化联系较为紧密的宗教场所。而在盛唐之前虽然佛教在中国已广为传播,但作为中国佛教的诸宗多数尚未成气候,更没有具地域纪念意义的所谓"祖庭"之强调。换言之,直到《志》的成书之日,中国佛教之地域联系的特征还不够明显,至少不如道教,这就影响到佛教寺庙在一本唐代地理著作中的出现概率。

一般地说中国的民间信仰都或多或少都带有地方性,即使是属于全国性宗教的佛、道两教,从所供偶像,及其造型装饰和崇拜方式都会有地方色彩,更不用说对地方特有的鬼神和人物之崇拜了。但本《志》所载,只是当时众多地方性祠庙里的九牛一毛。这些祠庙之入书,大致可分为几种情况:一是本朝所建,如绛州之高祖庙,太原府的受瑞坛等,其实敕建的道教玄元皇帝祠和李母(先天太后)祠和佛教普济寺等,都

---

① 参见谢重光《读开业寺碑论晋唐时期士族与佛教寺院的关系》,载《汉唐佛教社会史论》,台北国际文化事业有限公司1990年版,第139—160页;严耀中《唐开业寺考》,载《觉群·学术论文集》,商务印书馆2001年版,第352—356页。

② 《元和郡县图志》卷一〇,河南道齐州历城县"神通寺"条,第277页。

在当时有着重要的政治作用,当朝史家不能不记。二是祀典所载的神祇,礼制规定"五岳、四镇、四海、四渎,年别一祭",以及"祀官以当界州长官,有故,遣上佐行事"等等①。如从京师的集灵台,到马祖坛②、衡岳庙、江渎祠、尧祠等各类祠庙,皆由朝廷来祭祀。不过《志》之所载,也未齐全。当然《志》有佚文是个原因,但另外恐怕与祭祀场所情况相关,对自然界中山川等行祭,有的地方盖了或设置了永久性祠庙等,有的则临时张罗场所或仅有露天石供桌等③,所以《志》之所载皆为祠庙。三是具有地方特色的官祀场所,如代州的河神祠,魏州的狄仁杰祠,舒州的朱邑祠等。这些祠庙通常都是要经过地方奏请、朝廷旨准等手续,而为州县所重。四是传统的,即从两汉或更早时期就作为官方祭祀的祠庙,如尧庙、西门豹祠、禹庙等,及黄帝祠、魏文帝祠等历代帝王的庙祠,至于子产、介之推、鲁恭、贾彪等。这些祠庙之仍存在于中唐,或是因传说中古代帝王及有德或有功之正面人物被世所共尊,至少为地方追念祭祀,故香火不绝,若尧、黄帝等④,或因未被破坏而幸存,曹魏帝庙在而晋诸帝庙无,恐怕与此有关。这些祠庙也有官祀的性质,或被朝廷或被州县所常祀。五是一些有特色、有影响的民间崇拜。如太原府的妒女祠,是因为广阳县东北九十里有妒女泉,"土人祀之,妇人袨服靓妆,

① 《旧唐书》卷二四《礼仪志四》,中华书局 1975 年版,第 910 页。
② 在海渎岳镇诸祠之外,《志》独载马神之祀坛是有原因的。《旧唐书》卷一四一《张孝忠传》云"国家自贞观中至于麟德,国马四十万匹在河、陇间。开元中尚有二十七万,杂以牛羊杂畜,不啻百万",并置"七马坊"(第 3861 页)。此记载显突对马之重视。唐在北与西方战事中屡屡得胜,多倚骑兵之骁勇善战。《志》在此祀,反映了李吉甫作为执政者的意识。
③ 其区别,参见严耀中《〈魏书·地形志〉和〈水经注〉中的北方所祀诸神》,载《社会科学战线》2010 年第 9 期,第 112—118 页。
④ 参见严耀中《关于北朝的尧帝崇拜》,载《上海师范大学学报》2011 年第 2 期,第 101 页。

必兴雷电,故曰妒女"①。还有少数民族的,如丰州西受降城的拂云堆神祠,是因"突厥将入寇,必先诣祠祭酹求福"②而存在。但这些少数民间祠庙之所以能出现在《志》上,除了当时文献上有载外,还要被作者李吉甫认为是"有特色、有影响"的。所以这 102 所祠庙被《志》所载,其中有一部分是出于作者的兴趣或其他考虑,如时为宰相的李吉甫专门为西受降城向皇帝"密陈便宜",必定对那边宗教场所之作用很熟悉也很重视。因此它们被记载也就是有着相当的偶然性。

三

通览这 102 所祠庙的地理分布,必定会注意到它们的不均匀性。河东、河南二道里祠庙所载特别的多,前者 22 所,后者 29 所,两者正好占了总数的一半。再是河北道 13 所,关内道 11 所,剩下六个道被《志》所载的祠庙只占总数四分之一多一点点。当然要考虑到《志》有所佚失,但所失不多,剑南道和陇右道无缺,江南道六卷里只有其中一卷一些缺失,而河北道四卷中缺了一卷半,因此《志》有佚文不是产生这种现象的主要原因,恐怕连重要原因也算不上。

张弓先生曾对唐代的佛寺做过统计和地域分析,把它们的分布归纳为五个区:1. 至密区:京畿、都畿、江南东;2. 次密区:河北、河南、淮南、江南西;3. 间密区:河东、山南东,剑南中、南诏中;4. 次疏区:关内、陇右、山南西;5. 最疏区:岭南、黔中、剑南西北。认为其分布的"整体特征是东密西疏",并和经济文化是否发达紧密相关③。由此

---

① 《元和郡县图志》卷一三,河东道太原府广阳县"妒女祠"条,第 373 页。
② 《元和郡县图志》卷四,关内道丰州西受降城"拂云堆神祠"条,第 116 页。
③ 参见张弓《汉唐佛寺文化史》,第 150、151 页。

可见，除了一些边远地区如黔中、剑南西北等以外，唐代的佛寺分布状况和李吉甫《元和郡县图志》所载之祠庙的地域分布密度有很大的差异。

这种情况之产生，愚见以为主要有着二个因素：第一，虽然"宗教有赖于经济的发展而繁荣"，因此"老往着安定繁荣的地方跑"①。这对绝大多数依靠施主和自身经营的佛寺而言可能是正确的，但确立的祭祀，是为了体现君权神授，或树立民之楷模等政治目的，经济上的成本考虑是很少的。当然那个地方的传统文化底蕴比较深厚，承袭下来的祭祀对象也就会多一些。把这两个因素加起来视之，起自秦汉，直至中唐，政治与文化中心于都在长安、洛阳两京，所在其周围对应的地域是关内道、河南道、和部分河北道，这些地方祠庙就自然多了。河东道不仅文化渊源也同样地深厚，更是李唐皇朝发家之地，其政治上的重要性当然要超过其他区域，官方在河东多树立一些礼祭的祠庙，以显得李家在当地恩泽深厚、根深叶茂，也是自然而然的。

第二，作者李吉甫本身经历有二点可注意，一是他曾"奏收都畿佛祠田"。有司曾请为已亡公主起祠堂，遭他以费钱劳民、不合礼制，极力反对而罢。二是其任外官先"留滞江淮十五余年，备详闾里疾苦"，为相后又出任淮南节度使②。二个方面结合起来，说明李吉甫对祠庙之类并无好感，认为劳民伤财，所以他所久待的江淮等地祠庙都提及很少③，恐与此相关。后来他的儿子李德裕出任浙西观察使时，曾雷厉风

---

① 严耀中《江南佛教史》"前言"，上海人民出版社 2000 年版，第 3 页。

② 分见《旧唐书》卷一四八《李吉甫传》，第 3994 页；《新唐书》卷一四六《李栖筠传附李吉甫传》，中华书局 1975 年版，第 4741 页。

③ 淮南可视为扬州异称，而与三吴一体。如张伟然先生说在"这一地域范围内，其文化归属唐人目为吴楚之郊"。见氏撰《唐人心目中的文化区域及地理意象》，载《地域结构与运作空间》，上海辞书出版社 2003 年版，第 367 页。

行地"除淫祠一千一十所"①。应该与其父的态度是一致的。当初在李吉甫眼里,恐怕早就以为这些他所了解的祭祀场所是"淫祠"而不值一提。更加上在李吉甫之前,狄仁杰为江南巡防使时,毁淫祠"千七百房,止留夏禹、吴太伯、季札、伍员四祠而已"②。狄仁杰此举不仅大大减少了历代祠庙在唐代江南的遗存,也一定赢得了李吉甫的同感,《志》中特别提到狄"为魏州刺史,百姓为立生祠",绝非随手之笔。

第三,几乎是与南方的形势相对照,北方有着重视各种祭祀的传统。除了因为自三代起政治文化中心俱在北方,因而可祭祀对象要大大多于南方外,拓跋鲜卑入主中原后,"虽颇用古礼祀天地、宗庙、百神,而犹循其旧俗,所祀胡神甚多"③。这又扩展了不少祭祀对象,包括自然神和女神④,流风及于隋唐,并会在《志》中留下了蛛丝马迹。这或许和北方比较干旱的自然环境需要祈雨有关,因为"唐代地方政府更多是向'诸神'(包括了山川神),即当地的神祠祈雨"⑤。若兖州青石山祠之立,"自北魏始,因山奇而"祈雨辄应,故古今祀之"。

诚然,宗教场所如果没有相应的信众基础,至少其影响力会大为降低,张弓先生所指出的佛寺"最疏区"和《志》里祠庙分布情况相近,这方面的原因是一样的。但张先生将关内道列为"次密区",而在《志》里,关内道中祠庙密度其实不亚于河北、河南诸道。个中原因应该与寺庙的宗教属性相关,佛教是全民性的,无论汉族还是非汉族当时大都信奉佛

---

① 《旧唐书》卷一七四《李德裕传》,第4511页。
② 《新唐书》卷一一五《狄仁杰传》,第4208页。
③ 《资治通鉴》卷一二四,宋文帝元嘉二十一年六月"魏入中国以来"条,中华书局1956年版,第3906页。
④ 参见严耀中《北魏前期政治制度》第九章,吉林教育出版社1990年版,第195—200页。
⑤ 雷闻《郊庙之外——隋唐国家祭祀与宗教》第四章,三联书店2009年版,第322、323页。

教,佛寺建筑与民族分布关系不大,所以"南诏中"则被列在中等的"间密区",而《志》无该地祠庙的记载,此和关内道的状况形成鲜明对比。这是因为《志》中祠庙除个别外,都是汉族的历史人物或传说人物,是汉文化传统的体现,它们中大部分被列入各级的官祭对象,正是为了要证明祭者在华夏法统中的地位。南诏等地当然不会有如此的祠庙,关中之长安系数朝京都,《志》中多京兆祠庙,是不奇怪的。

四

在《志》所载诸祠庙中,还有一些现象值得注意。

其一,《志》仅载河南道陈州宛丘县城内弩台上有孔子庙,其他州县无,此该作何解? 这大概有二个原因,一是唐朝建立伊始,便诏"州县及乡里,并令置学"①。有学校则必有祀孔之庙在其内,如同每个州县都有城隍庙一样,没有必要一一载明。宛丘之孔庙则另置于县城内弩台上,十分特殊,李吉甫因此可能以为地域标志而值得一记。二是高祖时,曾"以周公为先圣,孔子配享",贞观初则"停祭周公,升夫子为先圣",以后屡有反复。这实际上和"汉、魏以来,取舍各异,颜回、孔子互作先师,宣父、周公迭为先圣"②的今、古文之争牵扯在一起了。不过李吉甫曾自称其系"业以儒进"的"书生"③,当更愿以先师为先圣,故由此亦可窥见其之为学意向。

其二是在岭南道交州龙编县东十四里的石九子母祠。龙编即今之

---

① 武德七年二月《置学官备释奠礼诏》,载《唐大诏令集》卷一○五,学林出版社1992年版,第490页。

② 《唐会要》卷三五"崇褒先圣"条,第743页。

③ 李吉甫《忠州刺史谢上表》,载《全唐文》卷五一二,上海古籍出版社1990年版,第2303页。

河内,但当时是唐朝境域内的一个县。九子母在史籍上最早见于《汉书·成帝纪》"元帝在太子宫生甲观画堂"条的应劭注曰:"甲观在太子宫甲地,主用乳生也。画堂画九子母。"这说明此神汉代就已经出现在华土,当时太原府的崇福寺里也有"九子母院"①。又"南中有僧院,院内有九子母象,装塑甚奇",河南稠桑也有"灵应九子母祠"②。在中国,鬼子母和九子母在佛教名义下的合成,有着较为广泛的影响,并在文献和造像上出现了多重形象。如庐江一位杜姓妇女"常事鬼子母,罗女乐以娱神"③。可见当时内地和边地在诸神崇拜上的一致性。这还涉及《志》里另外一个值得注意的现象,就是其中有不少的女神祠庙,除石九子母祠外,还有启母祠、李母祠、女娲庙、尧母庙、妒女祠、石新妇神等,比例不小。不过除了位于剑南道和岭南道的石新妇神与石九子母祠和唐代新建的李母祠,其他都在《水经注》里记载过。因为郦道元没到过南方,所以《志》中所载女神祠庙是对《水经注》的一种补缺。

其三,《志》中记载了一些被祭祀的真实历史人物祠庙,除一些帝王外,如白起、蒙恬、虞翻等。但最引人注目的是,邓艾庙竟有三处之多,一在河南道颍州下蔡县;二在剑南道剑州梓潼县;三在剑南道成都府成都县。当然地方上凡立祠庙,必有理由,问题是当时州县有诸如此类祠庙总数成百上千,《志》里所载可以说挂一漏百,而邓艾祠竟有三见,应该是有原因的。这和唐代诗歌中儿童们"或谑张飞胡,或笑邓艾吃"④的情形一致,说明唐人对邓艾这个历史人物特别熟悉,或许也因为邓艾

① 《宋高僧传》卷二四《唐太原府崇福寺慧警传》,中华书局1987年版,第613页。
② 《太平广记》卷三六八"南中行者"条引《玉堂闲话》,卷一六〇"李行修"条引《续定命录》,中华书局1961年版,第2931、1151页。
③ 《太平广记》卷二九二"陈虞"条引《异苑》,第2324页。
④ 李商隐《骄儿诗》,载《全唐诗》第八函第九册,上海古籍出版社1968年印本,第1382页。

作为有功而被杀的悲剧性人物①,在经历安史之乱的动荡后,更体现出人们对命运不可抗拒之无奈所产生的同情与追思②。道教经典《洞渊神咒经斩鬼品第七》里称"中国有大鬼王邓艾",故"今世间传养,立祠不绝"③,可谓其"死亦为鬼雄"!与此对比,《史记·封禅书》所载秦汉时诸多祠庙,若秦时雍州"百有余庙,西亦有数十祠"等,在《志》中已不见踪迹④。说明官立祠庙若无民间信仰的基础,一旦有朝代鼎革等政治变化,便会销声匿迹。

其四,宋程大昌为本《志》作《跋》,云李吉甫撰是书"必皆熟按当时图籍言之,最为可据"。然而正如李氏在《志序》中言书中"漏略犹多",若孙星衍在其《序》里所举"鱼台不见伏羲陵"等。那么地方祠庙的漏略,和作者主观意图有否关系?程晋芳在其《跋》中指出本《志》二大佳处之一,是"古迹所引不多,唯取以证地所在"⑤。也就是说《志》中所列的一些祠庙,是因为它们在当地是标志性的建筑物。这恐怕确是祠庙是否为本书所载的一个重要原则,可以为读者消解不少疑虑。当然这不是唯一的原则,因为《志》中对一些祠庙被祭祀是说明原因的,而且有

① 实际上此前邓艾庙有更广泛的分布。如《太平广记》卷二七六"司马恬"条引《异苑》云:"京口新城有邓艾庙,毁已久。晋谯王司马恬为都督,梦一人自称邓公,求治舍宇。恬乃令与修造之"(第2183页)。此条虽不能说明京口之邓艾庙是否存留至唐代,但可见邓艾之事迹在古代影响之大。
② 关于邓艾祠之设。严耀中《"魏书·地形志"和"水经注"中的北方所祀诸神》(载《社会科学战线》2010年第9期)对北朝邓艾祠之分布做了一些介绍和解读。蔡宗宪《邓艾祠庙的跨域分布及其祭祀争议》(载《中国中古史研究》第二卷,中华书局2011年版)做了更详细的中古时期邓祠分布之综述和兴废原因的解释。
③ 斯318,载《英藏敦煌社会历史文献释录》卷一,科学出版社2001年版,第467、468页。
④ 汉代祠庙在《志》中,尚有少数保留,如云阳县甘泉宫中的通天台,宝鼎县的后土祠等。
⑤ 程大昌、程晋芳、孙星衍所作之序和跋,均见于本《志》中华书局1983年版的附录。

的一地数庙,有的一地竟无记载,不能说那里一个祠庙都没有。所以李吉甫的选择性记载之原因还是多方面的,虽然会有主次。

《四库全书总目提要》赞此书"其体例亦为最善,后来虽迭相损益,无能出其范围"。那么《志》中对地方祠庙的选择性记载也应该是其"体例"之一。所以将其选择情况做一些解析,重在开创思路之多绪,希望对理解该《志》及后来同类的书,会有所帮助。

载《唐史论丛》第 18 辑(2014 年)

关于佛图澄在华传教的几个问题

佛图澄(Buddhacinga)是促进佛教在中国传播的关键性人物之一，"异哉释种，作用难量"①！虽已有一些关于他的研究论著，但对于其中一些问题，仍觉意犹未及，故本文试作进一步阐发，以求教于方家。

一　佛图澄来华的时代背景

佛图澄"以晋怀帝永嘉四年(公元三一〇年)来适洛阳"②，正是西晋皇朝颠覆前夕。在西域前来传教的高僧中，佛图澄到来得不算太早，却正是时候。此前虽有摄摩腾等在东汉明帝时已携经来华，但史籍于此依然记载寥寥。至于在社会底层，在能够予以验证的讯息中，如在河西走廊的嘉峪关、酒泉、武威等地发掘出土的大量壁画和画像砖画面里，内容无一涉及佛教③。又如在东晋干宝所撰《搜神记》里虽包含着

---

① 《佛图澄罗汉和尚赞抄》(斯 276 背)，载《英藏敦煌社会历史文献释录》卷一，科学出版社 2001 年版，第 422 页。
② 《高僧传》卷九《晋邺中竺佛图澄》。
③ 参见嘉峪关市文物清理小组《嘉峪关汉画像砖》，载《文物》1972 年第 12 期；甘肃省博物馆、嘉峪关市文物保管所《嘉峪关魏晋墓室壁画的题材和艺术价值》，载《文物》1974 年第 9 期；武威地区博物馆《甘肃武威南滩魏晋墓》，载《文物》1987 年第 9 期；等等。

大量宗教内容,但很少具体地提到佛教,远不能和儒、道二教及方术、巫术等内容之多相比①。至于在长江流域的汉晋间墓葬出土有胡人像或佛像的堆塑罐,及在"2001年底,宝鸡考古队在重庆丰都县发掘的一座东汉'延光四年'(125)砖室墓中,发现一尊摇钱树铜佛像。该佛像位于一件残摇钱树干上"②等等,虽然具有佛教内容。但主要出现在长江流域的这些"装饰性佛像"并不体现对佛陀和佛教的尊重,而只是对佛教一知半解情况下的产物。宿白先生认为东晋之前与墓葬相关物品上的佛像,"似俱在显示此佛像当时主要为西域胡人所侍,作为宗教的佛教尚未出现于广大汉族间"③。也正如吴焯先生所说,"把佛陀放在树座上与树神一起奉祀,无非是想借助佛陀把这些好处带给他们",说明"佛陀还没有从中国本土的宗教信仰以及民间淫祀中独立出来"④。亦即可证在当时社会上并不流行独立的佛教信仰,所以中国"约公元290年以前的教团史仍有90%只是译经史"⑤。

发生这些情况之要点,在于汉魏诸朝不允许汉人剃度出家,"西晋以上,国有严科,不许中国之人,辄行髡发之事"⑥,直至西晋犹"时禁晋人在沙门"⑦,致使"晋人略无奉佛,沙门徒众皆是诸胡"⑧。这使得佛教在当时中国没有基本信众,就像放在小盆里的鱼,难以作为。所以汉魏时的佛教"一般广大群众只是被作为特权贵族施舍的对象才

---

① 严耀中《关于"搜神记"中佛教内容的质疑》,载《中华文史论丛》2009年第3期。
② 何志国《佛教偶像起源及其在贵霜朝的交流》,载《敦煌研究》2010年第1期。
③ 宿白《四川钱树和长江中下游部分器物上的佛像》,载《文物》2004年第10期。
④ 吴焯《佛教东传与中国佛教艺术》第四章,浙江人民出版社1991年版,第139、140页。
⑤ 许理和《佛教征服中国》第二章,中译本,江苏人民出版社1998年版,第81页。
⑥ 《旧唐书》卷七九《傅奕传》。
⑦ 《法苑珠林》卷五四《惰慢篇·引证部》。
⑧ 《弘明集》卷一二《桓玄书与王令书论道人应敬王事》。

接触到它"①。可以说西晋灭亡之前的佛教,一如后来的祆教、景教等"夷教"的景况,在汉族社会中影响不大,甚至存在着夭折之危险。这主要是因为高度专制集权的政治体制和"独尊儒术"的意识形态相结合,是容不得组织化了的外来宗教在中国社会里得到充分发展,建立起思想和道德权威来挑战政治威权。

但是"永嘉之变"改变了这一切。永嘉之变是晋怀帝永嘉年间在少数族武装重大打击下西晋走向崩溃过程的概称,"惠皇失德,中宗迁播,凶徒分据,天邑倾沦",其结果是西晋皇朝的覆灭和在北方先后形成了众多的小国,史称"五胡十六国",使"朝化所覃,江外而已"②。这些小国多由少数民族统治者建立,其中一些实现胡汉混杂的政治体制。同时在魏晋之间变乱的过程中,儒家学说遭到质疑,随着玄学的兴起,思想得到了很大的解放;外来的宗教甚至各种异说有了存在和发展的机会。佛图澄适时来华,赶上了这个机遇,"及洛中寇乱,乃潜草野以观变"③,并且凭着独有的勇气和智慧,终于拥有了前辈僧人们难以企求的用武之地。

二 传教方式中的婆罗门教因子

佛图澄首次取得传教成功是冒着很大风险的,因为他面对的是后赵统治者石勒,而当时石勒"专行杀戮,沙门遇害者甚众"④。佛图澄"悯念苍生,欲以道化勒,于是杖策到军门"⑤。但光靠胆气是不行的,

---

① 任继愈《中国佛教史》"序",中国社会科学出版社 1981 年版,第 9 页。
② 《晋书》卷九七《四夷传序》。
③ 《晋书》卷九五《佛图澄传》。
④ 《晋书》卷九五《佛图澄传》。
⑤ 《高僧传》卷九《晋邺中竺佛图澄》。

佛图澄"知勒不达深理,正可以道术为征"。《高僧传·佛图澄传》接着说他在石勒面前,"即取应器盛水,烧香咒之,须臾生青莲花,光色耀目,勒由此信服"。从而使"勒甚悦之,凡应被诛余残,蒙其益者十有八九,于是中州胡、晋略皆奉佛"。

也由此可见,佛图澄的胆大在于其艺高。这个"艺"指的是他所谓的道术,在这方面他是有基础的。《晋书·佛图澄传》说他"少学道,妙通玄术",含糊地表明并非是佛家的功夫。来华后,他"自云百有余岁,常服气自养,能积日不食。善诵神咒,能役使鬼神。腹旁有一小孔,常以絮塞之,每夜读书,则拔絮,孔中出光,照于一室。又尝斋时,平旦至流水侧,从腹旁孔中引出五藏六府洗之,讫,还内腹中。又能听铃音以言吉凶,莫不悬验"。佛图澄还参与石勒军事,如预言石勒亲征刘曜,能"军出捉得曜也",及鲜卑段部兵来攻城时伏兵能"当擒段波"①等等。所以《高僧传》把佛图澄传列在"神通篇"之首,是有道理的,因为其他来华高僧不具有他那样本领。

上述佛图澄的"道术"包含着咒术、幻术、占卜术、瑜伽术等等所显示的各种"神通"。但如此种种却正好是佛陀所要反对的,因为佛陀曾经声明过:"摩纳,如余沙门、婆罗门,食他信施,行遮道法,邪命自活:为人咒病,或诵恶术,或为善咒,或为医方、针灸、药石,疗治众病。入我法者,无如是事。摩纳,如余沙门、婆罗门,食他信施,行遮道法,邪命自活:或咒水火,或为鬼咒,或诵刹利咒,或诵鸟咒,或支节咒,或是安宅符咒,或火烧鼠啮能为解咒,或诵别生死书,或读梦书,或相手面,或诵天文书,或诵一切音书。入我法者,无如是事。摩纳,如余沙门、婆罗门,食他信施,行遮道法,邪命自活:瞻相天时,言雨不雨,谷贵谷贱,多病少病,恐怖安稳,或说地动、彗星、日月薄蚀,或言星蚀,或言不蚀,如是善

---

① 《高僧传》卷九《晋邺中竺佛图澄》。

瑞,如是恶征。入我法者,无如是事"①。又"若比丘,乃至二宿军中住,观军发行、主将幢麾军阵合战,波夜提"及"若观游军象马力势者,波逸提"②等等。对照佛图澄的专长所为,"不是佛教徒固有的职能"③,而且似乎都在佛陀所指责及戒律不允许的范围内。

因此至少是可以说,不应该是佛图澄出家后在佛教僧团里学到这些本领的。由于佛图澄是"天竺人"而"少学道"④,也就是他在进入佛门前就学习了这些本事。所以作为印度人的他学得的这个"道",很大可能是来自婆罗门道,因为"其婆罗门学四吠陀论:一曰寿,谓养生缮性。二曰祠,谓享祭祈祷。三曰平,谓礼仪、占卜、兵法、军阵。四曰术,谓异能、伎数、禁咒、医方"⑤。当时中国人也是如此看待印度文化中的差异,若《隋书》说"天竺中多诸外道,并事水火毒龙,而善诸变幻"⑥。如此婆罗门所学范围能包含佛图澄之专长,也至少能够肯定其学不是属于佛道的,而是渊源于婆罗门教的文化传统。后来唐初即"有婆罗门胡等,每于戏处,乃将剑刺肚,以刀割舌,幻惑百姓"⑦,此足以说明从天竺来华表演杂技、魔术等艺人是"婆罗门胡",其之"术"和佛教信仰无关。

很显然,佛图澄在皈依佛门后,并未丢掉其先前所学,在他来华后又大大地派到了用场。佛图澄如此做,是得益于佛教的"方便"说。所

---

① 佛陀耶舍译《长阿含经》卷一三《阿摩昼经第一》。
② 分见鸠摩罗什译《十诵比丘波罗提木叉戒本》,及佛陀耶舍译《四分律比丘戒本》。波夜提,即波逸提,义为堕罪,六聚罪之四。
③ J・勒鲁瓦・戴维森《印度对中国的影响》,载A・L・巴沙姆《印度文化史》第三十二章,中译本,商务印书馆1997年版,第671页。
④ 《晋书》卷九五《佛图澄传》。又《魏书・释老志》说:"石勒时,有天竺沙门浮图澄,少于乌苌国就罗汉入道。"
⑤ 《大唐西域记》卷二,芮传明注本,贵州人民出版社1995年版,第98,99页。
⑥ 《隋书》卷三四《佛经述论》。
⑦ 唐高宗显庆元年正月《禁幻戏诏》,载《全唐文》卷一二。

谓方便,如玄奘译《阿毗达磨俱舍论》卷六云:"唯诸圣者各别内证,但可方便总相说言"。又如支娄迦谶译《般舟三昧经》卷下云:"善权方便济众生,如是行者得三昧"。再如"佛以善巧方便,欲使汝生于信心,由是少信因缘能得涅槃"①,等等。可见佛教是允许在目的正确的前提下,使用一些出自婆罗门外道的手段。金克木先生指出,在印度二大史诗《罗摩衍那》和《摩诃婆罗多》里,仙人代表苦行的婆罗门修士,王族武士代表刹帝利,"仙人可以成为武士王者的祭司和教师",最后"武力终竟屈服于苦行的法力"②。于是婆罗门"逐渐实现了充当印度天神的祭士的要求,姑无论这些天神是谁"③。佛图澄和后赵统治者之间可以说是活脱酷肖地重演了这种关系,这恐怕也正是佛图澄内心意愿的实现。

其实彼时中国佛教也需要有佛图澄那样具备各种道术的高僧。因为当时广大的中国老百姓并未充分接触过佛教,更不用说信仰佛教了。即使是石勒那样的统治者也对佛教鲜有认识,所以要使他们服而信,显示神通最能震撼人心,促使皈依。"不管这些和尚自己是否相信这一套神通咒法,反正他们不能不这样做"④。果然,"百姓因澄故多奉佛,皆营造寺庙,相竞出家",以及"戎貊之徒,先不识法,闻澄神验,皆遥向礼拜,并不言而化焉"⑤。由此打开了中国北方民众信仰佛教的局面,故云:"其于佛教之弘布,极有力焉"⑥。或者说佛教作为一种有重大作用

---

① 安法钦译《阿育王传》卷五。
② 金克木《〈摩诃婆罗多插话选〉序》,载《南亚研究》1984 年第 4 期。
③ 查尔斯·埃利奥特《印度教与佛教史纲》第一篇,中译本,商务印书馆 1982 年版,第 25 页。
④ 季羡林《〈大唐西域记校注〉前言节选》,载《佛教与中印文化交流》,江西人民出版社 1990 年版。
⑤ 《晋书》卷九五《佛图澄传》。
⑥ 梁启超《中国佛法兴衰沿革说略》,载《佛学研究十八篇》,辽宁教育出版社 1998 年版,第 3 页。

力之社会意识形态在中国北方的真正兴起,主要是因为佛图澄努力的结果。

不过恐怕是因为佛图澄太依靠这些来自婆罗门教的道术来传播佛教,当时慧皎把他的事迹归纳为:"彰神化于葛陂,骋悬记于襄邺。藉秘咒而济将尽,拟香气而拔临危。瞻铃映掌,坐定吉凶"①。所以释僧祐《出三藏记集》在为魏晋南北朝的高僧们立的传记中,竟然没有佛图澄。

三 特殊的佛教教团

佛教在创立之初,一时能胜过婆罗门教而迅速传播,很重要的一点,就是佛陀建立了由严格戒律约束的僧团组织,因为掌执婆罗门教的婆罗门们,是属于一个由高级种姓出身组成的社会等级,因此婆罗门是一个有共同信仰而无密切联系的松散群体,各自有着自己的家庭。而由佛陀所创立的佛教僧团是一个生活修行相结合的共同体,其成员出于信仰上的相互鼓励会萌生出很强的传教原动力。这也可以解释在丝绸之路打通后,前来中国传教的佛教僧侣要远远多于婆罗门教士,后者在中国史籍上留下的只是些蛛丝马迹②。

从天竺而来的佛图澄对此当然非常清楚。所以佛图澄努力发展教团,"时止邺城寺中,弟子遍于郡国"③,形成了一个以他为中心的大教团。史云佛图澄身旁"受业追游,常有数百,前后门徒,几且一万。所历

①　《高僧传》卷一〇《神异传论》。
②　参见严耀中《〈隋书·经籍志〉中婆罗门典籍与隋以前中国的婆罗门教》,载《世界宗教研究》2009 年第 4 期。
③　《晋书》卷九五《佛图澄传》。

州郡,兴立佛寺八百九十三所,弘法之盛,莫与先矣"①。这样的教团规模,在人口相对稀少的十六国时期之北方,是相当引人注目的。佛图澄还把他的弟子派往南方。如他最著名的弟子道安宣称"教化之体,宜令广布",再分遣弟子法河入蜀,慧远进驻庐山等等,自己先驻锡襄阳,后"住长安五重寺,僧众数千,大弘法化"②。可以说由佛图澄、释道安师徒造成的教团,徒众遍布于中国的东西南北,影响也扩展至整个中国。不过需要注意的是,无论是《晋书》还是《高僧传》,都说追随佛图澄的是他的"门徒"。这些门徒是否系出家人沙门,是有疑问的,因为在佛图澄大聚徒众时,还没有完整的戒律传入中国,所以后来有法显、义净等前赴后继地去印度寻求戒律。而且当时也没有条件为"几且一万"的人按照戒律要求来立坛进行剃度受具足戒。他们中大多数人可能仅是信众而非僧众,因此称名他们所组成的是教团而非僧团,则比较贴切。而且佛图澄在这么短的时间里,引导这么多人信奉佛教,依靠的不是教义上的开示,而是以神通来震撼人心,加之"澄之势力所及,必更多在智识阶级以外"③,因此这些信徒中的不少人,其实还只是神迹崇拜者。

这个由佛图澄一手造成的佛教教团,不仅中国历史上是空前的,也是绝后的。此后中国佛教虽然形成了各个宗派,但基本上只是一些信奉某些教义主张的传授系统,直接的师徒关系由于受到僧籍的限制,在人数范围上相当有限,同宗僧侣之间的关系亦非常松散。造成这种情况之原因,主要是以家族为本的中国社会结构上所形成的政治体制,必定是趋向于高度的专制集权,"不允许教团进一步扩大成为具有强有力社会政治影响的组织"④,也必定要把包括佛教在内的宗教置于行政化

① 《高僧传》卷九《晋邺中竺佛图澄》。
② 《高僧传》卷五《晋长安五级寺释道安》。
③ 汤用彤《汉魏两晋南北朝佛教史》第八章,中华书局1983年版,第137页。
④ 严耀中《中国宗教与生存哲学》第十四章,学林出版社1991年版,第204页。

了的僧官制度之下。僧官①出现于"约略公元四、五世纪之交,我国南、北方分裂政权中的东晋、拓跋魏和姚秦先后正式出现了僧官的设置"②。如此僧官制度的一个重要作用就是要让僧众从属于地方,把尽可能多的僧侣固定在寺院里,受地方官府的约束。所以地方政权中都有僧官之设。于此形成的一个结果是中国的佛教僧团组织基本上不超越一个寺院的规模,无法形成全国性的僧团组织,从而在根本上杜绝能与朝廷对抗的宗教政治势力。

"释、老之教,行乎中国也,千数百年,而其盛衰,每系乎时君之好恶"③。佛图澄在短时间里取得传教上的极大成功,和他取得石勒、石虎等统治者的好感与支持有很大关系。大体上,佛图澄的步骤是,先以神通震惊那些君王,得到他们的崇敬。接着参与军事和提供政治上的谏言,以谋略为君王所倚重,被当作"国之大宝"。且作为僧人,君主不会对佛图澄产生政治上的疑忌,更容易取得信任。继之日久而会与统治者产生一定的情谊,如佛图澄曾转赠尼安令首,"以石勒所遗剪花纳七条衣及象鼻澡罐与之"④。以如此很个人化的特定物品赠送,显示了彼此间较为亲密的关系,当然有利于传教活动,从此也打开了佛教在北方发展的旺盛期。这个传教经验,后来被他的弟子道安总结为:"不依国主,则法事难立。"⑤

佛图澄麾下庞大的教团组织之出现,正好出现在此前的那段空挡时期,因此绝不是偶然的。不过如此的社会政治条件,也决定了佛图澄

---

① 所谓"僧官"不应该仅仅理解为"僧人做的官",应该扩展为"管理僧人的官",这就要包括那些参与管理僧人的俗吏,即所谓"白衣僧正"等。
② 谢重光《中古佛教僧官制度和社会生活》上篇,商务印书馆 2009 年版,第 11 页。
③ 《元史》卷二〇二《释老传》。
④ 《比丘尼传》卷一《伪赵建贤寺安令首尼传》。
⑤ 《高僧传》卷五《晋长安五级寺释道安》。

教团之庞大和辉煌,只在于其个人魅力和历史机遇,因此也只能是昙花一现的。如果说,成功在于机遇和抓住机遇,佛图澄就是成功的一例,因为"这位真正的弘法者具有契机的直觉"①。然而他成功却打开了佛教作为中国社会普遍信仰之新的一页,从而是值得在历史上大写一笔。

必须要指出的是,依靠君主的意愿和权力来推行传教,已经是对印度宗教理念的一个重大改变。无论是婆罗门教的婆罗门至上原则,还是佛教的以佛、法、僧三宝为尊的态度,都是以神权高于王权。不过佛图澄虽然改变了印度的宗教传统,但通过他在中国的传教实践,从近处讲他在中国北方发展佛教获得了上述的巨大成功。从长远讲,由于他给佛教在中国社会政治中定了位,就此开拓了中国佛教特有的形态和社会角色,避免佛教遭受祆教、景教、摩尼教、婆罗门教等外来宗教相同的遭遇。佛图澄对中国佛教功劳之大是不应该被忽视的。

载《北朝佛教研究》,大象出版社 2015 年版

---

① 芮沃寿《中国历史中的佛教》第三章,中译本,北京大学出版社 2009 年版,第41 页。

魏晋玄学对北宋前期理学的影响

——以易学为中心

到了隋唐,曾经在魏晋时光芒四射的玄学似乎销声匿迹,其实不然,它对宋初理学的发展还起着影响。这种影响主要在于二个方面,其一在于对《易》的推重,其二是将自然和名教的结合之道。试说之。

一

魏晋玄学与道家的重要不同点之一,是对《周易》的推重,并将其置于老庄之前,而这却是能使它和儒家之间产生很多共同的话头。

两汉经学以后的儒学到了宋代形成了又一高峰,这就是理学。理学的创建是宋代学者"用自己的见解,对过去的著述进行新的解释,已成为普遍的风气"[①]之结果。其中,吸收魏晋以降流行的各种思想,包括本体论和发生学,是理学发展的重要动因之一,此已为很多学者所论述过。其中突出了易学的玄学,在宋初受其余绪,而讲究变通,任其自然,不拘一格,并着重阐明其道德指向。这十分有利于宋代学者对以往经学进行创造性的诠释。

宋初的一些理学家都擅长于《易》学。如邵雍"精数学,亦《易》之别

---

① 内藤湖南《中国史通论》(上),中译本,社会科学文献出版社 2004 年版,第 332 页。

传，非必得于《河》、《洛》"①，说明其易学非得之于正统经学。他曾师从李之才"受《河图》、《洛书》、《宓羲》八卦六十四卦图像"，从而能"探赜索隐，妙悟神契，洞彻蕴奥"②。而他所著《先天图》在说卦上自成系列，此"虽不与《易》合，倘亦所谓善用《易》者"③。从易学中可以开出本体及象数之学，尤其是邵雍的代表作《皇极经世》，可据此认为："尧夫的思想，在中国思想史上，代表《周易》象数学的一个重要发展"④。玄学中易学的一个重要特色把天道看作是自然之运行，并以象数来表达义理，进而成为人们道德行为之依据。"物生而有象，象成而有数，数资乎动以起用而有行，行而有得于道而有德。因数以推象，道自然者也"⑤。王夫之的这些话当系玄家易学之要点，却是从邵雍等人易学的基础上概括出来的。

再如张载在其《正蒙·太和篇》起首便云："太和所谓道，中涵浮沉、升降、动静相感之性，是生絪缊、相荡、胜负、屈伸之始。其来也几微易简，其究也广大坚固。起知于易者《乾》乎！效法于简者《坤》乎！散殊而可象为气，清通而不可象为坤。不如野马絪缊，不足谓之太和。语道者知此，谓之知道；学《易》者见此，谓之见《易》"。所以《宋史》本传说他"博学力行，著《太极图》，明天理之根源，究万物之终始"，而且声明此图本于"大哉《易》也"⑥。其实张载在上述论说中，也是将《老子》道生万物思想的一种发挥，而玄学生成的主要因素之一，便是"研究《周易》、《太玄》等而发展出的一种'天道观'"⑦。不仅如此，张

① 皮锡瑞《经学历史》，中华书局 1959 年版，第 229 页。
② 《宋史》卷四二七《邵雍传》。
③ 钟泰《中国哲学史》第三编第三章，辽宁教育出版社 1998 年版，第 197 页。
④ 韦政通《中国思想史》第三十二章，上海书店出版社 2003 年版，第 722 页。
⑤ 王夫之《周易外传》卷一"乾"，中华书局 1977 年版，第 1 页。
⑥ 《宋史》卷四二七《张载传》。
⑦ 汤用彤《魏晋玄学论稿及其他》，北京大学出版社 2010 年版，第 89 页。

载论说中的"气",实际上是最广义的气,是物质与精神一体化了的气,因而具有本体的意义。所以张载的气是一种存在,而王弼的"无"也是一种存在,由此两者之说都把"道"作为一种存在的本体,有着异曲同工之妙。

宋初从太极图谈到心性本体的还有周敦颐。他在《通书》第一章"诚上"中得出结论道:"故云'一阴一阳之谓道,继之者善也,成之者性也'"。朱熹于此注曰:"此亦《易》文。"①周敦颐自己也说:"圣人之精,画卦以示;圣人之蕴,因卦以发。卦不画,圣人之精不可得而见;微卦,圣人之蕴殆不可悉得而闻。《易》何止五经之源,其天地鬼神之奥乎!"②此正如秦家懿先生所概括:即太极"在《易经·系辞》和周敦颐《太极图》中,太极都是指宇宙的第一原则,推而广之,也是指人性的第一原则。"③故可谓"开宋儒的理学,就是这《太极图说》"④。通过《周易》来阐发本体上的道理,是玄学的一项重要内容,现在宋代的理学家们又更深入地来做了。

还应该提到的是范仲淹,他"是宋学开创者无疑"⑤,而"仲淹泛通《六经》,长于《易》,学者多从质问,为执经讲解,亡所倦"⑥。他还著有《易义》、《易兼三材赋》等文章,也就是说范仲淹在儒学中最擅长的是易学。以范仲淹在政治上和儒学中的地位,对《易》学在早期宋学中发挥主导作用,有着密切的关系。

宋初擅长易学的人是很多的。如王昭素"尤精《诗》、《易》,以为

---

① 《周敦颐集》,岳麓书社 2002 年版,第 16 页。
② 《周敦颐集》,第 49 页。
③ 秦家懿《朱熹的宗教思想》第二章,厦门大学出版社 2010 年版,第 42 页。
④ 贾丰臻《中国理学史》第四编第一章,上海书店 1984 年印本,第 151 页。
⑤ 杨渭生等《两宋文化史研究》第十二章,杭州大学出版社 1998 年版,第 533 页。
⑥ 《宋史》卷三一四《范仲淹传》。

王、韩注《易》及孔、马疏义或未尽是,乃著《易论》二十三篇",宋太祖曾召见他,"令讲《易·乾卦》"①。从王昭素对王弼等《易》注的不满意,说明他对玄学中的易学是下过一番功夫的。又如林巽"演《易》重象,自著一书,有卦元卦纬,有丛辞卦经,有起律吹管,有范余叙和,凡九篇,名曰《草范》"②。此后宋太宗也"幸太学,命博士李觉讲《易》,赐帛"③。宋初统治者对《易》的重视和当时易学的发达是相互呼应的。

《宋史·隐逸传序》强调这些人物被列入该传的一个重要理由,就是依据《周易》中"肥遁,无不利"及"不事王侯,高尚其事"等卦辞为标准,指出这些传主"果有合于《艮》之君子时止时行"。但这些"隐逸"只是不做官而已,不少浸沉于儒学,在宋初有着较大的影响。若列于该传首位的戚同文"毕诵《五经》",所授生徒"登第者五六十人,宗度、许骧、陈象舆、高象先、郭成范、王励、滕涉皆践台阁"④。

所以《周易》对宋初儒学的影响是显而易见的,故冯友兰先生有所谓象数之学"大成于宋"的说法。愚见以为冯先生所谓的"大成",应该是指《易》中的义理得到了充分的阐释。在这点上魏晋和北宋前期的学者们指向是一致的,所以说"魏晋以来,最可注意的,就是《周易》完全脱离了占术的地位而成为一种哲学"⑤。这个学术趋向,从魏晋到宋明在一直延续着。在《宋史·艺文志》里"经部"所列举的十类经书中,有"《易》类二百十三部,一千七百四十卷",及"王栢《读易记》以下不著录

---

① 《宋史》卷四三一《王昭素传》。
② 《续三阳志》"人物",载《永乐大典方志辑佚》第四册,中华书局 2004 年版,第 2578 页。
③ 《宋史》卷五《太宗本纪二》。
④ 《宋史》卷四五七《戚同文传》。
⑤ 容肇祖《魏晋的自然主义》,东方出版社 1996 年版,第 200 页。

十九部,一百八十六卷"①。数量之多居《志》中第二,仅次于《春秋》。由此可见《周易》是宋初理学家做学问的一个主要渊源,并形成了很大的一个易学学者群。所以余敦康先生指出:"北宋易学紧紧承接着汉代易学与魏晋易学发展而来。"②而魏晋易学其实就是魏晋玄学的一个重要组成部分。

当然《易》为六经之首,学《易》也是儒家的传统,所以一位生活在12世纪初的儒家士大夫强调是孔子"乃著之《易》,以神其天地之蕴,万物之变也"③。因为孔子说过:"加我数年,五十以学《易》,可以无大过矣"。但读《易》如何能避免大错误,孔子没有说。南宋时朱熹注解道:"学《易》,则明乎吉凶消长之理,进退存亡之道,故可以无大过。"④不过朱熹对《易经》的这番认识,已经是宋初易学高潮之后的百余年了。

应该指出的是,包含并阐发《周易》思想的是玄学而非道家,因为《周易》也是玄学的根基之一。魏晋南北朝时所谓谈玄,谈的就是《老子》、《庄子》、《周易》这三部书以及它们的注疏。因此《周易》无疑是玄学和儒学的一个主要结合点,因《易》卦"则谓人类社会的伦理礼义皆出自天道之自然的秩序"⑤。这种发明的功劳,汤用彤先生把它归诸于王弼。他认为"改窜《周易》以经附传,实出于王弼之手",因"王氏之注,不但自成名家,抑且于性道之学有自然拔出之建设。因其深有所会,故于儒道经典之解释,于前人著述之取舍,均随意所适"⑥。如此结合儒家

---

① 《宋史》卷二〇二《艺文志一》。
② 余敦康《序言》,载氏著《内圣外王的贯通》,学林出版社1997年版。
③ 杨丘文《柳谿玄心寺洙公壁记》,载《全辽金文》,山西古籍出版社2002年版,第590页。
④ 《论语·述而》,朱熹集注本,中华书局1983年版,第97页。
⑤ 蒋伯潜、蒋祖怡《诸子与理学》第十八章,上海书店出版社1997年版,第173页。
⑥ 汤用彤《王弼之"周易"、"论语"新义》,载《魏晋玄学论稿及其他》,北京大学出版社2010年版,第63—65页。

经典谈性道之学,宋初诸家当然乐于承袭以开展理学。

在东晋南朝"玄教儒风"①并提的学风里,"其中《周易》一学最为明显"②。所以说理学与玄学之间要比理学与道家之间有着大得多的结合点,而在两者结合中占有最大比重的是易学,道家思想的主统仅是《老子》和《庄子》③,其中是变易不出来"圣王之道"的。所以宋初易学能够促使人们对《易经》中道理有更深的认识,是吸收了玄学成分的结果。更确切地说,是玄学中的王弼易学成了两汉经学之易学和两宋理学之易学的一个中间环节。

二

玄学发展中走向自然和名教的结合之道,正是宋代前期儒家学者极感兴趣的主题。

玄学与经学之间最大的对立在于自然与名教。大谈自然之道是玄学的一个特色,正如唐君毅先生所指出:"老子书中,此自然之名只数见,而王弼则随处及之。又老子书中未明言及性字,而王弼注《老子》二十八章曰:'万物以自然为性',又注二十六章曰:'不违自然,乃得其性'。此所谓物之自然之性,即物之各自然其所然之个性独性。"④

---

① 《陈书》卷三十三《沈不害传》。
② 参见严耀中《试说玄学对南朝经学之影响》,载《上海师范大学学报》2009 年第 1 期。
③ 关于玄学是属于经学异端还是"新道家",学界有两种意见。从魏晋时的主要谈玄家都兼有经学家身份和最后自然与名教合流的结果看,玄学应该被视为是儒学的异支。参见严耀中《魏晋经学主导说——对玄学盛行于魏晋问题的辨正》,载《学习与探索》2006 年第 5 期。
④ 唐君毅《中国哲学原论·原性篇》第五章,中国社会科学出版社 2005 年版,第 104 页。

有了"自然之性"这样的概念，自然和仁义道德为中心的名教这二者就是可以统一的，据说是孔子所做的《系辞传》云："易知则有亲，易从则有功；有亲则可久，有道则可大；可久则贤人之德，可大则贤人之业。易简则天下之理得矣"。这样通过对"易"的诠释，把自然之理和礼治之理统一了起来，因此就自然之道而言，"何晏和王弼认为孔子对'道'的理解要甚于老子，即让自然本性的充分显现是生命中最真诚的探求"①。这当然是从"性本善"基础上立论，如"王弼以为'自然亲爱为孝，推爱及物为仁'（皇氏《论语集解义疏》卷一）。自然是根本，仁是从根本推广出来"②。又如何晏在《庄子·骈姆篇》中注曰："夫仁义自是人之情性，但当任之耳"，及"恐仁义非人情而忧之者，真可谓多忧也"，说明仁义之道原本于性情之自然，由此以自然来阐明名教，故可视两者为"将无同"！所以周一良先生指出"将无同"思想之"较早代表者，当推何晏与嵇康"③。还如"郭象在《庄子注》里宣称，孔子胜于庄子，是因为庄子只在乎自己的需要"，而"真正的圣人是能够超越自身的需求，包容和顺应万物"④。说明在这些所谓"玄学大家"的心目中，孔孟之道才是无上的。宋儒承袭孟子性善之说，承袭儒家以天下为己任的胸怀，又要从天道中找出名教的依据来，因此是与玄学而非道家才能很好地接得上。

进入南北朝后，南朝的玄学还相当的盛，可以说仍占据着江左思想

① Whalen Lai："The Three Jewels in China"，载 Buddhist Spirituality，Crossroad，New York，1993，p. 281.
② 容肇祖《魏晋的自然主义》第一章，东方出版社 1996 年版，第 25 页。
③ 周一良《魏晋南北朝读书札记》"名教自然'将无同'思想之演变"条，中华书局 1985 年版，第 56 页。
④ Robert H. Sharf：Coming to Terms with Chinese Buddhism，Univ. of Hawai'i Press，Honolulu，2002，p. 92.

界的主导地位,其实玄学一词也是那时被叫出来的。隋统一中国后,虽然在政治上是南方被北方所灭,文化上却是使北朝被"南朝化",此因"南人善谈名理,增设华词,表里可观,雅俗共赏。故虽以亡国之余,足以转移一时风气,使北人舍旧而从之"①。这里"善谈名理"即是体现着玄风,而"宋人谈理学,喜欢讲论"②,其实也是玄风,此亦系玄学在隋唐还继续发挥着它的作用之一侧。其实在内容上,魏晋南北朝期间的学者们"竟无一不混杂儒道,可知在魏晋名士清谈中混乱儒道之界限及立场,乃一显著特色"③。而道家在看待仁义道德上是与儒家泾渭分明的,所以容易被北宋前期理学家们所吸纳的是玄学而非道家的思想。

宋代前期的儒家士大夫也多把这两者联系起来,若张载在其《经学理窟》一文中说:"天地之礼,自然而有,何假于人!天之生物自有尊卑大小之象,人顺之而已,此所以为理也。学者有专以礼出于人,而不知礼本于天之自然。"又若在欧阳修"有关'理'的言说中,屡屡说到'自然'而且多用'自然之理'这样的表达",甚至"把父子之情和朋党都看作'自然之理'"④。在他们眼里自然与理的关系,犹如玄谈里自然与名教关系的翻版,也是"将无同"!

邵雍亦有着类似的观念,在其所作的一首《天意吟》中云:"天意无他只自然,自然之外更无天。"⑤这里,自然即天意,也就是体现着客观

① 皮锡瑞《经学历史》"经学统一时代",中华书局1959年版,第194页。
② 饶宗颐《佛教圣地:Banāras》,载氏著《文化之旅》,中华书局2011年版,第15页。
③ 劳思光《新编中国哲学史》第二卷第二章,广西师范大学出版社2005年版,第123页。
④ 土田健次郎《道学之形成》第一章,朱刚译本,上海古籍出版社2010年版,第64、65页。作者还在同书同页提到"程颐也常把'理'和'自然'放在一起说,其中有引人注目的'自然之理'、'理自然'的说法"。
⑤ 邵雍《伊川击壤集》卷一〇《天意行》,中华书局2013年版,第144页。

的理。因为玄学认为"人法地，地法天，天法道，道法自然"①，天道体现在自然，自然之道绵绵不绝就是人效法之本②。在他做的另一首诗里，称其"事体极时观道妙，人情尽处看天机"③，作为其本人人生的一种指引。这个思路也是和玄学一致的，因为郭象在《庄子·大宗师》注中说："天也者，自然也。人皆自然，则治乱成败，遇与不遇，非人为也，皆自然耳。"其意思是和邵雍类似的，皆系"将自然为体，以名教为用，体用一致"④。而"周敦颐的思想是以《易经》和《中庸》为本的"⑤，其思路上也必然归于名教与自然的"将无同"。

玄学走向自然与名教的同一，实质上包含着物质与精神的一致性。张载由此发挥，《正蒙·诚明篇》云："天所性者通极于道。"又云："性通乎气之外，命行乎气之内。气无内外，假有形而言尔。"又云："天性在人，正犹水性之在冰，凝释虽异，为物一也。"等等。即张载的天地之性和气质之性是二是一，犹如玄谈中的自然与名教之是二是一。稍后程颐也"认为理（puttern）贯穿万物并把人和宇宙联在一起，把理置于儒学概念的中心位置，重新解释天和性只不过是理的不同侧面而已"⑥。这里，可以看到理学和玄学的相当一致，至少"可以说，宋、明大多数道学家的思想，是从孔、孟出发，而较偏于自然的"⑦。

北宋前期儒家学者们有意无意地承袭玄学将名教同于自然之讨论，既是开创理学之内在需要，也是为着政治提供更强的道德律之需

---

① 《老子》"二十五章"。

② 严耀中《试说玄学对南朝经学之影响》，载《上海师范大学学报》2009 年第 1 期。

③ 《伊川击壤集》卷二〇，第 344 页。

④ 严耀中《两晋南北朝史》第三章第五节，人民出版社 2009 年版，第 105、106 页。

⑤ 孔令宏《宋代理学与道家、道教》第二章，中华书局 2006 年版，第 112 页。

⑥ 葛瑞汉《程朱人性说的新意》，载氏著《二程兄弟的新儒学》，中译本，大象出版社 2000 年版，第 275 页。

⑦ 张岱年《中国哲学大纲》第二部分，三联书店 2005 年版，第 395 页。

求,符合宋初朝廷谋取长治久安之国策。因为自唐晚期乃至整个五代,政治道德的失落导致社会的剧烈动荡,整个局势和魏晋有着非常相似之处,于是也就有了玄学在当时产生影响的用武之地。

三

玄学之所以能在魏晋南北朝大为流行,是因为它不同于先秦诸子而别具一格,也是符合从魏晋到南北朝由动荡走向治理的社会政治之理论需求。这种形势与唐末至宋初有某种相似,因为"儒家在宋代的中兴,思想和社会的主流传统都需要一个对宇宙之道的解读"①,所以主张自然之道的玄学的一些内涵被宋初的学者们所重视和吸收。

玄学是本体之学,这是它最接近道家的地方。但王弼、郭象、裴頠的论著更系统,如在郭象的"体系中,'天'或'天地'(这里译为 universe)才是最重要的观念。天是万物的总名,所以是一切存在的全体"②。又如"郭象在他的《庄子注》中说明本书的宗旨是'明内圣外王之道'。'内圣'就是要顺乎'自然','外王'则主张不废'名教',主张'名教'合乎'自然','自然'为本为体,'名教'为末为用"③。但天地即自然,故天地行焉亦即自然之道。他们把自然之道来规范人道,如欧阳修认为王弼的易学系"推天地之理以明人事之始终而不失其正"④,如此就成为道德的基础。尤其是玄学中所谓"崇有"派,能使"爱敬出于自然,而忠孝之道毕矣"⑤。

① Daniel L. Overmyer: *Folk Buddhist Religion*, Harvard Univ. Press, Cambridge, 1976, p. 23.
② 冯友兰《中国哲学简史》第十九章,北京大学出版社 1996 年版,第 196 页。
③ 《汤用彤学术文化随笔》第四编,中国青年出版社 2000 年版,第 259 页。
④ 《欧阳文忠公集》卷六十四《张令注周易序》。
⑤ 《艺文类聚》卷四十八"侍中"条引裴希声《侍中嵇侯碑》。

所以他们"仍然认为孔子是最大的圣人"①。此也正如钱穆先生指出，玄学"未尝薄事为也；未尝轻礼乐也；未尝泯贤愚，忘善恶，谴是非也"②。这样玄学便离老、庄远而离孔、孟近了，而为宋初诸多学者所青睐。

玄学是思辨之学，因为谈玄的特点是"为之隐解，发明奇趣，振起玄风，读之者超然心悟，莫不自足一时"③。其中易学是追求变化规律之道，范仲淹力主的"庆历新政"指导思想，至少就其本人而言，是以其易学心得为基础的。如其在《上执政书》中说：

> 惟圣人设卦观象，穷则变；变则通，通则久。非知变者，其能久乎？此圣人作《易》之大旨，以授于理天下者也，岂徒然哉！④

欧阳修也倡言云："剥尽则复，否极则泰，消必有息，盈必有虚，天道也。是以君子尚之。"⑤即从《易》中表明的周而复始之天道，给了当时理学家们重新开张孟子以道义治国的理念和信仰。

玄学是义理之学。刘劭在其《人物志·八观》说到了当时易学和道家的区别："《易》以感为德，以谦为道。《老子》以无为德，以虚为道。"所以玄学中的易学是可以崇义寻理经世致用的。这正如曹聚仁先生所说："王弼黜爻象，而专附会义理，似为突创"，"王弼之《易注》出，而儒家

---

① 冯友兰《中国哲学简史》第十九章，第187页。
② 钱穆《国学概论》第六章，商务印书馆1997年版，第152页。书中同页，钱先生引用阮籍之《通易论》、《乐论》；嵇康之《声无哀乐论》、《释私论》等证明这些结论。读者可以参考。
③ 《晋书》卷四九《向秀传》。
④ 载《范文正公集》卷八。
⑤ 《欧阳文忠公集》卷七六《易童子问》。

之形上学之新义乃成。"①甚至可以说"王弼的贵无论实质上是一种探求内圣外王之道的政治哲学"②。这就和包括理学在内的儒家哲学在"实质上"一致起来。而理学新义的探讨也是需要谈论出来的,以使"为之隐解,发明奇趣"和"超然心悟"的。这在于他们要解读的是本性的自然状态,来作为道德之本源。因为宋代理学要发扬光大的是孟子的学统,而"孟子的伦理学表明了其所继承之对于上天信仰的力量",需要"利用上天赐予人类'天性'的说法,将那个较高的道德领域移置于人的身上"③。玄学中将自然之道来作为名教依据之努力值得宋代学者继承,如"王弼注《易》尽扫象数而言义理,北宋胡瑗讲《易》即说义理,他的门人倪天隐著《周易口义》即传胡氏之说"④。所以这还在于"自王弼、向、郭以来直到齐、梁时期,正统玄学家所努力的乃是维护名教,不论是说名教本于自然,或者是说名教即是自然,其目的是一致的"⑤。

顺便说一下,宋初的易学发展不仅为接下来的理学提供了思想滋养,而且影响了北宋中期的王安石变法。王安石擅长易学,他的"新学之精髓即在于其借《周易》之微言奥义而发挥自己的新思想,这就为北宋思想形态的转型与发展开辟了新的途径"⑥。如此其实是和魏晋玄学的思路是一致的。

除了上述学术发展的内在因素外,从背景而论,孔令宏先生认为:

---

① 曹聚仁《中国学术思想史随笔》第三部分,三联书店 1986 年版,第 106、107 页。

② 余敦康《魏晋玄学史》第一部分第八章,北京大学出版社 2004 年版,第 293 页。

③ 罗哲海《轴心时期的儒家伦理》第十三章,中译本,大象出版社 2009 年版,第 251 页。

④ 牟润孙《王夫之顾炎武解"易"之说举偶》,载氏著《注史斋丛稿(下)》,中华书局 2009 年版,第 572 页。

⑤ 唐长孺《魏晋玄学之形成及其发展》,载《魏晋南北朝史论丛》,三联书店 1955 年版,第 339 页。

⑥ 范立舟《宋代思想学术论稿》,澳亚周刊出版有限公司 2004 年版,第 319 页。

"宋朝开国之初,只能贯彻清静无为的政策,缓和社会矛盾,与民休息。黄老政治应运而生"①。这政策和魏晋玄学的观念是相同的,所以其在北宋前期得到士大夫的共鸣也是理所当然。

　　总结一下,由于魏晋南北朝玄学的发展趋势是和儒学合流,使自然与名教"将无同"之先例,在两者之间形成一种体用关系,因而这个意向被宋初的学者们所继承和发展。其中《易》学既是玄学和道家的一个重要区别,也是宋初学者受玄学影响的最要内涵。其所以如此,一方面是通过以玄学发展为榜样,在自然之道归纳出天理。另一方面是因为唐宋之际社会的政治经济都处于很大的变革,学者们设法从易学里探求变革之规律,便不约而同地将易学作为做学问的一个重点,从而带动了玄学对宋初学术文化产生了一定的影响,并成为新儒学发展的思想源泉之一。

载《魏晋南北朝史的新探索——中国魏晋南北朝史
学会第十一届年会暨国际学术研讨会论文集》,
中国社会科学出版社 2015 年版

---

① 孔令宏《宋代理学与道家、道教》第一章,中华书局 2006 年版,第 46 页。

社会的多元道德体系与宗教

道德与法律是连结社会的二大纽带,也是决定人们行为准则的基础。不过道德与法律相比则内容更丰富、更复杂,牵涉到更多的方方面面。今就社会道德作为一个综合体系而与宗教所存在的关系,谈一些看法。

一 社会的伦理道德体系应该是一个综合的系统

所谓社会道德,即是一个把各个层面行为规范结合而成的系统,以满足社会各方面当作行为准则的需要而维系社会存在的一种意识形态。道德是文明或文化之核心,多元而综合的道德系统是多元而综合的社会文化之标识,而这样子的文化正是社会充满活力,灿烂多彩之象征。

社会道德体系的多元综合性,可以从以下几个方面来讲:第一,社会的道德为社会整体所具有,因而是表现在它的各个层面与方面,显示出一种立体的结构。大者如政治道德上的义务与信用,小者如不在公共场合上的大声说话。尤其在中国古代,大部分属于道德范围的"礼"就"不下庶民",后来又滋生出"儒者之道施于贤哲,佛氏之教施于庸愚"[1]之

---

[1] 廖家骦《歙螺山新修明本禅师碑记》,载《巴蜀佛教碑文集成》,巴蜀书社2004年版,第726页。

说。不管此说是否错误，至少说明在中国古代认为道德实施是有层次的，是历来的主流看法。

从社会覆盖面看，社会道德既可分成政治道德、商业道德、学术道德、生活道德等不同领域，对社会的不同阶层也有不同的道德应用层面，如对普通老百姓来说，在一般情况下和政治道德就没有什么大关系；对不做生意的人，也谈不上什么商业道德；而关注学术道德，当然是主要针对那些搞科学研究的人们而言。但是从另一方面来说，道德之间又是密切关联的。一个没有商业道德或学术道德的人如果从政的话，不大可能会具备政治道德，而且只要他有机会，生活上也会产生道德问题。

第二，现实的社会道德之形成，是经过长年累月积淀而成的，尤其是各个具体的道德观念之形成，是有着时间上的先后次序的。譬如在街道上是否随地吐痰，在某些特定的街区之外，现在看起来基本上还是属于道德上的自觉与否。但如果是放在一、二百年之前的话，就根本不是个道德问题，因为知道痰里面有很多细菌，会传播疾病的认识，是在发明显微镜以后，公共卫生的学科知识被广泛宣传，随地吐痰才被提高到道德的层面。而更重大的共产主义道德的形成，当然也是在《共产党宣言》发表以后的事情。当代道德的陆陆续续地积淀形成之历程，为社会道德的多元化提供了可能性。当然这里面还有一个扬弃的过程，一方面和文化总体一样，社会在不断地积淀着自身的道德信条，另一方面也废弃一些过时的旧道德。不过这种扬弃始终是局部的，因为作为道德载体的人是不可能在一夜之间来个整体更换，除非整个种族被灭绝。反之，由于社会的人口基数愈来愈大，被保存和遗传的东西会愈来愈多，愈来愈复杂。

第三，社会道德之由来是多源的。如上述不随地吐痰的道德行为缘起于科学，共产主义道德来自马克思主义。此外，很多生活道德的行为准则源自风俗习惯,而风俗习惯之形成又往往和区域性的生存自然环境相关,尤其是在社会由多民族共同组成的情况之下。既然来源不一,那么现行的社会道德就是合成的、多元的。

毫无疑问,社会的文明历史越是悠久,源头越是众多,它的系统性就会越高,综合度越大,内含也必然更加复杂。这与自然生态一样,多样性的内涵越丰富,其活力也就越强。因此,对其中一部分的轻率否定,必然会对社会道德的系统性和综合度产生破坏性影响。"文化革命"中所谓"破四旧"实际上是以"革命"的名义废除所有的传统道德。它造成的恶劣后果,至今仍是中国社会道德败坏的重要因素。

二 信仰是道德的源泉之一

法律是外在的强制约束,而道德却是需要人在内心进行的自我约束。既然作为人的价值观,以及作为将其付诸实践的行为准则之确立,必须以内心认同为前提,而建立信仰就是达到那种认同的前提。在有所为必定会有所不为的情况下,信仰既然包含着奋斗目标,而且往往是人生最大的奋斗目标,也必定会附带有所不为的约束,目标越大越高约束也随之越多。这种发自内心的约束也就构成了道德的一个底座。

无论道德还是法律所要约束的对象即是人们的行为。二者之间的差异之一是法律的约束标准有着比较统一的标准,而道德约束的边界比较模糊,可以随着各人认识之不同而上下左右移动。所以法律约束是硬约束,道德约束是软约束,后者是一种必须通过人自身思想才会发生作用的约束。

心中的信仰可以使人们自觉地规范自己的道德行为,信仰有大有小,也有不同的种类,没有信仰就会缺乏约束自己行为的基本动力。因为仅用智慧来指导自身的行为,只是对遵守外在制约效费比所产生的一种功利性判断之结果,不足以产生自我道德约束的原动力,所以一个没有信仰的社会是难以产生社会公德的。因此增进社会道德必先培植信仰,此鉴于以下几个方面:

其一,用建立与增强信仰来促进社会道德之发展是一条加强社会约束力的低成本路子。因为用法制来规范和约束人们的行为虽然十分明确和强有力,但是法律所明文规范的内容毕竟有限,而且"执法"和"打官司"无论对民众还是政府都要付出相当高的成本。与此对照,信仰所感召出来的道德是自觉的,不需要付出什么物质代价。

其二由于信仰有各种层次,其中宗教信仰又可广及穷山僻壤和没有受过教育的人众,如在中国历史上以至"尊佛氏之教,多于孔孟者,为其浅易耳"①,从而有着较广泛的社会约束面。基于文化积淀而形成的传统,是恢复乃至增强道德最方便有效的途径。

其三,信仰和道德之间是一个互动的关系。信仰是道德的源泉之一,因为它可以使信众克制自己的欲望与利益而作出奉献,从而表现出一种道德行为。而道德则支撑着信仰,使它显得更为崇高,因而信仰只有在道德践履中才会不断发扬。反之的效果也一样,假若信仰的宣奉者口头说一套,自身做的又是另外一套,在道德上暴露出对人对己二面性的虚伪状,那么这种信仰在人们心中是存在不下去的。信仰和道德两者之间可以说是形影相随,俱荣俱损。

其四,社会中的主义与信仰可以多个并存,甚至可以互相交错。如素食主义和唯物主义可以并行不悖,宗教徒也可以追求社会主义等等。各种信仰的共处和协调有利于建立更全面、更有吸引力的社会公共道德。

---

① 康浩《木皮殿记》,载《宣统峨眉县续志》卷七。

三　宗教信仰也是社会道德的源泉之一

在社会的各种信仰中,无疑宗教信仰是一个大头。这不仅仅是因为宗教信仰是人类最早产生的信仰,而且在现实世界中,信教者,包括各种各样宗教的信徒,在世界人口的比重要超过不信教的人数。也就是说,宗教的信仰者占世界人口的大多数。凡是现实的东西都是合理的东西,宗教信仰如此长久又如此广泛地在人类社会中存在,当然说明它具有存在的合理性。宗教作为社会信仰之一,对道德的作用是不可低估的。尤其是在中国,统治者们奉行"神道设教"来建立和维护社会的道德价值体系,是他们一以贯之的方针。这原因很简单,因为以德治国比以法治国的行政成本低,社会成本也低,在自然经济的年代尤为如此。而借用宗教之力会使治理的成本更低,效费比更高。各个宗教各有自己的特殊的戒律仪轨,其中一部分属于道德范畴,但各个宗教的道德约束上也有着一些共通的基础。

首先,所有的宗教都讲因果律,所谓"大要在乎果因,所推归于罪福"①。宗教中的因果律宣称"在不公平的表象底里,都有它深层的公道——如是因,如是果,自作自受",即所谓"公正原则"②。那就是告诉它的每一个信众,都要承担他自身行为的后果,不管是好是坏。因此,"公正"也是道德得以存在的一个基础。宗教则将此律附加上神秘的力量,"天鉴积善,必加余庆;善恶报应,唯在上灵"③,以增强此律对人的道德制约。并将该律的支配力扩展到人关系的各个方面,如佛陀宣说

---

① 《宋高僧传》卷二八《兴福篇论》。
② 昭慧《佛教规范伦理学》第五章,法界出版社 2003 年版,第 68 页。
③ 强独乐《北周文王碑》,载《巴蜀佛教碑文集成》,巴蜀书社 2004 年版,第 7 页。

"一个人应当视父母为东方,视师长为南方,视妻子儿女为西方,视朋友为北方,视仆役为下方,视僧人及婆罗门为上方。对这六种人尽责,一个人就能保护自己,免受来自六方的一切灾祸"①。佛陀在这里的所谓"尽责",就是以因果关系来说明正确善待这六方面人的重要性。如果信众若能奉行佛说,"愿资见生之遐寿,欲荐来世之果因"②,不管其多多少少,就会产生一定的道德约束力,对社会起着正面的作用。因为"诸恶莫作,众善奉行"的愿力,可以产生"作一念则行一善,行一善则去一恶,去一恶则息一刑。一刑息于家,万刑息于国"③的效果。"交互关系表明为因果关系的充分的发展"④,在宗教形式里展开的人与神之间就是这样的一种交互关系,因此"基督教神学家为所有的宗教制订了一条通用的基本伦理标准",即"善使人成为真正的人"⑤。这不仅形成了一种道德、法律和政治之间的因果关系,还显示了一条从宗教信仰到道德行为,再到人格完善的因果链。

其次是生死观。几乎所有的宗教之存在的一个重要理由,是能够帮助人们解决生死问题上的困扰,至少在心理上有着这样的作用。这种作用除了能在心理上消解人们对死亡的恐惧和减轻临终前的痛苦外,更重要的是宗教能通过对彼岸世界的构筑来鼓励人们去恶向善。大凡在比较成熟的宗教教义中都有关于天堂地狱的陈述和背景理论,

① 查尔斯·埃利奥特《印度教与佛教史纲》第一卷,李荣熙译本,商务印书馆 1982 年版,第 356 页。
② 《归如等建梵字密言幢记》,载《辽代石刻文续编》,辽宁人民出版社 2010 年版,第 175 页。
③ 戴大宣《龙华寺新建弥勒殿碑记》,载《上海佛教碑刻资料集》(上册),复旦大学出版社 2014 年版,第 218 页。
④ 黑格尔《小逻辑》第一部,贺麟译本,三联书店 1954 年版,第 326 页。
⑤ 秦家懿、孔汉思《中国宗教与基督教》第二章,吴华译本,三联书店 1990 年版,第 109 页。

而他们的主要宗教实践也是指向如何走这条通向天堂的路，其中道德便是上路的通行证。此外，还有一种解决对生命永恒的追求方法，是让其死后成为神。这法子在中国特别引人瞩目，被认为对国家社会有德有功者都被当作神来享受祭祀。从魏晋开始，城隍、土地诸神多由这类人士来充当，"到隋唐时代就普遍起来，普及南北各郡县，宋时，并列入官府祀典"①。如曾"知泉州"北宋宰相韩琦死后被奉为"司邑城隍之神"，就是因为"名思其德，因奉其神以享祀勿替焉"②。这至少能激励一些作为社会精英的士大夫以更高的德来规范自己。

再次是宗教所具备的使人敬畏力。如果说儒家的敬畏只是对有道德的君子而言，宗教的敬畏则是面向所有的信众。这也表现在几个方面。其一，是宗教固有的神秘主义氛围，使人在心理上感受到超人的力量对人的制约力，不敢在这巨大的力量面前随心所欲。同时宗教又鼓励通过修行与遵守禁忌、仪轨和戒律来体验和获取这种神秘力量，"超然的神秘主义者就这样不断地练习控制自己的身心和活动，使心念受到控制，通过终止物质存在到达神的王国"③。克制约束自我也是具备道德的一个前提，苦行就是一种范例。其二，鉴于"举头三尺有神明"，害怕行为不检而造业，而对自身所为有所制约。道教声称："无道德者，命不在天地也，与禽兽同禄同命"④。又如《可兰经》警告"不义的人们"，在"全知敬畏者"前，"必定要受一种刑罚"⑤。对不道德行为所可

---

① 吴泽《汉唐间土地、城隍神崇拜与神权研究》，载《魏晋南北朝史论集》(《华东师范大学学报》丛刊)，1986年版，第263页。

② 《鼎建晋江县城隍庙碑记》，载《福建宗教石刻汇编(泉州府分册上)》，福建人民出版社2003年版，第268页。

③ 《薄伽梵歌》第六章第十五节，嘉娜娃译本，陕西师范大学出版社2007年版，第127页。

④ 《太平经》卷九六，王明合校本，中华书局1960年版，第424页。

⑤ 《可兰经》第52、53章，马坚译本，中国社会科学出版社1981年版，第408、410页。

能带来的严重后果感到无惧,其实也是一种自我保护的智慧。苏渊雷先生说"敬畏上帝智慧始"①,就是这个意思。综上所述,其推动道德的作用是明显的。其三,是宗教偶像的慈悲,宗教建筑的庄严,使人有望而生畏,肃然起敬之感。如"舍利塔为佛教的圣者崇拜提供了礼遇和标志",因为它"联系着信念、贡献、赞美和其他动人的颂词"②。与之相配合的祭祀及仪轨之执行更能加强这种敬畏感。正如一位明代士大夫对当时信众所作的述评:"乡人岁时拈香,入庙生敬,桀骜之气因之而驯,良善之心油然而动,则化民成俗,斯寺之有功焉。"③

最后,虽然一般的宗教都宣传神的创造和神的全能,但都不同程度地承认人有决定自己命运和死后去向的自由意志,基督教、伊斯兰教、佛教、道教、犹太教、印度教、祆教、摩尼教、摩门教等等无不如此。若有的宗教宣称人有原罪,同时鼓励人们用道德行为来减轻和消除原罪。不管用哪种方法进行修行,都脱离不了净心寡欲、行善积德等内容,"欲度人天,先凭戒律"④。如此当然有利于社会道德的发展。这样子一来,神的意志和个人的意志,神力和人力之间,实际上就构成了客观与主观,客体与主体之间的二元之对立统一关系,并在此基础上奏出了能被每个个人所能感受得到的命运与自身努力交织而成的生命二重奏。如此使宗教在人的世界中具有无穷魅力的原因所在,也是它们发挥道德作用的机制基础。

---

① 苏渊雷《严著〈中国宗教与生存哲学〉题词》,载《中国宗教与生存哲学》,学林出版社 1991 年版。
② Reginald A. Ray: *Buddhist Saints in India*, Oxford Univ. Press, Oxford, 1994, p. 325、329.
③ 杨名《白云第一禅林碑记》,载《巴蜀佛教碑文集成》,巴蜀书社 2004 年版,第 333 页。
④ 《天成四年三月六日应管内外都僧统置方等戒坛榜》(斯 2575),载《英藏敦煌社会历史文献》第十二卷,社会科学文献出版社 2015 年版,第 377 页。

另外,宗教必定会形成一定的组织群体,信众参与群体组织的活动,就会受到群体的约束,如佛教的居士林、基督教的团契等。它们虽然这是一种外来的约束,但在大多数的情况下,其约束并非是强制的,有时只是提供一种氛围来增强参加者内心的约束,如读经和忏悔仪式等。据台湾地区在上世纪八十年代做过的一个统计,"有百分之二十九的民众认为'信神的人愈多,社会就愈平安',另有近百分之六十的民众对此有较中性的态度",后者可以说是半信半疑,因此"大致看来,还是有相当数量的民众认为宗教对社会有安定的作用"①。这也说明了人们心目里的宗教之道德作用。

四　中道是传统文化道德共通的原则

中道是儒、道、佛三家所构成的中国古代社会意识主流的一个重要原则,应该也是调和社会矛盾的一个基本原则。既然历史上能"三教合一"②,那么今天也一定能够把传统与现实结合起来,把所有能激发出正能量的道德规范结合起来。虽然关于中道的含义三教各有自己的解释,如道教的"中和"与儒家的"中庸",但大体上的思路是"无过不及",即对待事物对待他者采取一种"合理"的态度。这种符合理性的态度必然是有智慧和有道德的,任何道德的行为都必须以理性为基础,智慧使道德能够普及和持久,而宽容与和解是理性化道德的外在表现之一。例如佛教之能够成为在中国古代唯一被社会主流所接纳的外来宗教,无疑它的平和性和融合性起着主要的作用。同时也由于佛教和"无论

---

① 瞿海源《现代人的宗教行为与态度》,载《宗教研究》1987 年第五期,书目文献出版社 1988 年印本,第 22 页。

② 或作"三家",因为儒家是否是宗教,历来有不同看法。但三家一致的观点自佛教进入中国伊始就已萌生,"三教合一"一词的使用也至少有数百年的历史。

是老子的辩证法,还是如儒家的中庸之道,在分析事物的精神上有着相似之处"①,于是"佛教常自称为中道教(Majjhao),和孔子所说'执其两端用其中于民'同一精神"②。佛教的这种性质使它能够"温文有礼地默认其他宗教"③,进入中国后能具有和儒家与道家相一致的思想基础。佛教之所以具备与其他宗教趋向一致的姿态,和其中道观有莫大的关系。佛家认为"中道之法,名为涅槃"④,把方法和目的合而为一。佛教行使中道,就有宽容、接纳不同行为准则的余地。"在中国和许多其他国家中,佛教徒尊敬与佛教毫无关系的鬼神"⑤。

中道也符合辩证法。李泽厚先生认为中国古代"强调社会的稳定、人际的和谐,它们又是互补的辩证法,而不是否定的辩证法。它的重点在揭示对立项双方的补充、渗透和运动推移以取得事物或系统的动态平衡和相对稳定,而不在强调概念或事物的斗争成毁或不可相容"⑥。这种态度其实就是中道,因为中道的理论根据是事物的互相依存关系,即"有着关系的事物之聚合力大于离力"⑦,这也是事物得以存在的一个前提。如果摒弃中道而采取极端的立场,并且把"斗争进行到底",把对立点或面"消灭干净",那么其自身也不复存在。所以只有"中",才能"和",就像朱熹所说:"无所偏倚,故谓之中。发皆中节,情之正也,无所

---

① 严耀中《中国宗教与生存哲学》第十二章,学林出版社 1991 年版,第 168 页。

② 梁启超《佛学研究十八篇》,辽宁教育出版社 1998 年版,第 53 页。

③ 查尔斯·埃利奥特《印度教与佛教史纲》第一卷,中译本,商务印书馆 1982 年版,第 89 页。

④ 吉藏《中观论疏》卷一〇《涅槃品之余》。

⑤ 查尔斯·埃利奥特《印度教与佛教史纲》第一卷,中译本,商务印书馆 1982 年版,第 112 页。

⑥ 李泽厚《中国古代思想史论》,人民出版社 1986 年版,第 304 页。

⑦ Archie J. Bahm: *Organicism: Origin and Development*, World Books, Albuquerque, 1996, p. 244.

乖戾,故谓之和。"①这对任何的关系结合体:人体、家庭、团体、国家,乃至整个社会都是如此,若斗争是为了解除事物之间的关系,就等于损害或破坏了这些综合体。所以斗争是为了维持关系,使关系保持平和的状态,而不是破坏关系。"和"是道德能够具有社会性的前提之一,这也可以作为"和为贵"的一个深层次的诠释。

由于儒、道、佛三家都在不同角度和程度奉行中道,所以也是能够做到"三教合一"的原因之一,并由此联合构成中华文化的主体,而且随着时间的推延,"合一"的趋向越来越强势。由于这是一种求同存异的宗教调和,也使各自的行为准则相容相合,在避免一教独大的同时,也避免了道德主张的极端化。

近代以来,随着国际交往的不断扩大,更多的外来文化元素进入了中国社会,从政治体制到衣食住行莫不受到巨大的影响。而且包括道德信徒与价值观在内的这些外来文化元素,不是单一的,而是多元的,甚至可以说是非常复杂的,当然也包含不少宗教信仰的因素。因此,如何对这些外来因子来一番取舍,使其中好的东西融合进中国社会文化之中,即如历史上接纳佛教一样,遵行能使各家道德主张取长补短的中道原则依然是十分重要的。

在一个大的社会道德体系里推行中道还有一个好处,即可以避免其中某一些道德主张的极端化,保证道德综合体系的多元存在,使它们互相制约又互相补充。因为道德准则的极端化就意味着道德成为一种外在的强制,变质为有形或无形的法律,并且会排斥其他道德信条的存在,成了或变相成了一种原教旨主义。而且,道德原教旨主义若要得到实现,必定要与政治结合,由树立道德权威到建立政治威权,并凭藉后

---

① 朱熹《四书章句集注·中庸》"中也者,天下之大本"条注,中华书局 1983 年版,第 18 页。

者通过暴力贯彻其道德主张。这样子一来,就会扼杀文化的丰富多元的内涵,危害社会和人类文明的发展,宗教的道德作用也走向了反面。因此,中道是宗教道德存利去害的一道节制阀。

当然,把握中道只是一种理念,由于大千世界变化万端,如何执行中道还真不好说。不过有一点可以作为参考,那就是在实践道德的过程中追求最大的效费比。例如我们提倡见义勇为,但决不让少年儿童去做,因为少年儿童会由此遭到极大的安全危险,假如他们为此遭遇不测,不仅代价巨大,对社会道德的形成最终也是不利的。毛泽东掌握的打仗原则之一是"有理、有利、有节",其实这也可以作为推行道德之中道原则的一个参考标准。

载《社会科学》2015 年第 9 期

引而不发的启迪

何兹全先生是我非常敬仰的一位史学前辈。从读研究生时起,由于我学的专业研究方向也是魏晋南北朝史,所以何先生的文章每一篇我至少读过三遍,这与我后来有兴趣从事制度史和佛教的探索不无关系,因为在那些领域里何先生有许多精辟的见解使我对此产生了浓厚的兴趣。

何先生住在北京师大校园里一座称为"红楼"的小楼。出于对何先生的敬仰,几乎每次到北京,到那里去拜访何先生是我必然要做的一件事,十几次地下来,一进北师大的门,毫不夸张地说我能闭着眼睛走到那座小红楼。而且每次去,都受到何先生和何师母的亲切接待,并且在那里吃过好几顿饭。我虽然不是何先生的入室弟子,但何先生是把我和他的学生一体对待,这在他为我的拙著《江南佛教史》所作序里就说得很明白了。

我去拜见何先生,不仅仅是因为我对这位前辈学者的尊敬,更在于他的学术研究领域,他精辟的学术见解和从中领悟出来的人生智慧,都是那样深深地吸引着我,在拜读先生的大作时,以及和先生的交谈中,都得到了很多启迪。如我从寺院经济和政教关系起始而把注意力投向有关佛教的研究,和何先生对我的影响是分不开的。何先生主编的《五十年来汉唐佛教寺院经济研究》和汤用彤先生的《汉魏两晋南北朝佛教史》二十余年来一直放在我的案头,是我翻阅得遍数最多的两部有关中国佛教的经典学术著作。

　　"汉魏之间封建说"是给我影响最深刻的何先生学说之一。记得关于这个问题我曾在何先生的书房里当面请教过他。何先生的回答好像很简单,大致的意思是:如果判定中国古代奴隶社会和封建社会有什么标准的话,文章里所举汉晋两头的情况都符合彼此的标准,而且与以前的时代相比则例子更多,内容更丰富,因此为什么不能说这种转变是发生在汉魏之间呢? 何先生没有说得更多,却给了我极大的启发,提供了很多思考的余地。那天从何府出来,脑子里还是一直思考这个问题,睡在火车的卧铺上也在想:何先生为什么有这样的思路? 在这个结论的深层说明着什么? 到上海后似乎开了些窍,是呀,究竟凭什么来判定一个社会是奴隶社会呢? 是因为有奴婢存在与买卖的例子? 是因为有人祭与人殉的例子? 还是因为有在官田上或大土地上强迫劳动的例子? 如果凭着这么些例子,这么些理由能提出西周封建说,春秋封建说,战国封建说,秦汉封建说等等,那么就我已知的各种史籍资料,我完全同意何先生的说法,"如果认为战国秦汉到魏晋南北朝是有这些变化,就不能不考虑汉魏之际的这种变化是中国社会由古代奴隶制社会到封建社会的转化"(何兹全《汉魏之际封建说》,1979 年)。再进一步思考,既然这些例子,这些理由都不足以得出一个公认无疑的"封建说",即无法证明那个时代的奴隶占着社会劳动力的多数,及至少当时一半以上的社会物质产品是由奴隶生产的,那是不是可以说其实在中国古代根本不存在一个由所谓奴隶社会向封建社会的转化问题呢? 中国社会是在一个相对封闭的地理环境里发展起来的,与相隔万里的欧洲一地中海区域的社会发展自然会有很大的差异,"不能拿罗马情况来和中国相比,从而说明中国的问题"(何兹全《关于中国古代社会的几个问题》,1956 年)。因此拿彼地社会发展的阶段标准来套中国古代的历史进程,其实是很荒唐的。不过在上世纪的政治氛围里,学术服从政治,是不允许对此置疑,至少是不能直截了当地提出疑问。实际上在诸多"封建说"或"分期说"中,何先生的观点确实有些曲高和寡,附和者很少,似乎只有王仲犖先生有过相似的说法。因此何先生文章之重要不在其文章本身的内容,而在于证明了所谓"封建化问题"或"中国古代社会分期问题",实际上是一个不可能有正确答案的及由"以论带史"弄出来的伪问题,因此这也是一种间接的证伪。

当然,后面的那些问题和想法,何先生都没有直接说过。后来我虽然去拜访过何先生好几次,但由于这样那样的原因,都没有和何先生再谈到这个问题,因此也不知道何先生是否认同我这些想法,但有一点是肯定的,何先生的文章引起了包括我在内的很多人对所谓"封建化"或"中国古代社会分期"问题,甚至整个史学走向的再思索。

由于我工作、生活都是在上海,所以不能有更多的机会向何先生请教,包括上门拜访和会议上见到何先生,至今也大约只有十一二次。其中在学术上能得到何先生面教的时间就更少了,不过何先生说话虽然很含蓄,但每次与他谈话后,总会引发我思路大开,自以为有了许多新想法,使我有把这个问题再思索下去的兴趣,我想,这就是一种在教学上所谓引而不发跃如也的状态吧。

在何先生的嫡传弟子中,学术上出类拔萃的为数不少,或许是出于对何先生的敬爱,也或许是因为学术兴趣相近,他在"文革"后较早所收的几位弟子,如陈琳国、谢重光、曹文柱等,在上世纪八十年代初,一见面后我们就成了切磋学术的好朋友。其中特别是谢重光兄在寺院经济和僧官制度上和陈琳国兄在北魏官制上的出色研究使我十分敬佩,这大概与何先生教学方法的得当恐怕是分不开的。

我也是一个教师,虽然也已经教了这么多年书,但有时总觉得自己对学生教导无方,更没有像何先生那样点拨几次就能使人开窍的本事,所以希望何先生能更加长寿，我能多拜访他几次，再学一点教书和研究的本领。

载《士不可以不弘毅——追忆何兹全先生》，
北京师范大学出版社 2015 年版，原稿作于 2011 年

后　记

由于在这两年多读了一些西方和印度学者关于印度史和印度宗教文化的专著，颇受启发，所以有关中、印之间宗教文化交流方面的体会就成了近年来落笔的主要内容。

这里所谓梵代表着印度文化，又由于里面的文章主题较杂，所以就给集子起了个这么个名字。集子中这些文章之开题基本上有二个原因，一是为了参加学术会议，或是邀请方盛情难却，或是开会地点从未去过又很想去，所以就奋力为之；二是平时看书的时候突有感悟或心得，按类记录下来，某一类的积累得多了，系统地整理一下，也就成了文。我除了游山玩水外，就以读书为乐，逛山水的机会毕竟不多，剩下的时间就手捧着书了。读研究生时曾听江辛眉先生的课，课中先生常谈及古今文人之轶事。一次他说乾嘉学人写札记或做诗，法子之一便是凡心有所得，不管内容是什么就随手录下，积少成多，分类而连贯之，二年三年一本集子就出来了。此启迪了我，这样子所得而堆积起来的稿子，大半便是按照辛眉师所说的路子做出来的，其实如此亦是我文内注释多的一个原因。职由是故，集子的内容难免天南地北，东拉西扯，不过没有脱离我依实而求理的宿愿。

收在本集的文章虽然都发表过，但集子里的却是原稿。这是因为各种刊物对注释等要求很不一致，有的还要加上关键词、内容提要等等，而在原稿上仅仅只有正文。除此之外，个别文章或略有增补，基本上都保持着发表时的样子。

　　集子付梓之间，家姑严波先生亲题书名，以资鼓励。姑上世纪五十年代初毕业于浙江美术学院，留校任教，为传道授业投入身心数十载，退休后寄情山水，常集天地之灵气现于笔下。我幼时顽皮，姑常护之，偶有进步，则勉励有加。今姑年届九十，仍赐字第之，期望之深，使我不敢在余年偷懒。

　　胡文波先生在通阅书稿后提出了宝贵意见，在此一并致谢！